AF288218

JULIA NACHTIGALL

EYETRACKING

ICH SEHE, WAS DU SIEHST

1. Auflage
Copyright © 2025 by Blutmond Verlag, Meppen
Verlagsleitung: Lauren Hegemann
www.blutmond-verlag.de
E-Mail: info@blutmond-verlag.de

Lektorat und Korrektorat: Blutmond Verlag
Satz und Layout: Lauren Hegemann

Coverdesign und Umschlaggestaltung: Florin Sayer-Gabor
www.100covers4you.com
Unter Verwendung von Grafiken von Adobe Stock: by-studio,
Ysbrandcosijn

ISBN 978-3-9826939-0-3

BLUTM●ND

Hey du,
heute ist der erste Tag einer langen Reise.
Einer Reise ins Ungewisse. Einer Reise mit
neuen Eindrücken und Erkenntnissen. Du
brichst zu neuen Ufern auf und willst etwas
erleben. Es wird vieles anders sein, als
erwartet und du wirst unzählige Erfahrungen
machen. Du wirst einige Dinge sehen, von
denen du nicht glauben kannst, dass sie
wirklich existieren. Dinge, bei denen du nie
sicher bist, ob sie echt sind oder eine Illusion.
Es wird Menschen geben, die sehen, was du
siehst.

Kapitel 1

Tag 1

Der Wind hat das Meer aufgebauscht. Wellen türmen sich und brechen mit tosendem Geräusch. Mein erster Impuls ist es, mich an der Reling festzuhalten, so sehr wackelt das Schiff. Ich spüre einen Ruck und schaue nach oben. Möwen kreischen und gucken listig zu mir herab. Das Boot, in dem ich sitze, schaukelt heftig. Entspann dich, Isabella, ermahne ich mich und schließe kurz die Augen. Ich öffne sie wieder. Zu meinen Füßen erkenne ich morsche Holzbohlen.

Es sieht pixelig aus, fast so, als wäre ich in einem billigen Zeichentrickfilm. Vor mir stapeln sich Fässer aus Eichenholz. Das Wort *Whiskey* steht in antiken Großbuchstaben darauf geschrieben. Ein Papagei sitzt auf einem der Fässer. Er bewegt sich nicht. Ich drehe den Kopf und bin fasziniert, was ich hier alles sehen kann, wenn ich mich darauf einlasse. Ich habe das Gefühl, wie in einem Aufzug fünf Stockwerke in drei Sekunden hochzufahren. Ich muss mich festhalten. Musik dringt in mein Ohr. Leise, aber rhythmisch. Es ist der Soundtrack des Films *Fluch der Karibik*. Ich wippe mit dem Fuß im Takt, atme die salzige Luft ein und erkenne am Großmast über mir die zerrissene schwarze Flagge mit einem weißen Totenkopf. Sie weht im Wind. Die typische Piratenflagge, wie ich sie aus unzähligen Filmen kenne. Neben dem Papagei liegt ein Fernglas. Ich will danach greifen, strecke die Hand aus, doch meine Finger greifen Stoff. Einen Körper. Einen Arm. Ich schreie auf. Was war das?

Ich ziehe den Kopfhörer aus den Ohren.

»Wir sind bald da, Isa«, höre ich die Stimme meines ehemaligen Kommilitonen Jonas, wegen dem ich überhaupt hier bin.

Ich nehme die Brille ab und blinzle gegen das Licht, das mir heller vorkommt als bei der Abfahrt heute Morgen.

»Und, wie war es?«, fragt er neugierig, nimmt mir das Equipment ab und fängt an, es in seinem Rucksack zu verstauen.

»Anders als erwartet«, antworte ich, weil mir nichts Besseres einfällt.

Was hatte ich überhaupt erwartet? Ich habe vorher noch nie eine Virtual Reality Brille getragen. Wir Teilnehmer sollten das alle mal ausprobieren, um uns mit der Technik vertraut zu machen. Jonas verschwindet mit dem Rucksack in den Innenraum des Bootes.

Er ist Wissenschaftler und hat zusammen mit seinem Professor ein Projekt finanziert bekommen, bei dem es um Eyetracking und virtuelle Realität geht. Ich bin Probandin, wie er es nennt, wobei mir das Wort nicht gefällt. Klingt zu sehr nach Versuchskaninchen.

8

Wir werden heute mit einem echten Boot zu einer realen Insel gebracht, auf der wir eine Woche bleiben dürfen. Jeden Tag werden verschiedene Studien durchgeführt, die sich mit Eyetracking beschäftigen, also damit, wo man hinsieht. Worum es genau geht, durfte Jonas nicht verraten. Ich kenne ihn aus meinem Soziologiestudium. Er will weiter in der Wissenschaft bleiben, das ist für ihn schon lange klar. Für mich nicht. Ich habe zwar meinen Master gemacht, aber mit 28 ist der Weg aus meiner Sicht noch nicht in Stein gemeißelt. Es muss doch noch etwas anderes geben, oder? Darüber will ich mir klar werden. Das ist einer der Gründe, warum ich hier bin und mit fünf weiteren Freiwilligen auf die Insel gebracht werde. Ein anderer Grund ist, den Wissenschaftlern zu helfen. Ohne Freiwillige, keine Forschung, erinnere ich mich an den Satz von Herrn Professor Hahrmacher. Er predigte ihn immer wieder, wie der Pfarrer zur Morgenandacht.

»Kannst du mir helfen, bitte?«, dringt eine Stimme mit Akzent von hinten an mein Ohr, irgendetwas Osteuropäisches. Ich drehe mich um und stehe einer schlanken, brünetten jungen Frau gegenüber. Sie ist jünger als ich, wenn auch nur ein paar Jahre, und perfekt gestylt. Sie hält in der rechten Hand ein Handy mit durchsichtiger Hülle. Am linken Handgelenk baumeln zwei Taschen, die sie mir entgegenhält. Moment. Ist das nicht ...?

»Hier sind die Pflegeprodukte drin und hier ...« Sie drückt mir die Taschen an den Oberkörper, ich halte alles mit beiden Händen fest. »... meine privaten Sachen.« Sie schlängelt sich an mir vorbei. Ich schaue ihr hinterher, die Taschen immer noch dicht an meine Brust gepresst. Ich schlucke, meine Lippen werden trocken. Ich befeuchte sie mit der Zunge. Ist das Evangelina? Evangelina Petrova? Die Evangelina, der ich seit Wochen auf Social Media folge? Die Influencerin, die Millionen Follower hat und ein perfekt durchchoreografiertes Video nach dem anderen online stellt?

Wir haben an Bord sofort die VR-Brille aufgezogen, deswegen habe ich sie vorhin nicht gesehen.

Sie dreht sich wieder zu mir und wirft gekonnt die langen Haare über die Schulter, die leicht vom Wind zerzaust werden.

»Ja, ich bin es wirklich.« Ihre Stimme nimmt einen neckischen Ton an. Sie macht wieder ein paar Schritte auf mich zu und scheint das hier zu genießen, wie mir klar wird. »Ich bin Evangelina.«

»Isabella«, entgegne ich knapp. Eigentlich nennen mich alle nur Isa, aber das will ich ihr nicht sagen. Ich kenne sie zwar, aber sie mich nicht. Noch nicht.

»Darf ich dich Isa nennen?«, fragt sie und ich nicke. War ja klar. Ich schiele vorsichtig zu ihr herüber.

»Du erkennst mich, oder? Du siehst aus, als hättest du einen Geist gesehen.« Mit noch einem Schritt steht

10

sie ganz dicht vor mir. Ich kann ihr süßliches Parfüm riechen. »Ich bin kein Geist, ich bin echt. Man kann mich anfassen, wenn man nicht die Hände voll mit Taschen voller Pflegeprodukte hätte.« Sie legt den Kopf in den Nacken und lacht.

Ja klar, denke ich. Leg doch einfach mal das Handy weg, dann kannst du mehr tragen.

Sie stellt sich neben mich, legt mir ungefragt den Arm um den Nacken, die andere Hand weit von sich gestreckt. Ich halte für einen Moment den Atem an.

»Selfietime«, flötet sie, und ich erkenne auf dem Display, dass sie die Lippen verzieht. »Mach ein Duckface oder versende Küsschen«, trällert sie weiter.

Ich lasse in einem Rutsch den ganzen Atem entweichen, den ich angehalten habe und sehe auf dem Handy, das das ziemlich bescheuert aussieht. Hoffentlich hat sie jetzt nicht den Auslöser gedrückt.

Sie dreht sich von mir weg und tippt emsig etwas in ihr Smartphone. »Hashtag Vorfreude, Hashtag Eyetracking, Hashtag Inselfeeling«. Ihre Stimme ist ein Singsang. Sie spricht mehr mit sich selbst als mit mir.

»Hashtag-sind-das-alles-Evangelinas-Sachen?«, fragt Jonas, der zu uns rauskommt und grinst. Er hält eine mit blauem Samt abgedeckte Kiste in der Hand, die die Größe eines Schuhkartons hat. »Hashtag wichtige Studien.« Er hebt die Augenbrauen und sieht mich verschwörerisch an. Seine Stimme wird tiefer. »Noch besser: Hashtag Eyetracking – Ich sehe, was du siehst.«

»Vorsichtig mit meinen Sachen«. Evangelina stellt alles ab, was sie vorher noch in der Hand hatte, und nimmt Jonas bedächtig die Kiste ab. Sie stapft davon, wobei ihr zierlicher Körper bei dem Seegang hin und her schwankt wie ein Strohhalm im Wind. Sie stellt ihre Sachen an der Reling des Bootes ab.

»Ich hoffe, Fridolin geht es gut«, murmelt sie und wühlt in ihren Taschen.

»Wer ist Fridolin?«, flüstere ich Jonas ins Ohr.

»Vielleicht ein Stofftier?«, entgegnet er sarkastisch. »Ein total wichtiges Stofftier«, verbessert er sich und grinst. »Dem armen Fridolin darf nichts passieren.«

Ich zucke mit den Achseln. »Auf jeden Fall etwas von Bedeutung«, mutmaße ich.

»Sieh mal, die anderen sind schon da.« Jonas zeigt auf das Ufer.

Das Boot ist nun langsamer geworden und tuckert gemächlich auf den Holzsteg zu, auf dem Professor Hahrmacher aufgeregt von links nach rechts läuft und Gegenstände auf einen Holzwagen verpackt, der mich an einen Bollerwagen erinnert. So kenne ich Professor Hahrmacher. Beschäftigt wie eh und je. Es war immer schwer, an Sprechstunden bei ihm zu kommen, aber sie waren wichtig wegen der Masterarbeit, die ich bei ihm geschrieben habe.

Der Professor erkennt mich und kommt mir winkend entgegen. Mit einem lauten Rumms docken wir am Steg an. Das Boot wackelt, Professor Hahrmacher hält mir die Hand hin, die ebenfalls hin und her schaukelt.

»Da seid ihr endlich. Wir können jede Hilfe gebrauchen. Simone ist mit den Lebensmitteln und ein paar Teilnehmern schon drin.« Er zieht mich hinaus und stützt meinen Ellbogen.

Ich betrete vorsichtig den Steg, er knarzt unter meinen Füßen.

»Simone? Ist das die, die sich um die Verpflegung kümmert?«

Mir kommt in den Sinn, dass Jonas mir vor ein paar Tagen davon erzählt hat. Es würde extra eine Haushälterin für die Woche mit auf die Insel reisen und uns mit frisch zubereiteten Speisen versorgen.

Meine Beine fühlen sich wie Wackelpudding an. Der Steg ist mir nicht geheuer. Die dunklen Holzbohlen sind in die Jahre gekommen. Und sie bewegen sich. Auf und ab. Nach links. Nach rechts. Dann wieder nach links. Seit wann bewegen sich Böden? Es fühlt sich so an, als wäre ich auf einer Kirmes und würde gerade aus einem Fahrgeschäft steigen. War der Steg etwa auch eine Illusion?

Holzbohlen, die sich drehten und mich irritieren sollen?

Nein. Ich schüttele leicht den Kopf und schmunzele über meine wirren Gedanken. Mir ist schwindelig von der Bootsfahrt. Das hier ist das echte Leben. Das hier ist real. Meine reale Welt dreht sich im Kreis.

»Fang«, ruft Jonas und wirft mir ein Seil zu.

13

Ich schnappe es mit einer Hand auf, verliere das Gleichgewicht und lande dumpf auf dem Boden.

»Boah, Freundchen, mach das nicht noch mal«, schimpfe ich und halte drohend einen Finger in die Luft. Mit der anderen umklammere ich das Seil, als wäre es ein Anker. Meine Welt schwankt immer noch. Trotzdem richte ich mich wieder auf.

»Hast du dich schon wieder erschrocken, Isa?«

Ich verdrehe die Augen, während ich das Boot festmache. Warum fragte er noch? Wenn einer weiß, dass ich mich schnell erschrecke, dann Jonas. Er hatte sich in der Studienzeit oft Scherze mit mir erlaubt. Heute ist mir nicht danach.

Ich hebe meinen Kopf und erblicke das Herrenhaus.

Alt und vornehm sind die ersten Worte, an die ich beim Anblick des roten, verschachtelten Backsteingebäudes mit vielen kleinen Türmchen und Giebeln denken muss. Die Fenster sind mit Stuck umrandet. Die Eingangstür schimmert graublau. Unwillkürlich muss ich an den Film *Addams Family* denken.

»Tolle Location, oder?«, fragt Jonas.

Ich fange an, die Rechner, die auf dem Boden stehen, auf eine Karre zu laden, wobei mir ein ächzendes Stöhnen entfährt. Die Dinger sind schwerer, als ich dachte.

»Wo sind wir hier eigentlich, Jonas? Wem gehört dieser Palast?« Ich deute mit dem Kinn auf das alte Herrenhaus.

14

Jonas ist auf einmal viel zu sehr damit beschäftigt, die VR-Brillen in einer Kiste zu sortieren, die Kabel aufzurollen und die Kopfhörer zu checken. Er presst die Lippen aufeinander. So, als ob er befürchtet, es würde etwas Unliebsames herauskommen, wenn er sie öffnet.

»Was ist? Du wirst das doch wissen. Schließlich haben du und der Professor das Ganze hier in Gang gesetzt.«

Jonas schweigt immer noch.

»Nun sag schon, wer hat das finanziert?«

Ich nehme eine weitere Kiste auf und frage mich, warum ich das nicht vorher schon in Erfahrung gebracht habe. Ich hatte Jonas und Professor Hahrmacher einfach vertraut, und mein Wille, etwas Neues auszuprobieren, hat den letzten Ausschlag gegeben, hierfür zuzusagen. Ich lasse meinen Blick noch einmal zu dem Herrenhaus schweifen. So etwas kenne ich nicht aus dem echten Leben, sondern nur aus Filmen.

Auch wenn die Giebel ein bisschen aus der Zeit gefallen sind. Auch wenn der Putz an ein paar Stellen bröckelt. Das Haus instand zu halten, muss teuer sein.

Jonas räuspert sich und strafft die Schultern. Er stellt eine Kiste auf die Karre, an der ich gerade hantiere und beugt sich dicht zu mir.

»Ein Privatinvestor. Dem gehört auch die Insel, sagt der Professor«, flüstert er mir ins Ohr.

Ich hebe die Augenbraue. »Soll ich dann lieber den Professor danach fra–«

»Auf keinen Fall«, fällt er mir ins Wort, dieses Mal lauter. »Ich darf nicht darüber sprechen. Es ist streng geheim. Wo wir hier genau sind, weiß ich nicht. Ich hatte auch eine VR-Brille auf, als wir hier hingefahren wurden.« Er flüstert wieder, seine Stimme ist jetzt schneller geworden. »Tu so, als wüsstest du von nichts, Isa. Bitte.« Er fleht jetzt.

So kenne ich ihn nicht. Ich drehe mich zu ihm um und runzele die Stirn. Was soll daran so schlimm sein? Ich habe nur gefragt, denke ich, und seine Antwort kommt mir komisch vor. Dass ihm die Wissenschaft über alles geht und er immer sein Bestes gegeben hat, um den Professor zufriedenzustellen, wusste ich. Aber mit diesem Projekt, diesen Eyetracking-Studien, scheint es ihm besonders ernst zu sein. Ich nicke ihm zu und seufze.

»Sag mir nur, ob du diesen geheimnisvollen Inhaber dieser Villa und Geldgeber selbst schon kennengelernt hast«, bitte ich ihn, weil ich neugierig bin.

»Leider nicht.« Er schüttelt den Kopf. Schluckt. Betrachtet dann wieder ausgiebig den Boden.

»Lass uns ihn einfach Dagobert nennen«, schlage ich locker vor. Dieses Gespräch scheint ihm unangenehm zu sein, dabei ist das Ganze irgendwie mysteriös. Vielleicht bekomme ich ihn später dazu, mir Details zu verraten.

16

Eine kalte Brise lässt mich zittern. Ich bin froh, wenn wir gleich drin sind. Ich schaue in den Himmel. Dort bauschen sich dicke, dunkle Wolken zusammen und fegen über mich hinweg. Wind pfeift durch die orangefarbenen Blätter der hohen Bäume, die das Gelände umgeben. Ich ziehe den Reißverschluss meiner Jacke bis unter das Kinn. Es stehen nur noch drei Monitore auf dem Steg. Jonas verstaut einen davon sachgemäß auf dem Karren. Ich will auch einen aufnehmen, beuge mich nach unten und drehe meinen Kopf. Da sehe ich sie.

Eine Frau, die einen pinken Rock trägt, dazu einen hellblauen Pullover und eine lilafarbene Steppweste. Sie fällt mir auf, weil sie so farbenfroh angezogen ist.

Weil der pinke Hut mit der Feder auf ihrem Kopf meine Aufmerksamkeit erregt.

Weil sie auf dem Boden am anderen Ende des Steges liegt.

Weil das bei dem Wetter nicht normal ist.

Weil sich ihr Brustkorb nicht hebt und nicht senkt.

Hey du, kleine Piratin.
Bist du drauf reingefallen? Wusstest du, dass
es eine Illusion ist oder hast du es für die
Realität gehalten?
Das Fernglas, den Papagei, das Whiskeyfass?
Konzentriere dich auf alles. Halte deine Sinne
wach. Es wird wichtig sein. Pass gut auf. Denn
vieles, was du siehst, wird nicht echt sein.
Nicht alles ist real. Nicht alles ist Illusion.
Oder doch?
Ich werde dir helfen, es zu verstehen. Werde
dir helfen, es zu sehen.
Ich sehe dich.
Ich sehe, was du siehst.

Kapitel 2

Ich renne auf die Frau zu, die auf dem Holzsteg am Boden liegt und lasse mich neben ihr nieder. Mein Atem geht schnell, mein Herz rast. Einem Impuls folgend ziehe ich meine Jacke aus. Etwas fällt aus meiner Tasche, rollt über den Steg und bleibt dann liegen. Daran kann ich jetzt nicht denken. Ich muss ihr helfen. Wellen klatschen mit voller Wucht ans Ufer und erzeugen Gischt, die mir kalt ins Gesicht peitscht.

»Ich bin Isa«, stelle ich mich vor und zucke zusammen. Mist. Ich halte mir die Hand an die Stirn und denke nach. Wie war das noch mal?

Person ansprechen, Atmung prüfen, diese Reihenfolge.

In Extremsituationen reagiert man instinktiv anders als in der Übung, das hatte der Typ vom Erste-Hilfe-Kurs gesagt. Und dass es wichtig sei, irgendetwas zu machen. Das Schlimmste sei, wenn man nichts macht.

So wie ich jetzt, wird mir schlagartig klar.

Ich schnappe nach Luft, starre die Frau an, die immer noch regungslos vor mir liegt. Ich beuge mich über sie, ganz nah an ihre Nase und ihren Mund, fasse sie an der Schulter und rüttele leicht daran.

»Hallo? Hören Sie mich?«

Ich halte sie im Blick.

Die Frau reißt die Augen auf, schnappt hörbar nach Luft, richtet sich auf und stößt mich mit einer Wucht von sich, der ich dieser kleinen Person nicht zugetraut hätte. Ich kippe zurück. Rudere mit den Armen. Wind fegt über mich hinweg. Die Wasseroberfläche kommt näher. Ich rudere weiter. Ramme die Füße in die Holzbohlen und rutsche aus. Ich falle. Tauche unter. Kurz. Mit nur einem Arm und mit dem Kopf. Der Wind zerrt an meinem restlichen Körper, der noch im Trockenen ist. Ich schlucke Wasser. Eiskaltes, salziges Wasser, das mir in Mund und Nase gleichzeitig schießt. Ich huste und schlucke dabei noch mehr Wasser. Bekomme keine Luft mehr. Mein Herz wummert wie verrückt. Auf einmal packt mich etwas von hinten. Zwei Arme halten mich fest. Zerren mich raus. Es fühlt sich fest an. Ich kann nicht entkommen. Im nächsten Moment lockert sich der Griff. Ich kippe um wie ein nasser Sack. Mein Atem geht schnell. Ich richte mich auf.

»Was war das denn? Wollen Sie mich umbringen? Wissen Sie eigentlich, wie arschkalt das ist?«, zetere ich unter Husten drauflos und bekomme meine Atmung einfach nicht unter Kontrolle.

»Kein Grund, mich so böse anzufunkeln, kleine Eiskönigin«, entgegnet sie mit lauter, tiefer Stimme, die nicht zu dieser zierlichen Frau passt. Genauso wie die Tatsache, dass sie mich gerade aus dem Wasser gehoben hat.

20

»Eis-Königin?«, zische ich. Mehr bringe ich nicht über die Lippen, die immer noch zittern. Wie kann sie jetzt an irgendeinen Disneyfilm denken?

Sie schmunzelt und tippt sich an ihren Kopf, auf dem der Hut mit den pinken Federn leicht in Schlagseite geraten ist.

»Du siehst so aus wie Elsa aus dem Film.«

Meine Hand wandert instinktiv zu meinem Zopf, den ich mir heute Morgen tatsächlich so geflochten hatte. Unbeabsichtigt hatte ich mir einen Bauernzopf gestylt. Wenigstens sind nur eine Seite des Pullis und ein Teil meiner Haare nass, denke ich und löse das wirre Geflecht, das jetzt an meiner Kopfhaut klebt. Kalte Wassertropfen bahnen sich meinen Hals entlang.

Heute Morgen dachte ich, eine Flechtfrisur wäre praktisch auf einer Insel. Der Wind, der an meinem Körper rüttelt, unterstreicht diesen Gedanken. Mit einer fremden Frau, die meinen Oberkörper zur Begrüßung freundlich untertaucht, so tut, als wäre sie die Unschuld in Person und dann auch noch Witze macht, hatte ich nicht gerechnet. Ich wringe die Haare aus, binde sie mit zittrigen Fingern zu einem Dutt hoch, stehe auf und betrachte die Dame vor mir genauer.

»Du siehst aus wie Miss Tilly aus meiner App«, schieße ich zurück und bin stolz auf meine Schlagfertigkeit. Es handelt sich um ein Spiel, wo man

21

versteckte Gegenstände finden muss. Miss Tilly ist bestimmt Miss Marple nachempfunden. Sie hat kurze graue Haare, trägt eine klobige Brille und ist immer auffällig gekleidet. So wie die Frau vor mir, die sich den pinken Rock glatt streicht, aufsteht und mir die Hand entgegenstreckt. Ich sehe ihr in die Augen, die durch die gezupften und geschminkten Augenbrauen streng aussehen. Sie lächelt. Okay, doch nicht mehr so streng. Was ein Lächeln ausmachen kann. Ich versuche es auch. Es gelingt mir nicht. Dafür ist mir jetzt zu kalt.

»Entschuldigung«, kommt es aufrichtig aus ihrem Mund.

»Ich wollte dich nicht stoßen. Hab mich nur erschrocken. Ich war gerade mitten in einer Meditation.« Sie deutet mit dem Kopf auf die Holzdielen.

»Weil mir übel war. Da hilft mir das. Von der Hinfahrt hierhin ist mir schlecht geworden. Das Boot hat heftig geschaukelt. Die haben mir Kontaktlinsen gegeben. Durfte meine eigene Brille während der Fahrt nicht tragen. Das war alles so ungewohnt. Dann noch diese Brille, die das Video abspielt. Da hab ich einfach –«

»Mir war auch schwindelig«, unterbreche ich sie und merke, wie mein Wutpegel sinkt. Ich zittere immer noch, aber das Gespräch lenkt mich irgendwie ab.

»Das mit der Übelkeit konnte ich nicht ahnen. Diese VR-Brille ist ein Teufelszeug.« Sie schüttelt abfällig

22

den Kopf. »Vielleicht ist dieses Studiengedöns mit den Brillen nicht so mein Ding«, stellt sie nachdenklich fest und lässt ihren Blick Richtung Boden schweifen. Irgendwie scheint sie sich nicht wohlzufühlen. »Dir ist da was aus der Tasche gefallen.« Sie deutet auf mein silbernes Etui und mein Asthmaspray, das bei meiner vermeintlichen Rettungsaktion auf dem Steg gelandet ist.

»Für Notfälle.« Ich sammele beides auf, ziehe meine Jacke an und zeige mit den Utensilien in meiner Hand auf sie.

»Meinst du das Asthmaspray oder das Etui?« Sie beugt sich vornüber und legt beide Hände auf ihren Oberschenkeln ab.

»Beides.« Ich grinse und öffne das silberne Etui, in dem ich immer ein paar Mintplätzchen bei mir habe. Für den Notfall, wie ich schon sagte. Ich reiche ihr eins.

Sie richtet sich auf, atmet hörbar ein und aus. »Glaubst du ernsthaft, das hilft gegen Übelkeit?« Sie nimmt das Schokoladenmintplätzchen mit Daumen und Zeigefinger entgegen und inspiziert es, als wäre es giftig.

»Nein, das hilft nicht gegen Übelkeit«, gebe ich zu und schließe die Jacke, wie ich es heute schon einmal getan hatte. »Aber falls du dich übergeben musst, riecht es besser.«

Ich presse die Lippen zusammen, weil ich nicht laut lachen will. Die besten Witze sind immer noch die eigenen und fallen einem in den merkwürdigsten Momenten ein, denke ich.

Die Falte auf ihrer Stirn wird immer tiefer, die geschminkten Augenbrauen senken sich herab. Ups, habe ich mal wieder übertrieben? Es kommt nicht jeder mit meinem Humor klar, das habe ich in der Vergangenheit oft feststellen müssen.

Sie fixiert meine Augen weiterhin. Ihr Blick ist irritiert. Ich kann förmlich sehen, wie es in ihrem Hirn rattert.

Dann entspann sich ihr Gesicht, ihre Mundwinkel zucken.

Sie prustet laut los und verschluckt sich fast an ihrem Lachen. »Na, du bist mir eine, du kleine Eiskönigin«, bringt sie unter lautem Gelächter hervor und beißt herzhaft in das Mintplätzchen.

Ich nehme mir auch eins heraus. Die Minzcreme zergeht auf meiner Zunge. Ich erlaube mir, einmal die Augen zu schließen und diesen intensiven Geschmack zu genießen. Mintplättchen haben mir schon oft geholfen, mich zu beruhigen. Daher gehe ich auch nicht ohne aus dem Haus. Für die eine Woche habe ich drei große Packungen in meinem Koffer und ich frage mich, ob das ausreicht, wenn der Trip hier schon so anfängt. Nass und kalt.

»Ich bin Marita, und jetzt schauen wir mal, dass du aus dem feuchten Zeug kommst.« Sie deutet auf meine Jacke, unter der sich der Pulli mit dem klebrigen Ärmel verbirgt.

24

Marita hebt ihre Jacke auf und etwas purzelt heraus. Der Wind fegt das Teil, das aussieht wie ein Klebestift, über den Steg. Ich renne hinterher, kann es aber nicht mehr aufhalten. Der Stift fällt ins Wasser und wird von einer Welle weggespült.

»Ich hoffe, das war nichts Wichtiges.«

Sie wartet ab und ich habe das Gefühl, als würde sie überlegen, was sie darauf antworten soll.

»War es.« Ein Seufzen entfährt ihr.

Ich horche auf und drehe meinen Kopf zu ihr.

»War auch für den Notfall«, gibt sie mit gedämpfter Stimme zu. Sie starrt aufs Meer hinaus, scheint darüber nachzudenken, ob sie dem nachgehen soll oder nicht. Sie entscheidet sich dagegen und hakt sich bei mir unter.

»Mach dir um mich keine Gedanken, kleine Eiskönigin.« Sie schluckt. Wir gehen langsam den Steg entlang. »Eigentlich wollte ich nicht auffallen. Ist mir perfekt gelungen, oder?«, fragt sie mich und legt den Kopf in den Nacken, um mich anzusehen. Erst jetzt bemerke ich, wie klein sie ist. Im Liegen ist das durch den Hut mit den Federn nicht so aufgefallen. Ich betrachte ihr buntes Äußeres, während wir uns dem Haus nähern.

»Vielleicht sollte man sich, wenn man nicht auffallen will, nicht so kleiden wie ein bunter Hund.« Ich verstärke meinen Griff um ihren Arm.

Sie schaut zu mir rüber, wirkt nachdenklich. »Da

hätte ich mir eher drüber Gedanken machen sollen, kleine Eiskönigin.«

»Kannst du mir einen Gefallen tun?«, frage ich sie.

»Bitte nenn mich Isabella. Oder Isa. Nur nicht Eiskönigin. Das ist so ... so ...«

Ein Grummeln über uns ertönt. Erste Tropfen fallen herab. Ich konzentriere mich auf die Geräusche um mich herum, auf das Plätschern des Wassers, das Tosen des Windes, weil ich nicht an den Film denken will. Nicht an Elsa, die Eiskönigin, und vor allem nicht an ihre Schwester Anna. Es gelingt mir nicht. Ich laufe weiter, kneife die Augen zusammen, um die Erinnerung aus meinem Gehirn auszuschließen. An meine Anna, die eigentlich Laura heißt. Laura hieß. Ich laufe weiter, will nicht daran erinnert werden. Nicht jetzt.

Marita bleibt stehen, dreht sich zu mir und mustert mich. In ihrem Blick erkenne ich, dass sie verstanden hat.

»Ist gut, I-sa.« Die zwei Silben meines kurzen Namens betont sie ausdrücklich. »Jeder hat Geheimnisse. Behalte deins für dich, wenn du dich damit besser fühlst.«

Wir gehen auf das prächtige Gebäude zu. Jonas und der Professor sind schon weg, waren zu beschäftigt damit, die sensiblen Geräte vor dem Regen zu retten. Haben die den vermeintlichen Notfall gar nicht mitbekommen? Ich schüttle den Kopf.

Der schmale, gepflasterte Weg ist umgeben von

26

Wiesen und Bäumen, deren orangefarbene Blätter im Wind tanzen. Es steht eine Karre herum, die sie anscheinend vergessen haben. Ein paar Meter liegen noch vor uns. Da Marita leicht schwankt und in regelmäßigen Abständen tief ein und ausatmet, greife ich kurzerhand die Karre und ziehe sie hinter mir her. Ich friere. Marita neben mir ist still geworden. Nachdenklich.

»Ich freu mich auf eine heiße Dusche«, sage ich in die Stille hinein, die von prasselndem Regen untermalt wird.

»Es soll Leute geben, denen macht der Regen nichts. So wie das Lattenzaunwunder und der Grufti da.« Marita deutet auf die zwei Gestalten, die rechts von uns auf der Rasenfläche stehen. Wir laufen weiter.

Evangelina hat einen nachtblauen Regenmantel an, der ihr bis zu den Knien geht, die Hände hat sie an die Kordeln der Kapuze gelegt. Sie dreht sich und läuft wieder auf das Handy zu, das ein Junge mit dunkler Jeans, schwarzem Pulli und Kunstlederjacke in der gleichen Farbe auf sie gerichtet hält.

»Es schüttet wie aus Eimern. In England würde man sagen, es regnet Katzen und Hunde. Aber der Regen ist nicht schlimm«, flötet sie in sehr hoher Stimmlage und ich frage mich, wie man bei dem Wetter so gute Laune haben kann.

»Diese Regenjacke gibt es ab heute im Sonderangebot. Ihr müsst nur den Rabattcode

27

Evangelina eingeben, dann wird automatisch alles um 20 Prozent reduziert.« Sie hält den Finger in die Höhe, richtet ihn mit Blick auf das Display aus. Wahrscheinlich soll er später direkt auf den 20-Prozent-Button zeigen, den ich in ihren Social Media Storys schon oft gesehen, aber ignoriert habe.

Ich deute auf sie. »Meinst du mit Lattenzaunwunder Evangelina? Sie ist Influencerin. Das ist ihr Job.«

Marita schnaubt laut aus. Wir begeben uns weiter Richtung Gebäude.

»Papperlapapp. Influencerin. Dass ich nicht lache.« Sie verstärkt ihren Griff um meinen Arm. »Ich bin jetzt 72 Jahre alt und früher war Influenza eine Grippe.«

Ich schmunzle. Maritas Humor gefällt mir.

»Heute ist es ein Beruf. So ändern sich die Zeiten. Lattenzaun sagt man übrigens auch nicht mehr, sondern Hashtag.«

»Okay, dann Hashtagwunder.«

»Wen meinst du mit Grufti? Etwa den Jungen dort drüben? Der das Handy hält?«

»Der Grufti mit der Zahnbürste in den Ohren«, fügt Marita hinzu.

Ich drehe mich noch einmal um und begutachte den Jungen genauer. Ich schätze ihn nicht älter als 20. Er sagt während der ganzen Zeit nichts und scheint sich auch nicht an dem Regen zu stören. Er trägt durchweg dunkle Klamotten, die farblich hervorragend zu seinen kinnlangen Haaren passen, die unter der Kapuze hervorlugten und genauso vor Nässe triefen wie meine. Das Einzige, was nicht dunkel ist, sind die weißen kabellosen Ohrstöpsel, die an der Kapuze hervorlugen. Airpods. Das meinte Marita also mit Zahnbürsten im Ohr. Ich schmunzle über diesen grotesken Vergleich und halte weiter auf das Haus zu.

Der Regen verstärkte sich zu einem kalten Guss.

Wir laufen, so schnell es der Karren erlaubt auf Jonas zu, der uns an der Tür empfängt. Mein Atem geht schneller. Mir ist durch das Laufen wärmer geworden. Immerhin.

»Hi, ich bin Jonas«, stellt er sich Marita vor und drückt uns jeweils eine Brille, die an ein Handy geschlossen ist und einen Kopfhörer in die Hand.

»Was soll das?«, stoße ich aus und ringe nach Luft.

»Keine Sorge, eure Koffer sind schon drin. Ihr könnt euch gleich aufwärmen. Erst die Studien. Vergesst nicht, wozu ihr euch angemeldet habt. Daher kommt ihr auch erst ins Haus, wenn ihr die aufsetzt und mitmacht.« Er deutet auf das Equipment in unseren Händen.

»Dann gilt das auch für die beiden«. Ich zeige zu dem Jungen, den Marita Grufti genannt hat und Evangelina, die nun auch auf das Haus zulaufen.

»Das gilt für alle«, sagt Jonas mit Nachdruck in der Stimme.

Ein Rinnsal läuft meinen Rücken entlang. Der

29

Pullover klebt an mir wie eine Tapete, die frisch angebracht wurde. Nass und klamm. Ich zittere. Meinte Jonas das wirklich ernst?

»Guck nicht so, Isa.«

»Jonas, hör auf mit dem Quatsch. Unsere Kleidung ist nass. Es regnet. Können wir nicht einfach ...«, ich dränge mich an ihm vorbei in den Eingangsbereich, der mit einem Vordach geschützt ist. Er packt mich am Arm und hält mich fest. Wir sind uns jetzt so nah, dass ich seine Sommersprossen im Gesicht zählen könnte, wenn ich es wollte.

»Selbstverständlich«, fängt er an und setzt mit Engelsgeduld nach. »... können wir da keine Ausnahmen machen. Die Studien gehen vor.« Seine Stimme ist jetzt ernst, keine Ironie mehr, kein Sarkasmus. »Aber ...« Er stockt.

Immerhin. Eine Lösung wird es sicher geben, hoffe ich.

»Ich kann dir einen anderen Pulli besorgen, Isa. Habe da vorhin etwas über dem Stuhl hängen sehen. Moment, ich schau mal.« Jonas hält uns die flache Hand senkrecht entgegen. Wie ein Stoppschild. »Ihr wartet hier.« Seine Stimme duldet kein Nein. Das ist mir klar. Ich verdrehe die Augen.

»Ganz schön streng. Kennst du den schon lange?«, fragt Marita neben mir.

»Seit dem Studium«, antworte ich wahrheitsgemäß. »Wenn es um seine geliebten Studien geht, kennt er kein Pardon.«

»Hat er dir schon mal Avancen gemacht?« Sie richtet ihren Hut.

Ein Prusten entfährt mir, weil ich dieses Wort das letzte Mal vor zig Jahren von meiner Oma gehört habe. »Avancen?« Das Prusten wird zu einem Kichern, in das Marita einsteigt. Ich schüttele den Kopf. »Er ist nur ein Kommilitone. Er hat mich gebeten, hier mitzumachen.«

»Ein Kommilitone, dem die Wissenschaft anscheinend sehr wichtig ist«, entgegnet Marita und deutet auf Jonas, der nun im Hauseingang steht und mir einen grauen Hoodie reicht.

Ich greife ihn, ohne nachzudenken und zucke zusammen.

Der Hoodie ist weich und auf der Rückseite kann ich das Emblem der Chicago Bulls erkennen. Er erinnert mich an jemanden. An jemanden ganz Bestimmten.

Ich weiß, dass es solche Pullis häufiger gibt. Das muss nichts heißen, rede ich mir ein. Ich streiche über den weichen Ärmel und kann einfach nicht anders. Ich muss daran riechen. Was die anderen davon halten, ist mir im Moment egal. Ich führe den Stoff ganz nah an meine Nase und nehme einen tiefen Atemzug. Inhaliere den Geruch, der meine Erinnerung bestätigt. Der harzige Duft nach Zedernholz, gepaart mit einer leichten Eukalyptusnote, durchströmt meine Nase und schießt mir direkt ins Herz.

»Hey, Kleine, was hast du?«, fragt Marita, und

meine Gedanken überschlagen sich so schnell, dass ich vergesse, sie zu bitten, auch das »Kleine« zu unterlassen.

Meine Gedanken kreisen sich um ihn. Nicht um den Pulli, den ich mir nun überziehe und spüre, wie sich der weiche Stoff an meine Haut schmiegt und mich wärmt. Meine Gedanken kreisen sich um *ihn*. War er wirklich hier? Kann das sein?

Ein letzter Test würde für Gewissheit sorgen. Ich halte den Atem an und greife langsam in die Tasche des Hoodies. Wäre darin nichts weiter, hätte ich die Klarheit, die ich brauche. Die Klarheit, dass das alles nur ein Hirngespinst ist und das er nicht auf dieser Insel sein kann. Meine Finger in der Tasche ertasten einen Gegenstand. Ein kalter, runder, metallener Gegenstand. Eine Münze.

Die mir eine Klarheit verschafft, die mir durch Mark und Bein fährt.

Er ist hier.

Hey du,

bist du gut angekommen? Hast du tolle neue Leute kennengelernt, wie du gehofft hattest? Hattest du großartige Erlebnisse?

Du erinnerst mich an einen nassen Waschlappen, wie du da stehst, tropfnass und zitternd. Einen Waschlappen, der dringend mal ausgewrungen werden muss. Der getrocknet werden muss, damit er wieder so funktioniert, wie er soll.

Tust du das? Funktionierst du?

Schau dich um. Achte auf alles. Jedes Detail kann wichtig sein. Jedes Detail IST wichtig.

Du wirst es schon sehen.

Irgendwann. Noch siehst du es nicht. Aber ich.

Ich sehe dich.

Ich sehe, was du siehst.

Kapitel 3

Jonas stülpt mir die Kopfhörer über und drückt mir die Brille auf den Kopf, durch die ich ein pixeliges Bild erkennen kann. Wenn ich darunter hindurch luge, kann ich meinen ehemaligen Kommilitonen sehen, der mich taxiert und abwechselnd an mir und dem Equipment herumfuchtelt.

»Lass das«, sage ich barsch, weil ich mich nicht konzentrieren kann. Und weil ich es hasse, wenn jemand an mir rumzerrt.

»Schon wieder diese blöde Brille. Und schon wieder eine andere. Wie soll ich mich daran gewöhnen?«, höre ich im Hintergrund Marita schimpfen. »Junger Mann?«, fragt sie, was Jonas mit einem missmutigen Schnauben quittiert. »Junger Mann, wenn ich dieses Mal meine richtige Brille auflassen darf, dann muss diese hier aber korrekt sitzen.« Maritas Stimme ist tief und resolut, wie ich es mittlerweile von ihr gewohnt bin. Mit jedem Atemzug rückt sie immer weiter in den Hintergrund und wird von einem Rauschen überlagert. Dieses Mal kommt das Rauschen nicht von den Wellen, sondern aus mir. Es ist in meinem Kopf. In meinen Ohren. Überall. Ich versuche mich auf das Bild zu fokussieren, was sich vor mir aufbauen will, aber es gelingt mir nicht. Das Rauschen wird lauter.

Dann piept es in meinem Ohr. Ein langer, gezogener Laut. Ich greife mir instinktiv an den Kopf und presse damit die Kopfhörer nur noch enger an mich. Ich will das hier nicht. Nicht jetzt. Ich will wissen, wo er ist. Wo ist Nico?

Nico. Der Name zupft an meiner Erinnerung. Ihm gehört definitiv dieser Pulli. Vor genau zwei Jahren habe ich ihn das letzte Mal gesehen. Gestern vor zwei Jahren habe ich mit meiner besten Freundin Emily ihren Geburtstag gefeiert und Nico bei einem Karaokeabend in meiner Stammkneipe kennengelernt. Mein Magen fühlt sich an, als würde ich Fahrstuhl fahren. Auf und ab. Wie vorhin, aber ich bin mir dieses Mal sehr sicher, dass ich mich nicht in einem Boot befinde, was für diesen Zustand verantwortlich ist.

»Herzlich willkommen bei den Eyetracking-Studien. Schön, dass du dabei bist«, höre ich Evangelina hinter mir. Ihr Akzent ist unverkennbar. Ich würde ihn niedlich finden, wenn ihre viel zu hohe Stimmlage nicht an meinen Nerven kratzen würde. Allein über ihre Stimme nachzudenken, lenkt mich ab. Das ist es, was im Moment zählt und mir guttut.

Ich drehe mich um und bleibe abrupt stehen. Evangelina sieht jetzt anders aus als vorhin.

Sie trägt die Haare streng nach hinten zusammengebunden. Darüber thront ein Hut aus schwarzem Brokatstoff. Ihre antike, rubinrote Rüschenbluse entblößt ein tiefes Dekolleté, auf dem sich eine Diademhalskette schmiegt. Dicke, klobige, schwarze Steine werden von Spitze im selben Rotton der Bluse festgehalten.

»Wir befinden uns in einem Herrenhaus aus dem Jahre 1889. Komm mit, dann erzähle ich dir ein Geheimnis.« Sie senkt den Kopf, ihre Stimme wird tiefer. Sie schaut mich verschwörerisch an.

Ich bin verwirrt und kann nicht glauben, dass sie sich in so kurzer Zeit umgezogen und die Haare geföhnt haben soll. Meine kleben immer noch an meiner Kopfhaut. Obwohl ich den halbnassen Pulli gegen Nicos trockenen ausgetauscht habe, fühle ich mich immer noch unwohl. Klamm. Wie ein Waschlappen, der nach einem ausführlichen Bad ausgewrungen und zum Trocknen aufgehangen wurde. Ich sehne mich nach einer heißen Dusche und wundere mich noch mehr darüber, dass Evangelina wie aus dem Ei gepellt aussieht. Das ist alles so merkwürdig hier. Meine Neugier treibt mich vorwärts.

»Wir sind nun in der Eingangshalle. Im Jahr 1889 haben die Hausherren hier ihre Gäste empfangen.« Sie macht eine ausladende Handbewegung. Ich drehe mich und merke, wie sich das Bild nur schleppend mitbewegt.

Eine Treppe aus dunklem Eichenholz führt in die oberen Etagen. Sie ist mit einem Teppich aus olivgrünem Samt ausgelegt. Ich greife nach vorn und spüre das kühle Holz unter meinen Fingern. Nun wird es wimmelig. Zwei Dienstmädchen mit einfachen dunkelbraunen Baumwollkleidern und weißen Häubchen auf dem Kopf eilen an mir vorbei. Das kleinere Mädchen mit dem runden Gesicht trägt einen massiven emaillebeschichteten Suppentopf, aus dem Dampf steigt.

Mir kriecht der salzige Duft von Suppe in die Nase. Ich inhaliere ihn, was mir mein Magen mit einem lauten Knurren dankt. Ich drehe den Kopf und sehe einen Stallknecht, der mit klobigen Stiefeln und Mistgabel in der Hand über den Flur poltert. Er unterhält sich mit den zwei Dienstmädchen. Ich verfolge die drei, und auf einmal passiert etwas Merkwürdiges. Das Mädchen mit dem rundlichen Gesicht ist bis auf einen beigefarbenen Slip und weißem Top nackt. Kein Dienstkleid weit und breit zu sehen. Ich blinzle. Was ist hier los? Ich lege meinen Kopf in den Nacken, richte meinen Blick die Treppe hinauf und sehe einen Mann auf den oberen Stufen liegen. Er sieht dem Stallknecht von gerade sehr ähnlich. Ein Rinnsal aus Blut läuft seine Schläfe hinab. Ich blinzle noch einmal. Der Mann kommt mir bekannt vor. Ich habe eine Ahnung, kann sie aber nicht richtig greifen. Ich will auf ihn zugehen, die Treppe hinauf. Will ihm helfen. Mein Atem geht schneller. Ich muss etwas tun. Ich greife das

Geländer, da packt mich eine warme Hand am Arm und hält mich fest. Nicht so, dass es wehtut, aber mit Nachdruck. Ich werde davon abgehalten, zu laufen. Der Duft von Zedernholz und Eukalyptus vermischt sich mit dem salzigen, aromatischen Suppendampf.

»Hey, lass mich los«, sage ich, mache einen Schritt nach vorn und halte mich am Geländer fest. Dann werde ich angerempelt und stoße mit dem Oberkörper gegen etwas Hartes. Scheiße. Was war das?

»Aufhören!«, rufe ich und spüre etwas Heißes an meiner Hand. Und Nasses. Es riecht nach Brühwürfel. Ich erschrecke mich so sehr, dass ich einen Schritt nach vorn mache und gegen eine Person stoße.

»Pass doch auf«, höre ich eine Frauenstimme, die nicht aus den Kopfhörern kommt. »Ihr könnt mal langsam mit eurem Eyetracking-Gedöns aufhören, gleich gibt es Essen. Beim nächsten Mal läufst du mir nicht direkt in die Graupensuppe, das wäre außerordentlich liebenswürdig von dir. Bitte-Danke.« Jeder, der ihren Sarkasmus nicht sofort heraushört, muss taub sein.

Ich nehme langsam die Kopfhörer ab, löse die Brille und verfluche mich selbst. Ich habe mich von den Illusionen verleiten lassen. Habe für einen Moment für real gehalten, was ich dachte zu sehen. Was mir nur vorgespielt wurde. Oder war etwas davon echt?

Vor mir, und zwar im echten Leben, steht eine Frau mit blonden Locken, die sie sich sehr hoch oben auf dem Kopf zusammengebunden hat. Einzelne Strähnen umgeben ihren runden Kopf. Ist es Zufall, dass sie dem Mädchen aus der Illusion sehr ähnlichsieht? Sie blickt mir direkt in die Augen, dann schlängelt sie sich an mir vorbei. Dabei balanciert sie die Suppenschüssel aus Emaille, die gerade noch die Dienstmagd in der Hand hatte.

»Das war Simone. Sie ist für das Essen während der Woche verantwortlich. Die Illusion von der Eingangshalle war cool, oder?«, fragt mich Evangelina, die plötzlich neben mir auftaucht und jetzt wieder so aussieht wie vorhin, als sie draußen im Regen das Video gemacht hat.

Ich schüttle den Kopf. Muss alles erst mal sortieren. Die Ankunft auf der Insel. Ein schwankender Holzsteg. Eine Rentnerin, die mich aus Versehen ins Wasser taucht. Ein Nico, den ich riechen, fühlen, alles von ihm wahrnehmen, nur nicht sehen kann.

»Du bist drauf reingefallen, oder? Hochmut kommt vor dem Fall.« Evangelina steht kerzengerade vor mir und grinst mich an. Ihr wäre das sicher nicht passiert, so perfekt, wie sie ist und sich ständig gibt. Ich will nicht zugeben, dass ich für ein paar Augenblicke die VR-Illusion für Realität gehalten habe. Deshalb schweige ich und unterziehe der Maserung im Holzboden einer genaueren Betrachtung. Evangelina soll nicht sehen, wie unangenehm mir das alles ist.

»Ach, ist doch nicht schlimm.« Sie wedelt mit der Hand durch die Luft.

39

Ich sammle mich kurz, mir schießen so viele Fragen durch den Kopf. Eine kommt mir über die Lippen. »Warst du das wirklich gerade in der Illusion aus dem Jahre 1889?«

»Die haben mich damals dafür engagiert, und ich fand das so toll, weil ich mich so verkleiden durfte wie eine Hausherrin aus dem Neunzehnten Jahrhundert. Ich bin ja auch Schauspielerin. Und Model. Und weil aller guten Dinge drei sind ...« Sie macht eine theatralische Pause und stemmt die Hand in die Taille. »... bin ich auch Werbeikone.«

Und einfach nur perfekt, führe ich ihre Aufzählung in Gedanken weiter. Und überhaupt nicht eingebildet.

Evangelina schiebt mich durch einen kleinen Gang in den Essensraum. »Die haben mich echt gut dafür bezahlt.«

»Hast du auch den verletzen Mann gesehen?«, platze ich heraus.

»Ach, ich hab viel gesehen. Es kommt immer drauf an, wo du hinschaust. Du kannst in diesen Illusionen viel mehr erleben, als du denkst. Die haben mir gesagt, zwei Leute, die die gleiche Erfahrung machen, sehen Unterschiedliches, weil der Fokus bei jedem anderes liegt.« Sie holt einmal tief Luft. »Und sie haben gesagt, es würde erst später alles ausgewertet und analysiert. Wo wir hinschauen und so.«

Auf einmal kribbelt mein Magen. Er fühlt sich heiß und schwer an, als hätte jemand dreißig glühende

Kohlen hineingelegt. Ein Gedanke ergreift Besitz von mir. Wo wir hinschauen, hat Evangelina gesagt. Die können alles sehen, was ich gesehen habe. Jonas und der Professor und vielleicht noch mehr Leute werden die Videos auswerten und ganz genau sehen, wo ich hingeschaut habe. Gänsehaut überzieht augenblicklich meinen Körper. Wo habe ich genau hingesehen?

Wie real können VR-Illusionen eigentlich sein und warum habe ich es nicht früher als solche erkannt? Vielleicht wegen des Erlebnisses mit Marita, das feuchter endete als gewünscht? Oder wegen Nico, der meine Gedanken beherrscht und den ich immer noch nicht entdecken kann?

»Für diesen Raum habe ich übrigens auch ein Video aufgenommen«, holt Evangelina mich ins Hier und Jetzt zurück. »Dafür bleibt keine Zeit mehr. Die Suppe wartet, Isa«, fügt sie mit ihrer unverwechselbaren Stimme hinzu.

Nicht nur die Suppe, stelle ich fest, als ich den Speiseraum betrete. Auch die anderen Teilnehmer, die auf golden verzierten, klobigen Stühlen sitzen und sich von Simone die Teller mit Suppe füllen lassen. Ich zähle acht Stühle. Acht Personen hier auf der Insel. Das passt. Wenn Nico da wäre. Er fehlt. Bilde ich mir das alles nur ein? Ist er doch nicht hier?

Ich sitze vor einem schwarzen Monitor, habe dieses Mal keine Brille auf und warte. Darauf, dass mir Bilder angezeigt werden, die ich betrachten soll, wie es zur Studie gehört.

Das Mittagessen ist vergleichsweise ruhig verlaufen. Der Professor, Herr Hahrmacher, hat alle freundlich und offiziell begrüßt und sich für die bisherigen Unannehmlichkeiten entschuldigt. Evangelina hat während der ganzen Zeit hauptsächlich gequatscht, gelacht und uns anderen ausgefragt, worauf wir uns am meisten freuen und so weiter. Der Junge mit den dunklen Klamotten und den Airpods hat sich als Rouven vorgestellt. Er hat außer seinem Namen nicht viel gesagt und hat sich auch von Evangelinas munteren Fragen nicht richtig hinterm Ofen hervorlocken lassen. Anschließend durfte ich dann endlich mein Zimmer beziehen. Von einem langen Flur gehen zu jeder Seite vier Zimmer ab, eins davon ist meins, das wie fast alles in diesem Herrenhaus im viktorianischen Stil gehalten ist. Stuck an den Wänden, ein Kronleuchter mit kitschigen Leuchten, die warmes Licht erzeugen. Zwei mit beigem Samt gepolsterte Stühle und ein kleiner Beistelltisch. Ein massives Bett, umrandet von messingfarbenem Gitter. Und Kissen. Mattrosafarbene Kissen, soweit das Auge reicht. Eine Glastür gibt den Blick auf meinen steinernen Balkon und auf das Meer frei. Eine weitere Tür führt in das angrenzende Badezimmer.

42

Ich habe Jonas freundlich gefragt, ob ich mich nun endlich umziehen dürfe oder noch irgendeine wichtige Studie oder eine Suppe dazwischenstände. Er hat nur den Kopf geschüttelt und mich mit meinem Kram allein gelassen. Und mit Nicos Pulli, den ich zwar ausgezogen, aber ordentlich gefaltet und auf den Stuhl gelegt habe. Die Münze habe ich in meine Hosentasche gesteckt. Als Beweisstück, dass es keine Einbildung sein kann.

Nachdem ich eine gefühlte Stunde geduscht habe und das stinkende Seewasser losgeworden bin, sitze ich hier. Warm eingekuschelt in meinem Lieblingspullover, um mir selbst zu suggerieren, mich hier wohlfühlen zu können. Der schwarze Monitor starrt mich an. Ich starre zurück. Bin nervös, weil mir jetzt ganz bewusst ist, dass alles, was ich sehe, aufgenommen wird. Ich will die Studien nicht gefährden. Will nichts vermasseln. Ich bin hier, um der Wissenschaft zu helfen, wie man so schön sagt. Vor allem Jonas und dem Professor, die vernünftige Ergebnisse bekommen sollen. Jonas hat gesagt, ich soll mir nur Bilder anschauen. Brauche nichts dazu zu sagen. Nur anschauen. Das kriege ich hin, denke ich.

Das Bild einer Frau taucht im linken Bildrand auf. Ich bewege meinen Kopf nicht, sondern richte die Augen dorthin, wo ich das Bild wahrnehme. Ich blinzle. Kann so lange nicht starren, aber Jonas hat mir versichert, dass immer nach ein paar Bildern Sichtpausen kommen, in denen ich die Augen schließen und nach einem Signal wieder öffnen darf.

Die Frau trägt einen Arztkittel und schaut freundlich aus. Jetzt ist sie weg. Rechts unten ist ein Bild von einem Mann in meinem Alter, aber es sieht eher wie ein Comic aus. Der Mann hat nur eine Hose an und eine merkwürdige Frisur. Die Bilder wechseln sich jetzt schnell ab. Es sind Bilder von Menschen, die sehr real aussehen, dann wieder mit dem Computer gezeichnete Figuren. Manche sind angezogen. Manche sind nackt. Manche nur teilweise mit Stoff bedeckt. Einige haben Körperschmuck, der mich an Evangelinas Diadem aus der Illusion erinnert. Nach dem Erlebnis mit dem Dienstmädchen vorhin sollten mich die Nacktbilder nicht mehr schocken. Sie tun es trotzdem. Wieso werden mir hier solche Bilder vorgesetzt? Was will Jonas hier untersuchen? Ich habe ihn vorhin extra noch zur Seite genommen und gefragt. Er hat nur verschwörerisch geguckt, den Finger an die Lippen gelegt und mir zugeraunt, es sei streng geheim und er dürfe nichts sagen. Erst nach der Woche könne er mehr verraten. Nachdem mir heute mehrfach schwindelig und schlecht geworden ist, was ich nicht nur auf die Brille zurückführe, weiß ich jetzt wenigstens, warum wir vor unserer Reise von einem Arzt untersucht wurden, der unsere Gesundheitstauglichkeit für die Studie bescheinigen musste. Das nächste Bild lässt mich schlucken. Es ist ein Mann im Profil, der mich aus tiefbraunen Augen anschaut. Ich erkenne etwas Bittendes in seinem Blick. Immerhin ist er angezogen, denke ich. Da kann ich doch noch weiterschauen, ohne dass was passiert, oder? Die sehen, was du siehst, Isa, schießt es mir durch den Kopf. Ich betrachte den Mann genauer. Seine Augen fixieren mich durch den Monitor hindurch. Als würden sie mich nicht bitten, sondern anklagen. Ein weiteres Bild erscheint, ich bin noch in Gedanken bei dem Mann. War es der von der Treppe? Es sah so aus, aber ich bin mir nicht sicher. Dieser hier ist nicht verletzt.

»Noch fünf Bilder, Isa, dann musst du runterkommen. Es gibt Abendessen«, schallt Jonas' Stimme durch den Raum.

Ich schließe kurz die Augen und wappne mich für die letzten Eindrücke. Auch wenn diese Session vermutlich harmlos wirken sollte, kriecht ein mulmiges Gefühl durch meinen Körper und macht sich in meinem Magen breit. Vielleicht habe ich nur etwas anderes erwartet, aber ich muss mir nach weniger als vierundzwanzig Stunden ernsthaft die Frage stellen, was ich mir hierbei eigentlich gedacht habe. Und, noch wichtiger, ob ich das wirklich weitermachen möchte.

Hey du,
die Puzzleteile schwimmen in einem
riesengroßen Becken vor deiner Nase wie
Graupen in der Suppe. Von rechts nach
links und wieder zurück. Sie überschlagen
sich. Setzen sich paarweise zusammen und
schweben dann wie von Zauberhand wieder
auseinander. Du kannst sie nicht greifen.
Kannst noch nichts verstehen. Das wirst du
noch. Ganz sicher. Mach dir keine Sorgen.
Ich bin bei dir und werde dir helfen, alle
Puzzleteile zu finden. Alle Teile aus
dem riesigen Becken zu fischen und so
zusammenzusetzen, dass du das komplette
Bild sehen kannst.
Noch siehst du nichts.
Aber ich sehe dich.
Ich sehe, was du siehst.

Kapitel 4

Das Abendessen findet im antiken Speisezimmer statt. Marita hat am Esstisch neben mir platzgenommen. Sie trägt nun ein grellgelbes Strickkleid, hat keinen Hut mehr auf, sondern eine gelbe Schleife im Haar und erinnert mich an einen Kanarienvogel.

Evangelina sitzt mir gegenüber, sodass ich ihren nicht enden wollenden Wortschwall frontal abbekomme. Während der Vorspeise hat Evangelina darüber berichtet, wie genau sie für das Projekt engagiert wurde, dass sie damals mal Videos für eine interaktive VR-Stadtführung gemacht habe und sie deshalb von ihrer Agentur noch einmal für so etwas engagiert worden sei. Bei ihren Ausführungen hat sie immer wieder mit der Zunge geschnalzt und betont, dass sie zwar berühmter sei als wir alle zusammen, wir uns daran aber nicht stören sollten. Ist klar, denke ich und werfe Marita einen verschwörerischen Blick zu.

»Hashtagwunder können alles«, flüstert sie mir zu.

Wir bekommen einen vegetarischen Auflauf serviert. Ich lasse mir den mit Käse überbackenen Brokkoli auf der Zunge zergehen. Essen habe ich immer genossen. In unserer Abizeitung stand über mich: »Isa ist ein großer Fan von Lebensmitteln«. Es stimmt. Ich muss schmunzeln. Das war ich schon als kleines Kind.

Evangelina quatscht zwischen den Bissen einfach weiter. Ich kann noch nicht sagen, ob ich sie mag oder nicht. Ihr Getue kommt mir überheblich vor. Nicht echt. Wir sind ja noch ein paar Tage hier. Vielleicht wird es dann anders. Ihre Stimme ist definitiv zu hoch, aber da kann sie nichts für. Ich werde das Gefühl nicht los, dass sie sich für etwas Besseres hält und ihre Fröhlichkeit nur vorgetäuscht ist. Ein normaler Mensch würde nicht nonstop gut gelaunt sein, bei jedem Wetter. Würde nicht permanent lachen. Genau dieses laute Lachen reißt mich aus meinen Überlegungen.

»Ist das Erdbeer-Daiquiri? Ich liiiebe Erdbeer-Daiquiris«, flötet sie und nimmt zwei Gläser vom Tablett, das Simone zwischen den Gängen serviert und stellt mir eins an meinen Platz.

»Diese sind mit Alkohol, es gibt aber auch welche ohne, die stehen am Ende des Tisches.« Simone deutet auf ein zweites Tablett, von dem sich Rouven und der Professor bedienen. Ich hatte mich vorhin schon darüber gewundert, dass Alkohol ausgeschenkt wird. Obwohl Studien stattfinden, bekamen wir zum Essen Wein serviert. Jetzt kann ich nicht widerstehen. Das alles ist so merkwürdig hier.

Vor mir steht das prall gefüllte Cocktailglas, das ich in meiner Hand drehe und sehe, wie die zähe rote Flüssigkeit langsam hin und her schwappt.

Frischer Duft strömt mir in die Nase. Erdbeeren. Ich liebe Erdbeeren. In allen Variationen. Daiquiri habe ich auch schon einmal probiert. Ich nippe daran und meine Geschmacksknospen explodieren und katapultieren mich direkt ins Erdbeerfeld.

Ich sehe es vor meinen Augen. Als wenn es gestern gewesen wäre. Meine Freundin Emily hat mal einen Kindergeburtstag auf einem Erdbeerfeld ihres Großvaters gefeiert. Wir waren vielleicht zehn oder elf Jahre alt. Sollten Erdbeeren um die Wette pflücken, weil wir nachher Marmelade mit Emilys Oma daraus herstellen durften. Wer in einer halben Stunde die meisten gepflückt hatte, bekam eine Überraschung.

Ich nehme noch einen tiefen Schluck und denke daran, dass ich damals mit Emily viel zu viele Erdbeeren zwischendurch genascht habe. Ich habe jede einzeln genossen und daran geknabbert. Am Abend war nur eine Handvoll in meinem Eimer gelandet.

Ich nehme noch einen Schluck. Der Alkohol steigt mir langsam in den Kopf. Ich hatte während des Essens schon ein paar Gläser Wein, wie fast alle hier am Tisch. Ich zucke mit den Achseln. Was solls, ich bin erwachsen, denke ich und leere das Glas in einem Zug. Mmmh, lecker.

»So, hat jetzt jeder was?«, fragt Evangelina und schaut in die Runde. Ich tue es ihr nach und stelle fest, dass die Daiquiris der anderen noch unangetastet vor ihnen stehen.

»Wir wollen gemeinsam anstoßen«, sagt Professor Hahrmacher.

»Auf die Woche, die uns bevorsteht, auf die Studien, die für manche von euch vielleicht etwas ungewohnt sein werden, aber«, fährt Professor Hahrmacher fort und wird von einem lauten »Schscht« von Jonas unterbrochen. »Nichts verraten«.

»Wir trinken auf eure Anmeldung und Unterstützung.« Er hebt sein Glas, die anderen tun es ihm nach. Meins ist leer, ich schaue beschämt nach rechts und erblicke Marita, die jetzt noch näher neben mir sitzt als vorhin. Sie dreht sich zur Seite und deckt mit ihrem Körper ihr Glas ab, das sie mir reicht. Vermutlich will sie nicht, dass die anderen das sehen. Sie flüstert mir ins Ohr: »Nimm das, Kleine. Ich mag keine Erdbeeren.«

Das Glas fühlt sich kühl unter meinen Fingern an.

Alle rufen nun verschiedene Trinksprüche in verschiedenen Sprachen in die Runde und lachen.

»Prost«, sage ich und nehme noch einen tiefen Schluck.

Das ist wirklich lecker, das Zeug.

»Während wir auf den Nachtisch warten, können wir mal eine Schnellraterunde machen. Oder, noch besser. Eine Schnellvorstellrunde«, schlägt Evangelina vor.

»Och, nööö. Wir sind hier nicht bei den Anonymen Alkoholikern«, mischt Marita sich ein.

Jetzt herrscht Stille am Tisch, lediglich das Klappern von Besteck und das stetige Prasseln des Regens an die Fensterscheibe sind zu hören.

»Aaach, was. So meinte ich das doch nicht. Ist nicht schlimm.« Evangelina kommt wieder in Redeschwung und macht eine abwertende Handbewegung.

»Jeder soll einfach nur sagen, warum er hier ist.«

Ich will es schnell hinter mich bringen. Hole tief Luft und sage dann: »Ich möchte der Wissenschaft helfen, Jonas und Professor Hahrmacher leiten das Projekt. Jetzt ihr.« Ich deute mit dem Zeigefinger auf die anderen, das Glas immer noch in der Hand. Ich hoffe, die anderen machen es auch kurz und knapp.

»Ich habe den Aufenthalt hier in einem Preisausschreiben gewonnen«, gibt Marita zu und erntet einen überraschten Blick von Evangelina. Und mir.

»Wusste nicht, dass das geht. Was ist mit dir, Rouven?«, fragt Evangelina den stillen Jungen, der neben dem leeren, freigebliebenen Stuhl am Ende des Tisches sitzt und an seinem alkoholfreien Drink schlürft. Der freie Stuhl fesselt meine Aufmerksamkeit mehr, als er sollte.

»Gibt keinen Grund.«

Wir richten alle gleichzeitig unsere Blicke auf Rouven, was ein groteskes Bild ergibt. Er zuckt mit den Schultern.

»Ehrlich. Ich bin einfach hier. Punkt.«

»Ist nicht schlimm. Du musst es uns auch nicht

51

sagen. Fühl dich nicht unter Druck gesetzt«, reißt Evangelina wieder das Gespräch an sich und fährt dann fort. »Mir wurde das hier von Sponsoren finanziert.«

Da wären wir nicht draufgekommen, denke ich und verdrehe die Augen.

Der Nachtisch wird serviert, obwohl wir noch Daiquiri haben. Es gibt festen Kuchen, der mich an meine Kindergeburtstage erinnert. Schon wieder denke ich an Kindergeburtstage. Diese Villa hier, das Essen scheint irgendetwas in mir auszulösen. Ich rieche den Kuchen und muss wieder an jemanden denken. Dieses Mal nicht an Emily, sondern an meine Schwester Laura. Ich nehme nur am Rande wahr, wie Marita mit ihrer Gabel in ihrem Nachtisch herumstochert. Als wäre sie sich nicht sicher, ob sie sich trauen sollte, ihn zu essen. Sie tut es nach einer Weile trotzdem. Ich schiebe mir ein großes Stück in den Mund, schließe die Augen, presse den weichen Teig gegen den Gaumen und warte ab. So haben Laura und ich das immer gemacht. Die leckeren Sachen haben wir langsam gegessen. Stück für Stück genossen. An Schokolade haben wir gelutscht, bis nur noch ein winziges Stück übrig war, das wir dann zerkaut haben. Der süße Klumpen an meinem Gaumen ist jetzt weich geworden, ich halte immer noch die Augen geschlossen, wobei ich die Geräusche in meiner Umgebung nun noch mehr wahrnehme.

Die Teilnehmer unterhalten sich und halten dann abrupt inne. Ein Stuhl wird verrückt. Holzdielen knarzen. Ist jemand zu uns gestoßen? Ich schlucke den Kuchen herunter. Dann öffne ich die Augen, drehe mich zu dem Geräusch und sehe direkt in Nicos braune Augen. Er zwinkert mir zu, wuschelt sich durchs Haar und sagt dann fröhlich in die Runde. »Hey, ich bin Nico. Manche von euch habe ich heute Vormittag schon kennenlernen dürfen. Dann ist mir was Berufliches dazwischengekommen, sodass ich jetzt erst bei euch sein kann.« Er setzt sich neben Rouven und zieht den Stuhl ran.

»Ich vermisse meinen grauen Chicago-Bulls-Hoodie. Weiß jemand, wo der ist?«

Mir wird heiß und kalt gleichzeitig. Meine Hände kribbeln, ich greife in meine Hosentasche und will nach den Mintplättchen greifen, die ich heute schon für Marita geopfert habe. Meine Finger ertasten nur das Asthmaspray und die Münze, die ich vorhin dort hineingestopft habe. Nicos Münze.

»Chicago-Bulls-Hoodie? Den hab ich gesehen«, mischt Evangelina sich ein, hält ihren Finger an den Mund und scheint angestrengt zu überlegen.

»Jetzt weiß ich es. Isa hat ihn«. Sie zeigt jetzt auf mich.

Mein Atem geht schneller. Ich greife zum Glas, trinke viel zu schnell und verschlucke mich. Huste. So heftig, dass ich befürchte, den Kuchen schneller wiederzusehen, als mir lieb ist.

53

Alle Blicke sind jetzt auf mich gerichtet.

Das Husten wird stärker. Ich ringe nach Luft.

Marita fällt in das Husten mit ein. Ich habe für einen Augenblick den Eindruck, als tue sie das aus Solidarität mir gegenüber. Ich drehe mich zur Seite und stelle meinen Irrtum fest. Das ist nicht gespielt. Maritas Brustkorb hebt und senkt sich in unrhythmischen Abständen. Sie schnappt einmal lang nach Luft, greift sich an die Brust. Dann sucht sie panisch ihre Taschen ab.

»Mist. Mein Pen«, kommt es abgehackt aus ihrem Mund.

Ich lege meine flache Hand auf ihren Rücken, mit der anderen greife ich zu Jonas' Wasserglas und halte es ihr hin. Sie lehnt ab. Ich nehme schnell einen Schluck. Bekomme meinen Husten damit in den Griff.

»Beruhige dich. Was ist los?«, rede ich mit ruhiger Stimme auf sie ein und halte meine Hand immer noch auf ihrem Rücken. Hoffe, sie so etwas runterzubringen.

Professor Hahrmacher springt auf, Evangelina hält sich die Hand vor den Mund und starrt uns nur an. Rouven und Jonas tun es ebenso. Sie scheinen wie gelähmt zu sein. Marita öffnet langsam den Mund, es kommt ein leises Röcheln heraus.

»Hilf mir. Kleine«, bringt sie hervor und schaut mich flehentlich an. »Hilf mir.«

Hey, du.

Kleine, beschwipste Erdbeere.

Amüsierst du dich gut? Genießt du all die Kostbarkeiten? Flüssige und feste Speisen, die deinen Gaumen hinabgleiten? Die deine Geschmacksknospen explodieren lassen?

Stört es dich eigentlich auch so wie mich, dass sich manche Leute ständig in den Vordergrund spielen müssen? Manche Leute wollen einfach nicht einsehen, dass sie nicht wichtig sind.

Nicht wichtiger als andere.

Manche Leute wollen einfach nicht verstehen.

Verstehst du es? Kannst du es sehen? Noch nicht?

Das ist okay. Eines Tages wirst du es sehen.

Ich sehe dich.

Ich sehe, was du siehst.

Kapitel 5

»Allergie«, stößt Marita unter Husten aus. »Ha-sel-nuss.«

Mist. Ich stehe auf und werfe dabei den Stuhl um, der krachend zu Boden fällt.

»Wo ist dein Notfallset?«, frage ich geistesgegenwärtig.

Das hat mir Emily mal erklärt. Sie ist Krankenschwester. Jeder, der allergisch ist, hat in irgendeiner Form ein Notfallset dabei, hat sie mal gesagt. Marita hustet immer noch.

»Wo?«, frage ich nun eindringlicher.

»Der ... Pen ... im Wasser. Adrenalin«, bringt sie hervor und krallt ihre Finger in den Stoff an meinem Arm.

Adrenalin. Das ist es, was mir in diesem Moment durch die Adern fließt. Ich kann es deutlich spüren.

Adrenalin.

Aaah, Scheiße.

Ich presse mir die Hand vor das Gesicht.

Adrenalin! Das ist die Lösung. Muss es sein.

Ich greife in meine Tasche. Maritas Zustand verschlechtert sich mit jeder Sekunde. Ich habe keine Zeit mehr, zu überlegen, ob es medizinisch korrekt ist, ihr jetzt mein Asthmaspray vor die Nase zu halten. Ich tue es einfach und umschließe ihre Finger mit dem Spray, damit sie selbst den Knopf drücken kann. Ich will sie nicht überfordern.

»Inhalier das«, bitte ich sie eindringlich.

Pffft, Pffft, Pffft, kommt es aus der Dose.

Mit jedem Pffft, das aus dem Spray direkt in Maritas Mund schießt, beruhigt sich ihre Atmung mehr. Ich kenne das, habe oft dieses Notfallspray benutzt. Dann verkrampft sich die Lunge nicht mehr und Luft hat wieder eine Chance, in den Körper zu kommen. Maritas Brustkorb hebt und senkt sich nicht mehr so unrhythmisch und extrem wie vor ein paar Sekunden noch. Es funktioniert.

»Kann ich euch helfen?«, fragt Nico. Er ist zu uns rübergekommen, ohne dass ich es mitbekommen habe.

Ich schüttle den Kopf und schaue über den Tisch. Die anderen scheinen sich wieder zu entspannen und widmen sich anderen Dingen. Ist klar. Wenn jeder an sich denkt, ist an jeden gedacht, kommt mir ein alter Spruch in den Sinn.

Marita atmet sehr tief ein und stellt dann das Spray vor mir auf den Tisch. »Du hast mir das Leben gerettet, Kleine. Danke dir.«

»Wenn der Stift so wichtig ist, dieser Klebestift, der dir heute ins Wasser gefallen ist, warum sagst du das nicht gleich?« Ich finde es selbst unfair, sie mit Vorwürfen zu bombardieren. Nach allem, was passiert ist. Allerdings stehe ich noch zu sehr unter Schock, dass ich keinen ruhigen Gedanken fassen kann.

»Mit Klebestift meinst du den Epi-Pen, oder? Der

57

sieht eher wie ein Kugelschreiber aus, den drückt man dann in den Oberschenkel«, erklärt Marita, lehnt sich zurück und schließt die Augen. »Ich kann nicht mehr. Bin müde. Diese Schocks sind echt nervig. Hatte lange keinen mehr. Adrenalin hilft.«

Ich nicke. »Merke ich mir für das nächste Mal.« Die Hoffnung, dass es kein nächstes Mal geben wird, breitet sich in mir aus.

Ich stehe auf, ziehe sie hoch und bringe sie zu einem Sofa, das neben dem Fenster steht, an das immer noch der Regen prasselt. Wir setzen uns, während die anderen aufstehen. Ich sehe den Professor mit Rouven in einer Ecke diskutieren. Professor Hahrmacher wedelt mit den Armen und scheint etwas zu dirigieren, wie er es oft tut. Jonas schaut grimmig drein und redet auf ihn ein. Ich kann nicht verstehen, was er sagt, finde das Bild aber seltsam grotesk.

Ich greife Maritas Beine, ziehe sie auf meinen Schoß und sorge somit dafür, dass sie liegt und ihr unterer Körper höher ist als ihr Kopf. Hoffentlich kommt ihr Kreislauf so wieder in Gang.

Wenn der Schock nachlässt, fallen einem die Anleitungen für Notfallsituationen wieder ein, denke ich. Absurd.

Ich lehne mich auf dem Sofa zurück und mustere die mit Stuck verzierte Decke. Meine Umgebung dreht sich ein wenig, wie heute Mittag auf dem Steg. Ich schiebe es auf den Alkohol. Und auf den Schock.

58

Soll dieses Wundermittel Adrenalin bei mir auch mal schön wirken, denke ich und schließe die Augen.

»Folge mir, Isa. Jetzt kommt ein lustiger Programmpunkt«, ruft Evangelina mir zu und lockt mich mit dem Zeigefinger.

Ich gehe langsam die Treppe hinunter, habe Marita gerade in ihr Zimmer in der oberen Etage ins Bett gebracht und mir von ihr versichern lassen, dass es okay sei, wenn ich sie jetzt allein ließe. Sie hat in einer ihrer Taschen doch noch ein Notfallset gefunden und sich selbst Cortison verabreicht. Ich habe keine Ahnung davon, aber vertraue ihr. Sie muss wissen, was ihr guttut und vor allem muss sie sich ausruhen. So verwaschen, wie sie gesprochen hat und ihre Augen nicht mehr aufhalten konnte. Jetzt ist sie im Bett und schläft, so lange habe ich sicherheitshalber noch gewartet. Im Moment kann ich nicht mehr für sie tun.

»Isa? Der frühe Vogel fängt den Wurm. Brauchst du ne Extraeinladung?«, fragt Evangelina, die nun die Hand auf ihrer Taille drapiert, wie ich es mittlerweile von ihr kenne. Ich frage mich, woher sie diese Sprichwörter so gut kennt, und tadle mich selbst im nächsten Augenblick für diesen vorurteilenden Gedanken.

»Gleich. Ich brauche noch einen Moment«, entgegne ich, weil ich gerade keine Lust auf Gruppenspiele habe. Wieso kommt jetzt überhaupt ein lustiger Programmpunkt? Sind wir nicht wegen der Studien hier? Ich muss dazu noch mal dringend mit Jonas reden und so viel aus ihm herausquetschen, wie ich kann.

Evangelina verschwindet aus meinem Sichtfeld.

Ich höre Lachen und kann immer noch nicht verstehen, wie die anderen nach einem allergischen Schock einer Teilnehmerin so einfach zur Tagesordnung über gehen können. Sie wissen nicht, dass es Marita wieder besser geht. Bis auf Nico hat keiner nach ihr gefragt. Interessieren sie sich wirklich nicht dafür?

Mir ist immer noch ein bisschen schummrig, was ich auf den Alkohol schiebe. Mein aktueller Zustand und meine Neugier treiben mich voran, ich schlendere durch eine Diele auf das Kaminzimmer zu. Hier haben sich früher die Herren des Hauses getroffen, um nach dem Essen hochwertige Zigarren zu rauchen und erlesenen Whiskey zu trinken. Das hat Professor Hahrmacher mir so erzählt. Oder war das andersherum? Heute ist hier ein kleiner Bereich vor dem Kamin abgetrennt, Musik dröhnt aus den Boxen und vermischt sich mit Stimmengewirr.

Während der Professor, Rouven und Simone am Kamin stehen und im Takt klatschen, schmettern Evangelina und Jonas vor einem Mikrofonständer ein Duett. Das Lied von Jonny Cash und June Carter kenne ich. Es gab mal einen Film, den ich mir unzählige Male

60

angeschaut habe. Walk the Line. Vielleicht gehöre ich nicht zur Zielgruppe, aber so etwas hat mich noch nie interessiert. Ich habe diesen Film geliebt. Vor allem die Musik.

Evangelina liest den Text von einem Monitor ab, der gegenübersteht und schwenkt ihr schwarz-weiß-gepunktetes Kleid. Mir fällt erst jetzt auf, dass sie eins trägt.

Ich lehne mich an die Wand, winkle ein Bein an und stehe so lässig, wie es mein aktueller Zustand erlaubt, im Zimmer.

Jonas ist jetzt dran. Er trifft nicht mal ansatzweise jeden zweiten Ton.

Ich lache. Aus vollster Kehle.

Weil Jonas ein mieser Sänger ist und so tut, als wäre er Jonny Cash. Weil Evangelina den Kopf in den Nacken legt und ihren Part des Liedes *Jackson* mit einer Inbrunst performt, die ihresgleichen sucht. Ich lache, weil langsam der Schock nachlässt und Platz macht für den Alkohol in meinem Körper, den ich jetzt immer deutlicher wahrnehme. Mein Lachen verstummt abrupt, als ich einen Körper neben mir spüre. Nico. Seine Wärme hüllt mich ein, der Duft nach Zedernholz und Eukalyptus tut sein Übriges.

Evangelina und Jonas sind jetzt bei der letzten Strophe angekommen.

Die Bilder des Abends vor zwei Jahren kommen mir wieder in den Sinn. Ich sollte Nico fragen, was nach dem Abend genau passiert ist. Warum alles so gelaufen ist, wie es gelaufen ist. Ob es meine Schuld war oder seine. Oder unser beider. Ob er meinetwegen hier ist oder ob unsere Anwesenheit auf der Insel nur ein Zufall ist. Das alles sollte ich fragen, um mir Gewissheit zu verschaffen.

Der Nebel in meinem Kopf will etwas anderes.

Er fühlt sich weich und fluffig an wie Zuckerwatte. Meine Welt schwankt schon wieder. Nur ein bisschen. Ich will jetzt nicht darüber reden. Will mich einfach nur über seine Anwesenheit freuen.

»Wenn du Felix Neureuther bist, aber nur dann, brauche ich dringend ein Foto von dir«, sage ich zu Nico, der jetzt ganz dicht neben mir an der Wand lehnt, ebenfalls ein Bein angewinkelt.

Ich zwinkere ihm zu.

Er lächelt und schaut weiter nach vorn.

Ich tue es ihm nach.

»Ich brauche das Foto nicht für mich, sondern für meine Freundin Emily. Sie ist Fan von dir, also von Felix Neureuther. Nur für den Fall, dass du das bist«, trage ich weiter meinen Text vor und muss schmunzeln. Es sind die gleichen Worte, mit denen ich Nico vor zwei Jahren bei der Karaokenacht in meiner Stammkneipe angesprochen habe. Ich hatte ihn noch nie zuvor dort gesehen. Sein Äußeres, sein Auftreten, alles hat mich sehr an Felix Neureuther erinnert, von dem Emily so schwärmte.

62

»Das sagen sie alle. Dass das Foto nicht für sie selbst sei. Ich höre das jeden Tag«, reißt Nico mich nun mit den Worten aus meinen Gedanken, die er damals, vor zwei Jahren auch gesagt hat. Exakt diese Worte. Gänsehaut macht sich auf meinem Unterarm breit.

Er scheint sich zu erinnern. An den Abend. An Karaoke.

An mich.

»Du siehst aus wie meine Ehefrau«, sagt Nico, und ich höre ein Schmunzeln aus seiner Stimme heraus.

Ich lache jetzt nicht lauthals, wie ich es damals getan habe, sondern grinse nur und trage weiter meinen Text vor.

»Boah, ist der Spruch schlecht.«

Vielleicht liegt es am Alkohol, aber ich weiß noch jedes Wort.

»Ich meine Miriam Gössner. Die Frau von Felix Neureuther.«

Jetzt lache ich doch. Den Blick habe ich nicht auf ihn, sondern auf das singende Paar auf der improvisierten Bühne gerichtet.

»Wenn du das Double von Miriam Gössner bist und ich das von Felix Neureuther, müssen wir unbedingt ein Bild von uns machen.«

Nico nimmt sein Handy aus der Tasche, hält es seitlich in die Höhe, lehnt seinen Kopf in meine Richtung und grinst wie ein Honigkuchenpferd.

Ich kann es deutlich auf dem Display sehen.

Sein Dreitagebart kitzelt an meiner Schläfe.

»Da können wir sicher mehr rausholen und jeden roten Teppich rocken, meinst du nicht?«, fragt er und drückt den Auslöser.

Genauso.

Wie damals.

Ich vergesse für einen Moment, das ich Selfies hasse.

Es fühlt sich an, als wäre unser Gespräch, unser erstes Gespräch, erst gestern gewesen und nicht vor zwei Jahren.

Langsam lasse ich die Münze, die ich aus meiner Hosentasche fische, in seine Tasche gleiten.

Die Musik verstummt.

»Wir sind dran«, sagt Nico. Seine warme Hand greift meine und zieht mich mit sich. Mir ist schwindelig.

Es ist so, als würde meine Erinnerung an den Abend wieder in der Realität stattfinden. Es fühlt sich merkwürdig an. Kurios. Lustig. Und nach Abenteuer. Nach der Ablenkung, die ich gesucht habe.

Auf einmal stehe ich auf einer Bühne, die keine richtige Bühne ist und habe ein Mikrofon vor mir, das sehr wohl ein richtiges Mikrofon ist. Nico tippt wie zum Beweis zweimal kurz darauf. Die Zuckerwatte in meinem Kopf dehnt sich aus. Wird zu einer riesengroßen Wolke.

Die Musik setzt ein. Wir haben damals *Mit dir steht die Zeit still* von Joy Denalane und Max Herre performt, weil wir beide dieses Lied als Teenies in

Dauerschleife gehört haben und textsicher waren.

Nico fängt an und singt die ersten Sätze, ohne auf den Monitor zu blicken, er sieht mir direkt in die Augen.

»Mit dir steht die Zeit still. Du bist, was ich will. Spürst du, was ich fühl, denn was ich fühl, ist real. Es ist mehr als nur ein Spiieeel.«

Das letzte Wort zieht er in die Länge und legt sich richtig ins Zeug. Er nimmt meine Hand, lässt mich immer noch nicht aus den Augen. Singt weiter.

»Ich lieb deinen Stil. Dein Sex-Appeal. Komm, relax mit mir.«

Seine Stimme ist warm, weich. Wie flüssiger Honig tropft sie in die Zuckerwatte in meinem Kopf. Dieser Gedanke irritiert mich. Ich kann ihn nicht stoppen. Den Gedanken nicht. Nico noch weniger.

»Ich will nichts tun, was du später mal bereuen wirst.«

Wenn du wüsstest, denke ich.

»Heut Nacht brauche ich ein bisschen mehr als Freundschaft. Bitte schau mich nicht so an, deine Blicke sind gefährlich.«

Sein Blick fängt mich jetzt voll und ganz ein, als wollte er unterstreichen, was er gerade gesungen hat. Er will weitersingen, doch ich halte ihn ab.

Spüre seine warme Hand in meiner, nehme mit der anderen das Mikro aus der Verankerung. Das Lied ist jetzt schon weiter fortgeschritten. Ich kann jederzeit einsteigen. Oder ist das keine gute Idee?

Was solls, denke ich.

Ich kann es nachher immer noch wahlweise auf den Alkohol oder die Zuckerwatte in meinem Kopf schieben.

Ich hole tief Luft, schließe meine Augen und fange an zu singen:

»Deine Küsse machen süchtig. Nimm Rücksicht. Ich weiß, du bist berüchtigt.« Jetzt wiege ich meine Hüfte im Takt.

»Komm he-ha. Komm-he-ha.« Ich merke, wie ich in der Musik aufgehe, spüre den Rhythmus.

»Komm nä-ha, komm nä-ha.« Wir singen jetzt beide die gleichen Worte. Ich öffne die Augen und sehe Niko sich ebenfalls im Takt bewegen und während der Passage »Komm her, komm näher«, den Zeigefinger abwechselnd krümmen und ausstrecken. Wie damals in meiner Stammkneipe.

»Komm nä-ha, komm hä-er.« Ich lege den Kopf in den Nacken, werfe meinen Körper in jedes Wort. Er schwankt. Die Zuckerwatte hat jetzt endgültig von meinem Hirn Besitz ergriffen. Ich lasse mich fallen.

Wortwörtlich.

Denn ich stürze.

Ganz plötzlich. Ich habe keine Kontrolle über meinen Körper mehr. Reiße Nico mit, dessen Hand ich nicht loslasse und höre einen lauten Knall. Und die Rückkopplung vom Mikrofon, die in meinem Kopf piept. Dann wird alles schwarz.

Ich traue mich nicht, die Augen zu öffnen. Mein Kopf dröhnt. Mein Mund fühlt sich trocken an. Ich liege auf etwas Weichem, Warmen. Jetzt traue ich mich doch und blinzle. Es ist hell. Schummrig hell, wie man es an einem stürmischen Oktobertag erwarten kann. Regen peitscht gegen die Fensterscheibe, Donnergrollen lässt mich zusammenzucken. Ich bin unsagbar froh, in meinem Bett zu liegen. Ein Blick auf meine Armbanduhr lässt mich aufschrecken. 9:58 Uhr. Mist. Habe ich so lange geschlafen? Das passiert mir selten. Heute Morgen sollten doch die Studien weitergehen, oder? Hieß es nicht um 10 Uhr müssten wir uns unten einfinden? Ich rapple mich auf, will mir meine Hose vom Stuhl nehmen, doch greife daneben. Der Stuhl schwankt gefährlich. Ich lasse mich zurück aufs Bett sinken. Mein Kopf fühlt sich schwer wie Blei an.

Was ist passiert? Wie bin ich hierhingekommen? Wo ist Nico? Und die anderen?

Ist der Karaokeabend wirklich passiert oder habe ich das nur geträumt? Ich habe früher schon mal mehr Alkohol getrunken, als mir bekommen ist, aber dieses Mal ist es anders. Erinnerungslücken hatte ich bisher noch nie. Ich weiß nicht, was wirklich stattgefunden hat. Vielleicht war es auch eine weitere virtuelle Realität. Die sich sehr echt angefühlt hat. Genau wie die anderen auch. Aber ich hatte doch keine Brille auf, oder? Ein Klopfen an der Tür lässt mich zusammenfahren. Mist. Ich hasse es, mich so schnell zu erschrecken. »Wer ist da?«, frage ich in die Stille hinein.

»Jonas. Darf ich reinkommen?«

Dieses Mal konzentriere ich mich darauf, richtig aufzustehen und halte die Klinke fest im Blick. Ich bin immer noch wackelig auf den Beinen. Setze einen Schritt vor den anderen. Langsam. So funktioniert es.

Ich straffe die Schultern, öffne die Tür und erschrecke bei Jonas' Anblick.

Aschfahle Haut, rote Nase, schimmernde Augen, die mich vermuten lassen, dass er geweint hat.

Er nimmt mich in die Arme, murmelt über meine Schulter hinweg. »Du bist wach. Gott sei Dank. Geht es dir gut?«

Ich bringe etwas Abstand zwischen uns und halte ihn eine Armlänge entfernt von mir weg. »Mir ging es schon mal besser. Jonas, was ist passiert?«

Er schüttelt den Kopf und macht eine ausladende Geste mit den Händen. So aufgebracht kenne ich ihn nicht.

Ein merkwürdiges Gefühl breitet sich in mir aus. Ein Gedanke, der langsam Form annimmt. Das alles ist kein Zufall. Ich glaube nicht an Zufälle. Der Unfall, die Zuckerwatte in meinem Kopf, die Erinnerungslücken. Das muss zusammenhängen.

»Sag schon, Jonas. Was ist passiert?«, wiederhole ich meine Frage. Ich will es wissen. Jetzt.

Wieder Kopfschütteln. Dann beginnt er endlich:

»Ich kann mich nicht erinnern. Wache auf. Mir ist mulmig. Ich sehe nach den anderen. Sie sind weggetreten.« Die Worte kommen wie Gewehrschüsse aus seinem Mund. Schnell und nicht aufzuhalten.

»Hast du alle überprüft?«, frage ich und wende mich zur Tür, um selbst nachzusehen. Er kommt zu mir und hält mich am Arm fest.

»Ja. Nein. Fast alle.«

Ich horche auf.

»Einer fehlt, Isa. Etwas ist gestern Nacht passiert, was nicht geplant war, und ein Teilnehmer fehlt. Wir müssen –«

»Wer?«, frage ich. »Wer ist verschwunden?«

Jonas schluckt. Sieht auf den Boden, dann wieder in meine Augen. Die Sekunden, die dabei vergehen, fühlen sich endlos lang an.

»Rouven«, flüstert er. »Rouven ist weg.«

Hey du,
kleines Zuckerwatte-Rauschengel-Träumchen.
Bist du jetzt wach? Hat dich die Realität
eingeholt? Oder war es nicht Realität? War
alles nur Einbildung? Ein Traum? Virtual
Reality?
Mach ruhig weiter so. Mach dir weiter was
vor.
Schieb alles auf andere und im Zweifel auf
Zuckerwatte.
Auf dieses leckere, klebrige Zeug, das beim
Essen am Gaumen pappt.
Süß.
Wie du.
Wenn du es willst. Wenn du es zulässt.
Denke immer daran.
Ich sehe dich.
Ich sehe, was du siehst.

Kapitel 6

Tag 2

Er sieht wie eine Leiche aus. Blass und regungslos. Es kommt mir vor wie im Märchen Dornröschen, in dem mitten im Geschehen die Zeit angehalten wurde. Mir gefriert das Blut in den Adern, als ich Nico sehe. Nico, der auf der obersten Treppenstufe liegt, den Kopf an das Geländer gelehnt.

»Hey.« Meine Stimme klingt nicht so sanft, wie ich es beabsichtigt hatte, dazu bin ich zu aufgewühlt.

Ruckartig hebt Nico den Kopf. Gott sei Dank. Ich atme erleichtert aus.

»Isabella, was machst du hier?« Er blickt sich irritiert um. »Wo bin ich?«

Ich greife seine Hand und ziehe ihn hoch. Er zittert leicht.

»Geht es dir gut, Nico?«

Sichtlich verwirrt sieht er mich an. Nickt. Schüttelt den Kopf.

»Du bist gestern einfach so zusammengesackt. Ich glaube«, kommt es langsam über seine Lippen, »ich habe dich in dein Zimmer getragen und auf das Bett gelegt. Du hast noch etwas gemurmelt. Dann bist du eingeschlafen.«

»Wenn man schläft, hat man keine Erinnerungslücken an den Vorabend. Für gewöhnlich.« Die Worte fühlen sich komisch auf meiner matten Zunge an.

Nico blickt die Treppe hinunter und reibt sich die Augen, als würde er nicht verstehen, wie er hierhingekommen ist. Als würde er das alles nicht begreifen können. Da sind wir schon zwei.

»Ich wollte dann nach den anderen sehen. Habe es anscheinend nicht weit geschafft.« Er hält sich am hölzernen Treppengeländer fest.

»Jemand scheint uns betäubt zu haben«, spreche ich zum ersten Mal meine Vermutung laut aus.

Dass Rouven verschwunden ist, traue ich mich noch nicht zu sagen. Will es noch nicht glauben. Erst wenn ich selbst alles geprüft habe. Vielleicht hat Jonas nicht richtig gesucht. Ich habe ihn vorhin in meinem Zimmer gebeten, mir mehr über die Hintergründe der Eyetracking-Studien zu verraten. Jonas hatte mir versprochen, mir alles zu erläutern, aber erst, wenn wir uns um die anderen gekümmert hätten.

»Warum sollte jemand so etwas tun?« Nicos Stimme reißt mich aus meinen Gedanken. Er wirkt verwirrt.

Ich kann es ihm nicht verübeln.

»Ich weiß es nicht, Nico. Wir müssen jetzt erst mal die Lage checken. Jonas ist schon unten. Er war als Erstes wach und sieht nach den anderen.«

Vorsichtig setze ich mich in Bewegung und nehme jede Stufe einzeln. Meine Beine fühlen sich wie Wackelpudding an. Nico folgt mir. Ich steuere, so schnell es mein Körper ermöglicht, die Küche im Erdgeschoss an. Der altmodische Backofen aus weißer Keramik, dunkle Massivmöbel sowie das zartrosa Emaillegeschirr erinnern mich an ein Märchen. Gefühlt befinde ich mich nicht in einem Herrenhaus, sondern in einem Dornröschenschloss. Wie bei den Gebrüdern Grimm scheint hier die Zeit still zu stehen. Dieses Bild kommt mir bei Simones Anblick in den Sinn. Unsere Haushälterin sitzt am rustikalen Küchentisch. Ihr Kopf ist auf die gemaserte Holzplatte gesunken. Auf der Arbeitsplatte stehen die leeren Gläser mit den Daiquiriresten von gestern Abend. Der abgestandene Alkoholgeruch, gepaart mit süßem Erdbeerduft füllt den Raum aus. Mir wird schummrig.

»Simone? Hörst du mich? Wach auf!« Ich berühre leicht ihren Arm und fahre mit der Hand über dem Pulli auf und ab, weil ich sie nicht erschrecken will. Während ich mich zu ihr runterbeuge, horche ich ganz genau. Ein Lufthauch, den ich jetzt wahrnehme, lässt mich wieder neuen Mut schöpfen.

»Sie atmet.« Erleichtert blicke ich zu Nico. »Bleib bitte bei ihr, sie soll nicht allein sein, wenn sie wach wird.« Bewusst verwende ich das Wort *wenn*, nicht *falls*.

»Suchst du nach den anderen, Isabella?«, fragt Nico. Es klingt mehr nach einer Bitte als nach einer Frage.

Ich nicke, greife eine Wasserflasche, platziere ein nach unten offenes Glas wie einen Deckel darüber und setzte meinen Rundgang fort.

Im Esszimmer auf dem dunkelbraunen Sofa liegt Professor Hahrmacher. Es ist das selbe Möbelstück, auf dem sich Marita gestern Abend ausgeruht hat. Der Anblick, der sich mir nun bietet, ist nicht mit dem gestrigen vergleichbar. Mit den Beinen in der Luft baumelnd, kauert er auf dem kleinen Sofa. Seine Größe, die ihn sonst so stolz und selbstbewusst wirken lässt, scheint ihm jetzt im Weg zu stehen. Zusammengezogen wie eine Ziehharmonika liegt er da. Den Oberkörper auf die Armlehne gebeugt. Jonas kniet neben ihm, streicht über seine Haare, flüstert ihm etwas ins Ohr, was ich nicht verstehen kann.

Ich klopfe mit der Hand zweimal gegen die massive, offenstehende Tür. In der aktuellen Situation will ich niemanden erschrecken. Ruckartig hebt Jonas seinen Kopf und begegnet meinem fragenden Blick.

»Er atmet, wird aber nicht wach.« Jonas steht auf und lässt hörbar Luft entweichen.

»Die Zimmer im ersten Stock habe ich vorhin schon abgesucht. Bis auf Marita ist niemand mehr oben. Sie schnarcht. Denke, sie schläft tief und fest«, fährt er fort.

»Ich sehe nach ihr.« Ich will mich gerade in Bewegung setzen, doch ein Wimmern lässt mich innehalten. Es übertönt den Regen und den Donner von draußen. Scheint aus dem Inneren des Hauses zu kommen. Unbehaglich, wie mir ist, nähere ich mich dem Geräusch und folge einem schmalen, dielenähnlichen Gang, der vom Esszimmer in das

Kaminzimmer führt. Meine Beine tragen mich nicht so schnell, wie mir lieb ist. Die Kraft ist noch nicht komplett in meinen Körper zurückgekehrt. Ich halte an, lehne mich schwer atmend an die Wand. Wische mit dem Shirt zaghafte Schweißperlen von meiner Oberlippe, die sich in den letzten Sekunden gebildet haben. Meine Zunge klebt trocken an meinem Gaumen. Das Wasserglas ist schnell gefüllt und an die Lippen gesetzt. Erleichtert atme ich auf. Kühles Nass bahnt sich seinen Weg in meinen Körper. So muss sich eine Pflanze fühlen, die nach langer Zeit mal wieder gegossen wird, sinniere ich und wundere mich über diese grotesken Gedanken. Als wäre ich selbst eine Pflanze, erweckt mich die erfrischende Flüssigkeit mit jedem Schluck zu neuem Leben. Mit einem Zug leere ich das Glas, doch bevor ich es wieder füllen kann, höre ich dieses Geräusch.

Wieder ein Wimmern. Alarmiert bahne ich mir den Weg in die Richtung, aus der das Geräusch kommt. Es wird mit jedem Schritt lauter und kommt aus Evangelinas Mund, wie mir jetzt klar wird. Auf dem Boden im Kaminzimmer, direkt neben dem schwarzen Mikrofonständer liegt ihr Körper zusammengerollt wie ein Embryo. Neben einer roten Lache ruht ihr Kopf. Die dunklen, langen Haare, die mir sonst so perfekt gepflegt entgegen geglänzt sind, liegen wie eine Perücke auf dem Boden. Die Strähnen wirr, zerzaust und verklebt. Schaudernd rüttle ich

75

leicht an ihrem Körper, wie ich es bei den anderen auch gemacht habe und ernte ein Stöhnen, das sich mit Donnergrollen von draußen vermischt.

»Durst«. Es ist nur ein Flüstern, das das Stöhnen ablöst.

Sie macht das Gleiche durch wie ich. Muss sich auch wie eine vertrocknete Pflanze fühlen. Entschlossen setzte ich mich hinter Evangelina und lasse behutsam das Wasser über ihre Lippen laufen, wobei ein Rinnsal ihr Kinn hinabfließt.

Ein Schlucken. Dann wieder ein Stöhnen.

»Mir ist schlecht«, sagt sie.

Ich beuge mich vor und schnuppere an der roten Lache. Ich nehme den vertrauten Alkoholgeruch wahr und atme erleichtert auf. Daiquiri. »Gott sei Dank«, entfährt es mir, weil ich froh bin, dass sie spricht und die Lache kein Blut ist. Sondern einfach nur ein Cocktailrest.

»Natürlich nicht, dass dir schlecht ist, sondern dass du lebst. Du lebst«, sprudelt es aus mir mit einem Kichern heraus, das alles andere als angebracht ist. Ich schiebe es auf die abfallende Anspannung, streiche ihr eine Strähne, die an ihrer Schläfe klebt, aus dem Gesicht.

»Die Übelkeit geht vorbei. Trink«, fordere ich sie auf.

Evangelina bleibt still und setzt das Glas an. Ihr Blick ist in weite Ferne gerückt.

»Hier bist du«, ertönt Maritas tiefe Stimme hinter mir.

Ich hatte gerade Evangelina in die Küche gebracht

76

und suche nun das Kaminzimmer nach Rouven ab.

Ich drehe mich zu ihr um. Mist. Das war zu schnell. Mir wird schwindelig, ich halte mich am mintgrün gekachelten Kamin fest.

Marita steht in einem dunkelblauen Pyjama vor mir. Auf dem Schlafanzug sind zahlreiche Braunbären abgebildet, die auf Wolken schlafen.

»Du bist wach.« Erleichtert atme ich aus. Mein Lächeln gefriert in dem Moment, als mein Blick höher schweift und Maritas funkelnden Augen einfängt.

»In der Tat.« Ihr Tonfall ist anklagend. »In der Tat bin ich wach, Kleine. Und in der Tat: Mir geht es gut. Den Umständen entsprechend, um genau zu sein. Danke der Nachfrage.« Ihre Stimme strotzt vor Ironie. Und Wut.

Das schlechte Gewissen nagt an mir. Ich habe Jonas geglaubt, dass er nach Marita gesehen hat und mich nicht selbst vergewissert. Das hätte ich tun sollen.

»Wenn du dich recht erinnerst, Kleine.« Marita wettert weiter. Ihr Brustkorb hebt und senkt sich schnell. Sie holt noch einmal tief Luft. »Hatte ich einen allergischen Schock. Ich kann dir im Augenblick nicht sagen, warum ich gestern nicht nach dem Kuchen und den Nüssen gefragt habe. Warum ich mich vorab nicht vergewissert habe. Vielleicht erkläre ich dir später, warum ich eine klitzekleine Gabel davon probiert habe. Das ist eine lange Geschichte. Die muss warten. Aber ...« Die Worte sprudeln wie ein Wasserfall aus ihrem Mund. »Aber wenn jemand einen Schock hatte, dann muss man doch –«

»Es tut mir leid, Marita«, unterbreche ich sie. »Ehrlich. Die Ereignisse haben sich überschlagen, da habe ich nicht mehr an dich gedacht.« Ich schlucke und füge leise hinzu: »Ich schäme mich dafür.«

Während ich sie ins Bild darüber setze, was geschehen ist, rücken ihre geschminkten Augenbrauen mit jeder meiner Erläuterungen ein Stück weiter an ihren Ursprungsplatz zurück.

»Wir müssen herausfinden, was euch eingeflößt wurde«, flüstert Marita. Obwohl ich an ihrer Körperhaltung erkennen kann, dass ihr Ärger noch nicht endgültig verraucht ist, scheint sie wieder etwas friedlicher zu sein.

»Euch? Warum sagst du das? Bist du nicht auch betäubt worden?«, frage ich und ernte ein Kopfschütteln.

»Ich weiß es nicht. Es fühlt sich so an wie immer, wenn ich einen allergischen Schock hatte. Müdigkeit. Taubheit ...«

Lautes Stimmengewirr lässt mich aufhorchen. Schwere Schritte nähern sich dem Kaminzimmer. Die anderen Teilnehmer sind auf dem Weg zu uns. Marita fasst mich am Arm und dreht mich zu sich. »Behalte das erst noch für dich, Kleine. Bis wir mehr wissen.« Ihr Blick wird eindringlich. Flehentlich. »Bitte.«

Die Krisensitzung, wie Professor Hahrmacher es nannte, ist in vollem Gange. Er hatte alle ins Kaminzimmer einberufen und jeder von uns hatte die Ereignisse des Abends und des Vormittags geschildert. So individuell, wie wir sie erlebt hatten.

Evangelina und Nico sitzen nebeneinander auf einer braunen, gepolsterten Couch. Nico lässt die Münze, die ich ihm zurückgegeben habe, zwischen seinen Fingern hin und her wandern. Marita und ich sitzen direkt nebeneinander. Sie hat den Pyjama gegen einen grün karierten Pullover getauscht. Der Professor lehnt an der gekachelten Mauer, die den Kamin einrahmt. Jonas steht daneben, sie sind in etwa gleich groß, fällt mir jetzt auf.

Ich tippe auf meinem Handy herum. »Immer noch kein Netz«, sage ich in die Runde.

»Warum sollte es jetzt anders sein, als noch vor zwei Minuten, Isa?«, motzt Jonas. Er deutet mit der Hand auf die große Glasscheibe, hinter der der Sturm tobt.

Dunkle Wolken werden rasend schnell vom Wind über uns hinweggetrieben. Regen prasselt ans Fenster.

»Ich kann immer noch nicht glauben, dass wir hier kein Netz haben sollen. Jetzt, wo Rouven verschwunden ist. Evangelina, versuch du es noch einmal«, fordere ich sie auf.

»Ich bin Influencerin. Keine Zauberin. Wo kein Netz ist, ist kein Netz. Ob jemand verschwunden ist oder nicht.« Ihre Stimme ist ein melodischer Singsang. Sie scheint sich wieder gefangen zu haben.

»Ich fasse zusammen.« Professor Hahrmacher strafft seine Schultern und drückt den Rücken durch. Er wirkt jetzt noch größer.

»Fakt ist, dass wir gestern Abend alle betäubt worden sind.« Er hält den Daumen in die Luft und gesellt den Zeigefinger dazu. »Wir vermuten Betäubungsmittel im Daiquiri. Sowohl im Virgin-Daiquiri als auch im alkoholischen.« Nun gesellt sich der dritte Finger hinzu.

Maritas Knie drückt leicht gegen meins. Ich schaue geradeaus und fixiere Nico, der mich stumm anblickt. Nur nicht zu Marita sehen. Ich kann noch nicht sagen warum, aber ich will einfach nicht glauben, dass sie diejenige war, die uns alle lahmgelegt hat. Will nicht glauben, dass sie mit dem Verschwinden eines Menschen etwas zu tun hat. Nicht die lustige und manchmal aufmüpfige Rentnerin, die ich von Anfang an ins Herz geschlossen habe.

»Uuuund«, fährt Professor Hahrmacher fort und zeigt vier Finger in die Runde.

»Ein Teilnehmer ist verschwunden und wir wissen nicht, ob freiwillig oder nicht.«

»Wieso sollte jemand absichtlich verschwinden?«, frage ich prompt.

»Vielleicht ...« Nicos Stimme ist leise, aber nachdrücklich. »Waren die Studien zu viel für ihn und er braucht eine Auszeit.« Die Münze wandert unaufhaltsam zwischen seinen Fingern hin und her.

»Oder er hat uns betäubt und versteckt sich jetzt«, werfe ich ein.

Nico nickt. Evangelina schnappt nach Luft. Der Professor wedelt mit den Armen, will gerade etwas sagen, da füge ich hinzu: »Oder er hat sich einfach so versteckt, weil er Angst hatte. Ich gebe zu, mir sind die Studien auch nicht geheuer.« Ein Blick in Jonas' Augen lässt mich zusammenzucken. Er sieht mich eindringlich an. Okay, zum Thema Eyetracking sollte ich also nichts sagen. Was solls.

»Ich habe das Gefühl, dass alles mit den Studien zusammenhängt. Gestern der Unfall am Ufer und später Maritas Atemnot«, wage ich einen Vorstoß. Mein Blick geht zur Rentnerin neben mir auf dem Sofa, die ihren Körper leicht von links nach rechts wiegt. So minimal, dass es vermutlich nur mir auffällt.

»Ach, papperlapapp. Mein Schock war gar nicht so schlimm.« Sie winkt ab und lehnt sich neben mir zurück. Ihr scheint das Thema unangenehm zu sein. Sie wollte mir noch etwas dazu erzählen. Ich decke sie, weil ich mir erst selbst ein Bild machen möchte, muss aber genau auf meine nächsten Worte achten.

»Dann die Betäubung. Wir haben kein Netz und als Krönung«, ich blicke in die Runde, »ist Rouven weg.«

Jonas holt tief Luft und lässt sie langsam entweichen. Er bewegt sich auf mich zu und hält beide Hände in die Höhe, als könnte er damit seine Unschuld

81

beweisen. »Mit Eyetracking und dem, was wir hier vorhaben, hat das nichts zu tun.« Wie um Bestätigung bittend schweift sein Blick zu Professor Hahrmacher, der weiterhin am Kamin steht.

»So ist es.« Hahrmachers tiefe Stimme erfüllt den Raum. Alle hören zu. So war das während meiner Studienzeit schon. Manche Menschen haben eine angeborene Souveränität in der Stimme, der Geste, in allem.

»Wir werden noch einmal nach Rouven suchen«, beschließt Professor Hahrmacher.

Unwillkürlich schweift mein Blick nach draußen. Es regnet und stürmt genauso stark wie vor ein paar Minuten. Es nützt nichts, wir müssen da raus.

»Wir teilen uns auf. Marita geht mit mir und Nico. Evangelina und Simone suchen zusammen.« Jetzt wedelt Professor Hahrmacher mit den Händen und sieht wieder so aus wie ein Dirigent.

»Wo ist Simone eigentlich?«, frage ich zögerlich und wundere mich darüber, dass sie bei der sogenannten Krisensitzung nicht dabei ist. Und darüber, warum nicht vorher schon mal jemand nach ihr gefragt hat.

»In der Küche. Bereitet Abendessen vor«, kommt die Antwort von Professor Hahrmacher wie aus der Pistole geschossen. »Sie ist keine Teilnehmerin, sondern versorgt uns. Deswegen ist sie jetzt nicht hier.« Er macht eine ausladende Handbewegung und deutet auf uns alle im Kaminzimmer.

»Sie ist ebenso eingesperrt wie wir«, gibt Evangelina zu bedenken und ich zucke bei dem Wort zusammen.

Bis jetzt hatte ich andere Sorgen und mir zu keiner Sekunde Gedanken darüber gemacht. Wir sind hier eingesperrt. Nicht in diesem Haus, sondern auf der Insel, deren Standort wir nicht kennen, und durch ein Unwetter abgeschnitten von der Außenwelt. Gänsehaut macht sich breit. Dieses Gefühl, machtlos zu sein, nichts tun zu können, kenne ich von früher. Es fühlt sich scheiße an. Daran hat sich mit den Jahren nichts geändert. Ich stehe auf, muss etwas tun.

»Dann suche ich mit Jonas zusammen«, sage ich und deute auf meinen ehemaligen Kommilitonen.

»Wir durchforsten den Strandbereich. Das ist ein langer Abschnitt, den kann ich von meinem Fenster aus sehen«, entscheide ich, gehe auf die Tür zu und bekomme gerade noch mit, wie Professor Hahrmacher Luft holt.

»Moment noch«, sagt er.

Ich halte inne und drehe mich zu ihm um.

Demonstrativ prüft er seine Armbanduhr. »In einer Stunde treffen wir uns wieder hier. Ob wir erfolgreich waren oder nicht. Dann entscheiden wir, wie es weitergeht.«

Hey du,
siehst du es endlich? Bist du aufgewacht aus deinem Dornröschenschlaf? Erkennst du die Realität?
Du fragst dich, ob das alles hier mit den Studien zusammenhängt. Oder mit Rausch. Mit Betäubung. Mit Unfällen.
Du fragst dich, ob ich etwas damit zu tun habe? Wer ich bin? Ob ich zu deiner Gruppe gehöre? All so Fragen, auf die du tief in dir drin schon längst eine Antwort hast.
Ist es nicht so? Das hast du doch, oder? Hast dir deine Meinung schon gebildet? Wie so oft hast du das getan. Du willst wissen, wie alles zusammenhängt. Willst es begreifen. Willst es sehen.
Du siehst es nicht. Noch nicht. Aber ich.
Ich sehe dich.
Ich sehe, was du siehst.

Kapitel 7

Meine Füße bleiben im nassen Sand stecken. Mit jedem Schritt fällt es schwerer, sie zu heben. Jonas und ich haben uns durch die Dünen den Weg zum Strand gebahnt. Schilf, vom Wind in Aufruhr gebracht, raschelt. Diffuses Licht lässt das aufgebauschte Meer schemenhaft erkennen. Es ist früher Nachmittag, noch ist es nicht stockdunkel. Wir müssen uns beeilen. Die letzte halbe Stunde hat keinen Erfolg gezeigt. Zumindest nicht bei uns. Jonas ist an meiner Seite ungewöhnlich still. Die Regenjacke, die ich trage, klebt an meiner aufgeweichten Haut wie Frischhaltefolie an einem mit Früchten belegten Biskuitboden. Mir knurrt der Magen.

Tortlets würde es heute zum Nachtisch geben, hatte ich Simone noch sagen hören, bevor die Tür schloss. Simone.

Sie hatte besorgt gewirkt und sich mit Evangelina auf den Weg gemacht. Das Essen wäre vorbereitete und müsse dann nur erhitzt werden, hatte sie gesagt. Wohl wieder eine Suppe und ein Auflauf.

Jonas berührt mich am Arm und reißt mich damit aus meinen Gedanken. Er deutet auf eine meterhohe Steinformation mit einer Höhle am Strand vor uns. Je näher wir kommen, desto deutlicher lässt sich ihr

Eingang erkennen. Seine Augen verengen sich, als wolle er etwas scharf stellen, das sich in weiter Ferne befindet. Zwischen zwei anthrazitfarbenen Felsen, die meinen Körper überragen, bewegt sich etwas. Ich nehme ein Geräusch wahr, kann es aber aufgrund des stetigen Regens nicht richtig zuordnen.

»Rouven?«, schreie ich gegen den Wind und den Schauer an und nähere mich dem Versteck. Wieder eine Bewegung. Wieder ein Geräusch.

»Rouven? Bist du da drin?« Noch ein paar Meter, dann haben wir das Gestein erreicht.

Jonas und ich spähen in die Höhle. Sie ist größer als von weitem gedacht. Wir könnten darin gerade und aufrecht stehen, wenn wir wollten. Eine Möwe hüpft an uns vorbei und fliegt mit lautem Geschrei davon.

»Fehlanzeige«, sage ich und hätte am liebsten laut geflucht.

»Scheiße«, kommt es zischend über Jonas' Lippen.

»Hier ist niemand, Jonas. Die Stunde ist gleich um und es wird dunkel. Lass uns zurückgehen«, schlage ich vor, drehe mich um und erblicke die steile Kante der Klippen, die vorher in unserem Rücken waren und nun wie eine Wand vor uns aufragen. Wir gehen auf die Villa zu. Mit ihren leuchtend hellen Fenstern, durch die warmes Licht dringt, scheint sie über uns zu thronen. Der Weg führt bergauf, Wind fegt meine Kapuze vom Kopf, ich halte sie mit einer Hand fest. Sie ist kalt und von Regen überzogen. Ein Frösteln

86

durchfährt mich und lässt mich mal wieder zittern.

»Jonas?« Ich drehe mich zu ihm um. Er bleibt abrupt stehen. Sein Gesicht ist mir ganz nah. Durch das Licht, das durch die Villa zu uns dringt, scheinen seine Sommersprossen zu strahlen.

»Jonas. Erzähl mir von den Studien«, bitte ich ihn, hätte das schon eher tun sollen.

»Isa, ich weiß nicht. Sollten wir nicht erst Rouven finden?«, druckst er.

»Nein«, entgegne ich entschieden. »Ich möchte wissen, warum wir hier sind. Du hast mich jetzt oft genug vertröstet. Was wollt ihr mit diesen Eyetracking-Studien untersuchen und warum waren die Figuren in der Simulation nackt?«

Er antwortet nicht.

Ich laufe weiter. Setze einen Schritt vor den anderen. Kämpfe gegen den Sturm an. Gegen den Sturm hier draußen und tief in mir drin. Meine Gedanken überschlagen sich.

»Jonas!« Ruckartig drehe ich mich zu ihm um. Ich bin wütend, dass er mir keine Antworten gibt. Auf so viele Fragen.

Er zieht die Augenbrauen hoch, dann greift er meine kalte Hand.

»Die Studien wurden in Auftrag gegeben.« Er kickt einen Stein weg, der vor uns über den Weg poltert. Wir gehen weiter.

»Von Dagobert. Dem diese Insel hier gehört, klar.«

Ich lasse meine Hand durch die Luft schweifen und zeige auf die Villa.

Er schüttelt den Kopf.

»Nenn ihn gern Dagobert, wenn du es nicht lassen kannst, Isa.« Wir gehen weiter. Schritt für Schritt. Jonas erzählt weiter. »Wir hätten die Studien an der Uni durchführen können. Wie sonst auch. Professor Hahrmacher wollte mal ein neues Konzept ausprobieren. Deswegen sind wir hier. Bei Eyetracking geht es um Wahrnehmung. Aber sag das hier bitte niemandem weiter. Das Ergebnis soll nicht verfälscht werden. Das wäre der Fall, wenn ihr wisst, worum es geht und –«

»Was genau sollen wir wahrnehmen?«, unterbreche ich ihn. »Dass das alles wimmelig und irritierend ist? Dass sich Virtuelles mit der Realität vermischt?«, frage ich.

»Das sollst du glauben, Isa. Es ist nicht so. Virtual Reality ist Virtual Reality, nicht das wahre Leben. Simone wurde beauftragt, immer die passenden Gerichte dafür zuzubereiten. Daher auch die Graupensuppe. Die hat das Mädchen in der Illusion an der Treppe vor sich hergetragen, erinnerst du dich? Es sollte alles möglichst realistisch sein.« Er schluckt. Wir haben noch einige Meter bis zum Haus. Drei Gestalten kommen von der anderen Seite auf uns zu und sind schemenhaft zu erkennen. Der Größe und der Haltung nach müssen es Professor Hahrmacher, Marita und Nico sein.

»Und die Eyetracking-Studien am Rechner?«, setze ich nach. »Die nackten Menschen und die angezogen? Diese gezeichneten Comicfiguren, wozu sollte ich die betrachten, Jonas?«

»Die Comicfiguren sind Avatare.« Wir kommen den dreien nun näher. Jonas' Stimme wird leiser. Ich kann ihn über den Regen hinweg gerade noch so hören.

»Kann nicht sein. Avatare sind blau«, entgegne ich.

Er lacht laut auf.

»Das glauben die meisten. Wegen des Films.« Jonas beugt sich nun näher zu mir, hält immer noch meine Hand. Ich blicke zu Boden und achte auf meine Schritte und darauf, nicht auszurutschen.

»Avatare sind nachgebaute Bilder von Menschen, du kannst sie auch als Comicfiguren bezeichnen. In jedem Fall sind das keine echten Personen. Im Vergleich haben wir immer auch Bilder von realen Leuten eingespielt.«

»Angezogen und nackt«, ergänze ich. Mir fällt wieder ein, dass es immer Referenzbelege geben muss. Jetzt sind Marita, der Professor und Nico gut zu erkennen, obwohl sie noch einige Meter entfernt sind. Der Professor schüttelt den Kopf. Nico schaut argwöhnisch unter seiner grauen Kapuze hervor. Sein Blick scheint sich auf Jonas und mich zu heften. Und unsere Hände. Was solls. Ich bin ihm keine Rechenschaft schuldig.

Wir werden langsamer. Ich will unbedingt noch Jonas' Erklärungen hören.

»In Videospielen und bei Dating Portalen werden fast nur noch Avatare genutzt. Wir wollen wissen, ob sich unser Bild, unsere Wahrnehmung dazu verändert. Hast du die nackten Frauen und Männer anders betrachtet als die nackten Avatare? Und vor allem deren Geschlechtsteile?« Mit jedem Wort wird seine Stimme leiser.

Mir wird heiß, obwohl wir immer noch draußen durch den Sturm laufen. Ich habe bei der Videosimulation am Anfang bewusst in die Augen der Comicfiguren geschaut. Avatare, verbessere ich mich in Gedanken. Dann überwog die Neugier, sodass ich mir alles genau angesehen habe. Immer in dem Bewusstsein, dass das nachher ausgewertet wird. Dass jemand sieht, wohin ich gesehen habe.

Ich sehe, was du siehst, kommt es mir in den Sinn. Das hatte Jonas doch bei unserer Ankunft hier gesagt, oder?

Sein Daumen streift meinen kalten Handrücken, und erst jetzt wird mir so richtig klar, dass er mich während des Gesprächs nicht losgelassen hat.

Professor Hahrmacher, Marita und Nico gehen ins Haus. Ich bleibe davor stehen und halte Jonas am Arm fest. Wir waren eine Stunde hier draußen, da kommt es auf eine Minute mehr oder weniger auch nicht mehr an.

»Danke für dein Vertrauen, Jonas. Nur eins noch.«
Er schaut mich fragend an.

»Wer ist der Mann, der mir so vertraut vorkommt?«

»Welcher Mann, Isa? Wovon sprichst du?« Jonas sieht irritiert aus.

»Ist das Dagobert? Euer Investor?« Meine Finger krallen sich in Jonas' nassen Ärmel der Regenjacke.

»Der Mann, Jonas. Der in der virtuellen Realität von 1889 verletzt auf der Treppe lag. Der ist nachher in der Computersimulation aufgetaucht. Ganz plötzlich. Er hat mich mit seinen Augen taxiert und er hat ... Also er hat ...«, stammele ich. Der Regen wird immer stärker, aber dieses Gespräch muss sein.

»Was hat er, Isa? Sprich mit mir.«

»Dieser Mann hat mich anklagend angeschaut. Regelrecht vorwurfsvoll. Als hätte ich ein Verbrechen begangen, für das er mich verantwortlich macht. Und ich habe das Gefühl, ihn zu kennen. Ist das Dagobert? Jonas, sag mir bitte, wer das ist.«

Er runzelt die Stirn, schüttelt den Kopf und dreht sich zur Eingangstür des Herrenhauses, in das die anderen drei gerade verschwunden sind.

»Du musst mir glauben, Isa. Ich sage es dir ganz ehrlich.« Jetzt steht er schon im Trockenen unter dem Vordach. »Von diesem Mann weiß ich nichts.«

Ein Gong ertönt.

»Noch fünf Minuten«, dröhnt die souveräne Stimme des Professors an mein Ohr.

»Dann finden wir uns alle im Kaminzimmer ein. Und wenn ich alle sage, meine ich jeden von euch.«

91

Er spricht laut, sodass ich ihn aus der Eingangshalle aus gut hören kann.

»Haben wir uns verstanden?«, füge ich murmelnd hinzu. Genau in diesem Ton hat mein Vater früher mit Laura und mir gesprochen, wenn wir gehorchen sollten, wie er es nannte.

Ich seufze.

Die Suchaktion mit Jonas hat nichts gebracht. Außer der Erkenntnis, dass ich nun mehr über die Studie weiß. Und Avatare nicht blau sind. Ich muss über mich selbst schmunzeln, während ich mir meinen Weg zur Küche bahne.

Ich will mir noch ein Glas Wasser nehmen, bevor die nächste sogenannte Krisensitzung losgeht. Zwei flüsternde Frauenstimmen treiben mich voran. Ich bin neugierig und bleibe an der Wand hinter dem Türrahmen stehen.

»Ist das der heutige Nachtisch? Schon wieder Erdbeeren?«, erkundigt sich Marita, die neben Simone am Küchentresen steht. Vor ihr ist ein Backblech mit untertassengroßen Biskuitböden aufgebaut. Marita schiebt die Torteletts, wie sie richtig heißen, sanft mit dem Zeigefinger auf dem Backblech hin und her, damit sie akkurat in einer Reihe stehen. Wenn unsere Eltern mit Laura und mir früher Plätzchen gebacken haben, hat meine kleine Schwester auch auf die akkurate Anordnung bestanden. Jede Reihe sollte die gleiche Menge an Keksen haben. »Das sieht doch viiiiiel besser aus, wenn das so ordentlich ist, oder, Isa?«, hatte sie gesagt und konzentriert das Gebäck arrangiert. Ihre helle Stimme klingt noch in meinem Ohr nach.

Marita belegt die Kuchenböden mit roten, saftigen Erdbeeren, die sie vorher in kleine Stücke geschnitten hat.

Eine nach der anderen. Simone drückt mit der linken Hand einen Behälter an ihren Körper, mit der anderen hält sie einen Schneebesen in die Luft. »Die Früchte sind nicht saisonal, worauf neuerdings viel Wert gelegt wird. Und auch nicht regional«, erklärt unsere Haushälterin. Sie zieht dabei die Schultern hoch, als wenn sie damit ihre Gleichgültigkeit ausdrücken wollte. »Kannst du noch den Rest belegen? Bitte, danke«, sagt sie zu Marita gewandt und schwingt das Küchenutensil in einer gleichmäßigen Bewegung.

Ich linse um die Ecke und ertappe Marita dabei, wie sie etwas tut, was ich nicht für möglich gehalten hätte.

»Das kann doch nicht wahr sein«, entfährt es mir.

Marita blickt auf und zieht die geschminkten Augenbrauen hoch. Sie sieht so schuldbewusst aus wie lange nicht mehr.

Sie kaut langsam auf der Erdbeere, die sie sich in den Mund gesteckt hat und leckt geräuschvoll den Finger ab.

»Hey Isabella, du kannst das da rausbringen, wo

du schon mal hier bist. Bitte, danke.« Simone zeigt auf eine Auflaufform, aus der heißer, würziger Duft strömt.

Ich schüttle den Kopf. Dafür habe ich keinen Nerv.

»Dann mach ich es eben selbst. Wofür bin ich hier?«

Simone zuckt erneut mit der Schulter und verlässt die Küche.

Mein Blick wandert von den Erdbeeren in der Schüssel über die Biscuitböden zu Marita.

Erdbeeren. Daiquiri. Beruhigungsmittel.

Das sind die Worte, an die ich unentwegt denken muss.

»Möchtest du auch eine?«, fragt Marita, und ihre Stimme ist ungewohnt hoch. Ich werde das Gefühl nicht los, dass sie ablenken will. Intuitiv greife ich in meine Tasche und fische ein Mintplättchen hervor, das ich langsam zerkaue. Wenn ich angespannt bin, beruhigt mich das. Meistens. Ich nähere mich der zierlichen Rentnerin, die immer noch an der Arbeitsplatte steht, und drehe sie am Arm zu mir um. Blicke ihr direkt in die Augen.

»Ich kann es jetzt sehen. Marita. Ich weiß jetzt, was hier los ist.« Mein Atem geht schnell. Mir wird heiß.

»Du hast gesagt, du wolltest den Daiquiri, in dem das Beruhigungsmittel war, nicht trinken, weil du keine Erdbeeren magst.« Mein Zeigefinger deutet auf die Törtchen und die Erdbeeren, die sie gerade verputzt hat.

»Du warst es.« Ich bohre meinen Finger in ihren weichen Pullover.

94

»Papperlapapp, Kleine. Wieso sollte ich hier jemanden vergiften. Ich bin doch selbst fast verg–«

»Du hast heute Mittag angedeutet, du könntest etwas nicht sagen. Warum du den Nusskuchen gegessen hast, obwohl du allergisch bist. Du hast angedeutet, du hättest Geheimnisse. Jetzt isst du eine Erdbeere.« Mir gelingt es nicht, meine Stimme flüsternd zu halten. Mit jedem Wort wird sie lauter.

»Willst du mir sagen, ich bin für das Verschwinden des Gruftis verantwortlich, Kleine?«

»Rouven«, verbessere ich sie.

Ein Schnauben entfährt ihr. »Willst du mir sagen, es ist ein Schuldeingeständnis, eine Erdbeere zu essen?« Marita macht einen Schritt von mir weg und verschränkt die Arme vor der Brust. Ihre geschminkten Augenbrauen haben sich wieder in gefährliche Höhen verzogen.

»Du hast etwas nicht gegessen, was uns alle lahmgelegt hat. Rouven«, ich betone seinen Namen und schaue Marita an, »ist verschwunden, und jetzt ertappe ich dich dabei, dass du anscheinend doch Erdbeeren magst.« Ich werfe meine Arme in die Höhe. »Ich verstehe das nicht. Was soll ich glauben, Marita? Was soll ich denken, wenn du mir nicht die Wahrheit sagst?«

Ein Gong ertönt. Ich zucke zusammen und ärgere mich im nächsten Moment, dass ich mich so leicht erschrecken lasse.

»Wir müssen«, sagt Marita und dreht sich von mir weg.

»Nein«, sage ich. »So nicht. Ich muss wissen, warum –«

»Okay, Kleine. Hier die Wahrheit in Kurzfassung.« Sie bleibt stehen und dreht sich wieder zu mir um. »Ich esse Erdbeeren, aber nur ganz wenig. Nicht gequirlt, weil ich dieses matschige Gefühl im Mund nicht ertragen kann, wenn du es genau wissen willst.«

Ein weiterer Gong ertönt.

»Ich war es nicht.« Jetzt flüstert sie.

»Was auch passiert ist. Was in diesem komischen roten Cocktail war, der mich verdächtigt macht, weil ich ihn nicht getrunken habe. Ich sag es dir jetzt ein letztes Mal. Ich war es nicht. Das ist die Wahrheit. Mach dir ein eigenes Bild und finde heraus, was passiert ist, aber bitte ...«, ihre Stimme ist jetzt ein Flehen, »Bitte behalte das mit dem Daiquiri für dich. Es ist wichtig für mich und ich ... Ich ... Ich kann es dir nicht sagen. Noch nicht.« Mit diesen Worten verlässt sie die Küche und lässt mich mit mehr als einer Frage zurück.

Hey du,
hast du auch ein Geheimnis? Eins, was du
überall hin mitträgst und tief in dir drin
aufbewahrst?
Ja? Hast du?
Wusste ich es doch. Nicht, dass es mich etwas
angehen würde. Nicht, dass ich unbedingt von
dir wissen müsste, was es ist. Ich weiß es
schon. Habe mich schlaugemacht und auch dein
Geheimnis herausgefunden. Stört dich das?
Was? Du sagst, du hast kein Geheimnis?
Lügnerin.
Jeder hat eins. Jeder trägt etwas mit sich
herum, was schwer auf ihm lastet. Auch du.
Mach dir keine Sorgen.
Bei mir ist es sicher. Es wird die Zeit
kommen, wo du alle Geheimnisse aufgedeckt
hast. Von jedem hier. Und die Schicht, unter
der du dein Geheimnis vergraben hast, immer
dünner wird, bis du die ganze Wahrheit
erkennst.
Ich sehe dich.
Ich sehe, was du siehst.

Kapitel 8

Die zweite Krisensitzung ist genauso verlaufen, wie ich befürchtet habe. Keiner hat etwas gesehen. Kein Laut von Rouven. Kein Anhaltspunkt. Wir haben zu siebt das komplette Herrenhaus und den Außenbereich auf den Kopf gestellt und nichts Auffälliges gefunden.

Bis auf die Tatsache, dass Rouvens schwarzer Leinenrucksack ebenfalls verschwunden ist.

Jetzt liege ich im Bett, mein Blick an die mit Stuck verzierte Zimmerdecke geheftet. Mir ist unwohl bei dem Gedanken, dass ich hier nutzlos rumhänge und vorerst nichts tun kann. Mir ist wegen so vieler Dinge unwohl.

Maritas Geheimnis, wie sie es nannte, habe ich für mich behalten. Noch, korrigiere ich mich in Gedanken. Ich habe es noch für mich behalten. In diesem kleinen Wort steckt eine enorme Kraft. Ich bin mir nicht sicher, wie ich mich verhalten soll. Ob ich verraten soll, dass Marita keinen Daiquiri getrunken und somit kein Beruhigungsmittel bekommen hat. Ob ich Maritas Geheimnis –

Keiner mag olle Petzen. Die stinken, klingt auf einmal Lauras Kinderstimme in meinen Ohren. Ich seufze und verdrehe die Augen, den Blick zur Zimmerdecke gerichtet.

»Stimmt, aber würdest du etwas verraten, wovon du noch nicht einmal sicher bist, ob es stimmt, Laura?«, flüstere ich Richtung Decke. Das Zwiegespräch mit meiner kleinen Schwester hat mir oft geholfen. Auch wenn sie nicht mehr klein ist. Auch wenn sie nicht hier ist. Ich vermisse sie.

Dann finde es heraus – schon wieder diese Stimme in meinem Kopf, die mir bewusst macht, dass es genau das ist, was ich tun muss. Für Rouven, für mich, für Laura.

Ich weiß nicht, ob wirklich Beruhigungsmittel im Daiquiri war. Davon hat keiner von uns hier eine Ahnung. Wir haben das nur vermutet, weil wir es alle konsumiert haben.

Bis auf Marita. Wieder Lauras Stimme. Langsam wird es nervig. Ruckartig drehe ich mich zur Seite, damit ich nicht mehr an die Decke starre.

»Ruhe jetzt da oben. Vielleicht taucht Rouven wie von Zauberhand doch wieder auf. Wir schlafen jetzt.«

Mit den letzten drei Worten hatte ich Laura zur Stille gebracht und mich zur Ruhe. Als Kind und als Erwachsene. Ich schließe die Augen.

Die ersehnte Entspannung will nicht eintreten. Bin noch zu aufgewühlt. Denke an die Rentnerin.

Marita. Ist sie es wirklich gewesen? Man verabreicht Beruhigungsmittel nicht einfach so. Das muss jemand mit richtig fiesem Charakter sein. Ein übler Mensch.

Das passt nicht zu dem Bild, was ich bisher von ihr habe. Sie ist ausgeflippt, etwas kauzig und hat, wie sie selbst sagt, ein Geheimnis. Macht ein Geheimnis sie zur Täterin? War es überhaupt eine Tat? Kann man Rouven als Opfer bezeichnen? Wo kein Opfer, da kein Täter, oder? Wo ist der Junge, verdammt?

Ich drehe mich um, liege jetzt mit dem Gesicht zum Fenster. Regen prasselt gegen die Scheibe. Ich komme mir vor wie in einer Zeitschleife. Regen. Ununterbrochen Regen. Früher hat mich das beruhigt. Damals, als ich mein Kinderzimmer noch mit Laura geteilt habe, wusste ich schon beim leisesten Nieselregen, dass sie gleich zu mir unter meine Decke kommen würde. Ich machte mir einen Spaß daraus und zählte die Sekunden. Spätestens bei fünf spürte ich ihren weichen Kinderkörper, der in einem kuscheligen Schlafanzug stecke, neben mir. Ich war selbst noch ein Kind. Ihr Körper war meist warm, ihre Füße kalt. So war es bei mir jetzt auch. Wieder kalte Füße. Wieder der Gedanke an Laura. Wann würde das endlich aufhören?

Ich seufze. Wünsche mir, diesen elenden Tag hinter mich zu bringen. Diesen Tag, der übel anfing und nicht besser endete.

»Heute können wir nichts mehr tun. Wir haben kein Netz und es ist dunkel. Morgen werden wir weitersehen«, hatte der Professor die Krisensitzung abgeschlossen.

»Wenn man jemanden vermisst meldet, wird die Polizei ebenfalls erst nach 24 Stunden aktiv«, hatte Nico bestätigt und sehr traurig dabei gewirkt. Meine Frage, ob er aus Erfahrung spricht, hat er mit einem kaum merklichen Nicken beantwortet. Währenddessen hatte er mit seiner Münze gespielt. Mal wieder. Am Abend vor zwei Jahren hatte er mir verraten, dass die Münze wichtig für ihn sei. Es erinnere ihn an jemanden.

Nicos Gesicht schiebt sich vor mein geistiges Auge. Seine dunklen Augen, die Grübchen, wenn er lächelt. Ich kann jetzt alles erkennen, als wenn er wirklich hier wäre. Neben mir liegen würde. Ich kann es nicht verhindern. Wenn ich zur Ruhe komme, machen sich die Bilder des Tages in der Dunkelheit selbstständig. Das habe ich in der Vergangenheit oft verflucht und die Leute beneidet, die sich ins Bett legen und augenblicklich einschlafen, sobald ihr Kopf das Kissen berührt.

Ich drehe mich noch einmal um, suche mir eine bequemere Position. Nicos Anwesenheit hier und seine Reaktion auf mich irritieren mich. Vor zwei Jahren hätte ich mich über seinen Besuch gefreut. Hätte seine Nähe genossen und jedes Wort aufgesogen wie ein Schwamm. Es war ein schöner Abend gewesen. Nach dem Karaokeabend waren wir Hand in Hand durch die Einkaufsstraße geschlendert. Die Kirmes an dem Abend haben wir nur am

Rande mitbekommen und uns unseren Weg an den Losbuden und Zuckerwattestünden vorbei gebahnt. Die Leierkastenmusik eines Straßenmusikers klingt noch in meinen Erinnerungen nach. Wir hatten getrunken und das unebene Kopfsteinpflaster mit dem merkwürdigen Muster für unser Schwanken verantwortlich gemacht. Ich lächle. Ist klar.

Heute bin ich froh, in dieser schwierigen Situation neben Jonas noch jemanden hier zu wissen, der mir vertraut ist. Trotzdem möchte ich wissen, warum Nico genau jetzt genau hier auf dieser Insel ist. Zufall? Hat er mich gesucht? Woher wusste er, dass ich hier bin? Morgen werde ich ihn fragen. Ich lasse die Augen geschlossen und konzentriere mich wieder auf das Prasseln des Regens an meine Fensterscheibe. Und auf meine Atmung. Ein. Aus. Ein. Aus.

Ich werde von einem Geräusch wach, das mir bekannt vorkommt. Es ist ein Flüstern. Flüstern hat mich schon immer fasziniert. Wenn die Person normal sprechen würde, wäre ich nicht so neugierig. Warum wird hier geflüstert, wer hat ein Geheimnis, frage ich mich. Ich strample die Unmengen an Decken beiseite, die ich mir gestern Abend zurechtgelegt hatte. Meine kalten Füße berühren den alten, harten Boden. Ich bewege mich langsam auf das Geräusch zu, was aus Richtung der Balkontür kommt. Das Flüstern ist jetzt schneller geworden, nicht lauter. Dann ein Lachen. Es ist eine

Person verschwunden. Ein Teilnehmer einer Studie. Einer von uns. Mir ist nicht zum Lachen zumute und ich finde es merkwürdig, es bei jemand anderem zu hören. Ich will mich dem Geräusch nähern und mache noch einen vorsichtigen Schritt über die Holzdiele. Sie knarzt. Ich horche auf. Kein Lachen mehr, kein Flüstern. Mit drei schnellen Schritten bin ich auf dem Balkon und meine Augen sehen etwas, das nicht sein kann. Sehen eine Person, die offensichtlich gelogen hat.

Hey du,
der Mond wirft sein fahles Licht auf das
Meer. Wellen bauschen sich auf, Schaumkronen
strahlen im Mondlicht und glitzern wie Tausende
Diamanten. Wind streicht über meine Haut wie
eine sanfte Liebkosung. Ich liebe diese Stimmung
und ich wünschte, du würdest es auch tun.
Wünschte, es würde dich auch so faszinieren.
Wünschte, du würdest es auch sehen.
Aber das tust du nicht.
Du konzentrierst dich auf dich, hast nie etwas
anderes getan. Wind weht durch dein Haar. Es ist
widerspenstig und nicht zu zähmen.
Wie du.
Ich habe auf dich gesetzt. Wusste, dass du es bist,
die alles wissen will. Die wissen will, was passiert
ist. Die neugierig ist. Die nach Antworten sucht.
Die Fragen stellt. Es sind die falschen Fragen.
Es sind die falschen Antworten.
Oder?
Such weiter. Ich glaube an dich. Du wirst die
Lösung finden. So lange werde ich dich im Blick
halten.
In jeder Minute, in jeder Sekunde, in jedem
Moment.
Ich sehe dich.
Ich sehe, was du siehst.

Kapitel 9

Evangelinas Haare wehen im Wind. Sie hat eine Hand in die Hüfte gestemmt, mit der anderen hält sie ihr Handy fest umklammert, als wäre es ein Anker. Als könnte ihr das Smartphone helfen und mir erklären, was hier los ist.

Unsere beiden Zimmer sind mit einem Balkon verbunden, was mir erst jetzt auffällt.

»Ich muss aufhören. Melde mich ganz bald wieder bei euch, ihr Lieben. Sende euch Küsschen«, flötet sie in die Kamera und schmatzt mit gespitzten Lippen in meine Richtung. Nein, die Geste gilt nicht mir, sondern ihrem Handy.

»Was soll der Quatsch, Evangelina? Das kann nicht dein Ernst sein. Wieso funktioniert dieses Teil?«

Ich gehe langsam und mit ausgestrecktem Zeigefinger auf sie zu. Ihr Mobilfunkgerät lasse ich nicht aus den Augen. Hier draußen ist es kalt und windig. Aber nicht nass. Schlagartig wird mir klar, dass es ausnahmsweise nicht regnet. Ich drehe meinen Kopf Richtung Meer. Helle Wolken schieben sich vor den vollen Mond, der ein diffuses Licht auf die Umgebung wirft.

»Es regnet nicht mehr, Isa. Toll, oder? Endlich hat dieser Regen mal aufgehört und ich konnte mal ein Video drehen, ohne dieses blöde

Hintergrundgeräusch. Es soll ja auch mal eine andere Stimmung übertragen werden und nicht immer dieses Sieben-Tage-Regenwetter.« Ihre Stimme ist ein Singsang, wie ich es mittlerweile von ihr gewohnt bin. Etwas anderes hat sich eingeschlichen, das ich noch nicht benennen kann, so sehr konzentriere ich mich auf Evangelinas Handy.

»Ist das ein anderes Modell?« Ich deute auf das Gerät in ihrer Hand. Sie schaut mich fragend an.

»Das, was wie von Zauberhand Signale empfängt?«

Ich gehe auf sie zu und greife nach dem Mobiltelefon. Sie stößt mich mit einer Wucht von sich, mit der ich nicht gerechnet habe. Begleitet von einem dumpfen Geräusch pralle ich gegen das Balkongeländer, Schmerz durchzuckt mich. Meine Finger krallen sich in das kalte Balkongeländer. Wind zerrt an mir, und Wut darüber, dass Evangelina anscheinend Netz hat und keine Hilfe ruft, kocht in mir hoch.

Zornig gehe ich auf sie zu, packe sie am Saum ihres Shirts und versuche ihr das Handy aus der Hand zu reißen, das sie immer noch wie eine Trophäe in die Luft hält. Ihr kommt ihre Körpergröße jetzt zugute.

»Wenn du schon nicht das Gerät rausrückst, dann beantworte wenigstens meine Frage.« Mein Griff an ihrem Shirt verstärkt sich.

»Ich weiß nicht, was du meinst, Isa.« Ihre Stimme klingt jetzt scheinheilig. Dicht ans Geländer gepresst, lehnt sie sich jetzt weiter zurück, ihr Rücken biegt sich durch. Ich lasse von ihr ab, löse meine Hände von ihrem Shirt.

»Auf meine Fragen hast du geantwortet, du hättest kein Netz. Warum hast du das getan? Steckst du etwa mit Marita unter einer Decke?« Ich muss das einfach wissen.

»Die Rentnerin? Was hat die damit zu tun?«

Mist, beinahe hätte ich sie doch verraten. Jetzt muss ich mit meinen Worten vorsichtiger sein. Ich straffe die Schultern und deute wieder auf Evangelinas Hand: »Was ist das für ein komisches Gerät? Ist das ein Handy?«, frage ich und atme einmal tief durch. Ich lehne mich an die Balustrade, die Arme überkreuz. »Erklär es mir.« Ich gebe nicht nach. Muss es wissen. »Was läuft da? Wieso drehst du mitten in der Nacht und bei dieser Kälte Videos?«

Sie lässt die Hand sinken, ihre Schultern ebenfalls. Evangelina, die immer so selbstbewusste auftritt, Evangelina, die sich anmutig bewegt, diese Evangelina sackt von einer Sekunde auf die andere in sich zusammen wie ein Ballon, aus dem Luft entweicht. Mit schnellen Schritten ist sie in ihrem Zimmer, ich folge ihr. Kurz lasse ich meinen Blick durch den Raum schweifen.

Stuck an den Wänden. Ein riesiges Bett. Zartrosa Plüschkissen. Hier sieht es aus wie bei mir. Bis auf die Tatsache, dass sich an fast jeder Stelle Kisten, Koffer und Taschen türmen und eine granitfarbene Vase

107

auf dem Tisch steht, die mich an eine Urne erinnert. Woher kommt jetzt auf einmal diese Assoziation? Kopfschüttelnd fokussiere ich meinen Blick wieder auf Evangelina, die auf der Bettkante sitzt und sich die Hände vor das Gesicht hält. Schluchzend wischt sie sich die Tränen ab, die sich ihren Weg bis zu ihrem Kinn bahnen und kurz davor sind, auf den Teppichboden zu tropfen. Sie schluchzt laut, holt tief Luft.

»Ich muss das machen. Habe keine Wahl«. Ihre leise Stimme ist brüchig, kaum wiederzuerkennen. Lautlose Schluchzer scheinen ihren Körper wie Wellen zu durchströmen. Ihr Brustkorb hebt und senkt sich. So habe ich sie noch nie gesehen. Ich schiebe eine Tasche zur Seite und setz mich auf den Boden vor ihr, schlage die Beine übereinander und verschränke die Arme.

»Du wirst es nicht verstehen, Isa.«

Mir bleibt nicht mehr als ein Nicken.

»Wahrscheinlich hast du recht. Erzähl es mir trotzdem«, bitte ich sie.

Wieder holt sie tief Luft und lässt sie langsam entweichen.

»Es ist nicht einfach, ich zu sein.« Sie hält den Blick auf ihre Hände gesenkt, die sie permanent knetet.

Obwohl ich es nicht will, lache ich höhnisch auf.

»Das hat keiner behauptet, Evangelina. Glaubst du, es ist einfach, ich zu sein?« Ich bohre mir den Zeigefinger in die Brust. Was hatte sie hier mit mir vor? Dachte sie, ich lass mich verarschen?

»Ich sehe dich jetzt, Evangelina. Höre dir zu. Du hast meine volle Aufmerksamkeit und alles, was du zu sagen hast, ist eine Plattitüde? Ich wollte wissen, warum du –«

»Warte ab, Isa. Und bitte«, sie macht eine Pause, »unterbrich mich nicht.«

Meine Neugier lässt mich genau das tun. Ich richte meinen Blick auf die zierliche Frau vor mir, die jetzt ganz anders aussieht, als ich sie kennengelernt habe. Weniger selbstbewusst. Mit der Hand gebe ich ihr ein Zeichen, fortzufahren. Die nächsten Worte kommen langsam über ihre Lippen.

»Ein Wörterbuch, ein grauer Plüschelefant und ein Tüllrock.« Sie blickt zu mir auf und versichert sich, ob sie noch meine Aufmerksamkeit hat. Ich nicke.

»In Deutschland gibt es ein Spiel, das *Ich packe meinen Koffer* heißt.« Sie schmunzelt jetzt. Ich habe mich bei den vielen Sprichwörtern, die sie nutzt, schon über ihr sprachliches Wissen gewundert. Mich irritiert trotzdem ihre Kenntnis über das Spiel. Blöde Vorurteile.

»In meinem Koffer, den ich im Alter von zehn Jahren auf meiner Reise mitgenommen habe, waren neben meinen Anziehsachen ein Wörterbuch, ein Plüschelefant ...«

»Und ein Tüllrock«, beende ich den Satz und fühle mich wieder in meine Kindheit zurückversetzt.

Laura und ich haben dieses Spiel geliebt. »Einen Plüschelefanten hatte ich auch.« Ich schmunzle. Jetzt habe ich sie doch unterbrochen. Ein Blick in ihre Augen sagt mir, dass es sie dieses Mal nicht stört.

»Meiner sah nach einiger Zeit ziemlich abgewetzt aus, und der Rüssel war an einer Seite eingedrückt, weil ...« Sie lässt ihren Blick aus dem Fenster schweifen.

»Weil du ihn zum Einschlafen an deinen Körper gepresst und nicht mehr losgelassen hast?«, frage ich sie. Erinnerungen an Lauras und meine Plüschelefanten schieben sich vor mein geistiges Auge. Unsere waren pink. Ich habe sie beide aufbewahrt. Meiner ist inzwischen matt-rosa und sieht so aus, als hätte er drei Kriege überlebt. Lauras ist immer noch knallpink und unversehrt. Fast unversehrt, verbessere ich mich in Gedanken.

»Wir scheinen doch nicht so verschieden zu sein, Isa. Zumindest waren wir das nicht als Kind. Kinder sind Kinder. Da sind Unterschiede nicht so schlimm.« Sie wedelt wieder mit der Hand vor sich auf und ab. Nicht so schlimm. Das hatte sie in den letzten zwei Tagen oft gesagt und damit das, was ein anderer aus der Gruppe von sich gegeben hat, abgewunken.

»Was hat es mit dem Tüllrock auf sich?«, nehme ich das Gespräch wieder auf. Ich will endlich wissen, was das alles zu bedeuten hat. Evangelina braucht anscheinend diesen Vorlauf.

»Meine Eltern haben mich aus meiner Heimat nach

Deutschland geschickt, weil Tanzen mein Traum war. Nur hier konnte ich ihn leben. Das wusste ich selbst damals noch nicht, aber meine Eltern haben es lange vor mir erkannt. Tanzen, das war es, wovon ich träumte. Tue es heute noch. Tanzen. Wollte nichts anderes machen. Meine Gedanken kreisten darum, wann ich endlich wieder ins Ballettstudio könnte. Mich der Musik hinzugeben, sie in mich aufzunehmen und das, was ich fühle, nach außen zu tragen.« Wie zur Veranschaulichung wiegt sie nun ihren Körper in einem Takt, den vermutlich nur sie hören kann. Stille umgibt uns. Keine Musik. Nur die in ihrem Kopf.

»Sehr früh war ihnen klar, dass ich Deutsch lernen musste. Darauf haben meine Eltern bestanden. Die Schwester von meiner Mutter, Tante Mascha, hat mich bei sich aufgenommen. Sie lebte schon seit Jahren in Deutschland. Meine Mutter hat viel Wert auf meine Sprachkenntnisse gelegt. Nur so könne ich meine Ziele erreichen, meinen Traum wahr werden lassen, hatte sie stets betont. Neben meiner Muttersprache habe ich Deutsch gepaukt bis zum Abwinken und getanzt. Deutschlernen, tanzen, essen, trinken, schlafen. Und wieder von vorne. Nicht jeden Tag in dieser Reihenfolge, aber mehr gab es für mich nicht.«

»Was ist deine Muttersprache?«, frage ich sie.

Die Hände liegen jetzt locker in meinem Schoß. Mir fällt auf, dass ich die abwehrende Haltung von vorhin ohne nachzudenken abgelegt habe.

111

»Meine Muttersprache und mein Herkunftsland tun nichts zur Sache, Isa.«

Ich schaue überrascht auf.

»Sie sind mir wichtig, aber jetzt habe ich ein neues Leben. Ich will nicht mehr darüber reden, was in meiner Heimat passiert ist. Ich habe mir das alles aufgebaut.« Sie wedelt wieder mit der Hand durch den Raum und mir geht auf, dass sie mit dieser Geste nicht dieses Zimmer meint, sondern ihr Leben.

»Hat deine Tante dir geholfen?« Ich beginne langsam zu verstehen.

»Mascha?« Evangelina steht vom Bett auf und strafft die Schultern.

»Sie hat mich gefördert, aber auch gefordert. Sie hat dafür gesorgt, dass ich einen großartigen Schulabschluss gemacht habe und vor allem, dass ich besser wurde. Im Alter von 12 Jahren durfte ich im *Nussknacker* auftreten.« Sie strahlt mich jetzt an, ihre Wangen sind gerötet. Ich kann den Stolz in ihrer Stimme heraushören.

»Das ging nur über Beziehungen.« Evangelina setzt sich jetzt neben mich, ihr Knie berührt meins. Ich kann ihre Wärme spüren und ihr fruchtiges Parfüm riechen. Noch vor einigen Minuten wäre mir das unangenehm gewesen, jetzt nicht mehr. Ich kann nicht erklären, warum. Ich bewundere ihre Öffnung mir gegenüber. Selbst habe ich mich das nie getraut. Ich stupse sie leicht mit dem Bein an.

112

»Erzähl weiter.«

»Beim Nussknacker saß ein Agent im Publikum. Liam.«

»Meinst du Liam Harper? *Der* Liam Harper?«

Evangelina wedelt wieder mit der Hand vor sich herum und schüttelt den Kopf. »So haben alle reagiert. Er ist auch nur ein Mensch, Isa. Berühmt, reich, attraktiv, gebürtiger US-Amerikaner und nebenbei gemerkt neun Jahre älter als ich. Und mein Agent, seit Kindheitstagen.«

Ich fange ihren Blick auf. Will sie fragen, ob etwas an den Gerüchten dran ist, die ich gelesen habe, traue mich aber nicht.

»Du willst es wissen, oder?«

Ich blicke auf. Sie hatte mich ertappt.

»Ist nicht schlimm.« Sie schüttelt den Kopf. »Alle wollen ausschließlich wissen, ob da was dran ist. Haben die beiden was miteinander? Ich höre ständig nur Evangeliam, Liamgelina.« Sie formt Anführungszeichen in die Luft.

»Wenn man im Rampenlicht steht, muss man sich nicht wundern, wenn man nach seinem Privatleben gefragt wird«, werfe ich ein. Evangelina dreht schlagartig den Kopf zur Seite, sie ist mir jetzt ganz nahe. Ihr eindringlicher Blick geht mir durch Mark und Bein. Ich erkenne eine Traurigkeit darin.

Sie dreht den Kopf wieder nach vorn, zupft an ihrer Hose und streicht ein Staubkorn weg, das nur sie sehen kann.

»Isa, man kann im Rampenlicht stehen und sein Privatleben schützen«. Ein Seufzen. »Zumindest glaube ich daran.« Sie zupft weiter an der Hose. »Was ich dir eigentlich erzählen wollte, ist, dass es wichtig ist, seine Träume nicht aufzugeben. Nicht zu verkaufen.«

»Wie meinst du das?«

Sie schluckt.

»Meine Eltern, meine Tante Mascha, Liam. Alle haben an mich geglaubt, seit sie mich tanzen gesehen haben. Haben nie daran gezweifelt, dass ich es schaffen würde. Das Schlimmste sind die eigenen Zweifel.«

Ich nicke heftiger als beabsichtigt und wundere mich über mich selbst. Die Zweifel, die mich mein Leben lang begleitet haben und die einer der Gründe waren, warum ich überhaupt hier bin, kommen schlagartig wieder hoch. Scheinen mich zu begleiten, mich zu umkreisen. Wie eine äußere Schicht. Sie gehen nicht weg.

»Ich habe auch Zweifel. Deswegen bin ich hier. Ich will mir darüber klar werden, was ich beruflich wirklich machen will. Ich habe nicht den einen Traum wie du, Evangelina. In meiner Vergangenheit sind Sachen passiert, an die ich nicht permanent erinnert werden will. Dann komme ich hierher auf diese Insel und es passieren merkwürdige Dinge. Studien. Unfälle. Menschen verschwinden.«

Ping.

114

Ein leises Geräusch lässt mich abrupt enden, und das hell erleuchtete Display, das mittlerweile auf dem Boden liegt, zieht wieder meine Aufmerksamkeit auf sich.

Evangelina beugt sich vor und steckt es in die Tasche.

»Mist, der Akku ist alle, und das Kabel ist angeknabbert. Jetzt müssen wir wirklich bis morgen warten. Vielleicht kann das jemand reparieren.« Evangelina steht auf. Der intime Moment zerplatzt wie eine Seifenblase.

»Wer sollte das angeknabbert haben?«

»Kann ich nicht sagen.« Sie geht auf den Tisch in ihrem Zimmer zu. »Ist aber nicht schlimm.« Ihre Stimme hat wieder diesen Singsang angenommen.

Da war sie wieder. Die Evangelina, die ich kennengelernt habe. Die Evangelina mit der Maske. Die Evangelina, die mir und der restlichen Welt genau das zeigen möchte, was sie für richtig hält. Heute durfte ich für ein paar Augenblicke hinter ihre Maske schauen und habe sie hinter meine blicken lassen.

Ich erschrecke über mich selbst. Was ist hier passiert in dieser Nacht? Ich habe einer fremden Person etwas von mir preisgegeben, was ich mir selbst nicht eingestehen wollte. Einer Person, die mir bis heute Nacht noch nicht einmal im Ansatz sympathisch war. Warum? Weil sie sich mir geöffnet hatte?

Ich stehe auf, nähere mich der Balkontür, brauche

jetzt Ruhe. Eine Sache lässt mir keine Ruhe.

»Evangelina, was hat das mit dem Handy auf sich? Warum hast du keine Hilfe geholt?«

Stille. Stille, die sich ausdehnt, je länger man wartet. Kein prasselnder Regen, kein Seufzen, noch nicht einmal das Ticken einer Uhr. Einfach nur Stille. Sie wird mit jeder Sekunde unangenehmer.

Ich trete wieder in den Raum hinein, fasse Evangelina am Arm, ziehe sie zu mir und schaue ihr direkt in die Augen. Sie schimmern im Mondlicht. Evangelina presst die Lippen zusammen, als ob sie die Tränen damit stoppen könnte.

»Die Investoren.« Sie flüstert wieder. »Mein Traum hat sich verselbstständigt. Ich kann nicht mehr einfach nur tanzen. Ich brauche Werbeeinnahmen. Und Sponsoren. Und Follower. Das ist gar nicht so leicht, wie man glaubt. Man muss die permanent bei der Stange halten.«

Erneut schmunzle ich über Evangelinas eloquente Aussprache. Sie hat sich die deutschen Redensarten richtiggehend zu eigen gemacht.

»Wenn ich Hilfe geholt hätte, wären wir wahrscheinlich abgeholt worden und dann wären die Studien für mich vorbei. Die Studien selbst sind mir nicht so wichtig. Nicht wie Jonas. Aber ich habe Verträge unterschrieben. Werbeverträge. Ich habe zugesagt, über den Aufenthalt hier zu posten. Ich muss hierbleiben, Isa. Nur so kann ich mir mein

Leben finanzieren.« Ihre Stimme wird eindringlicher und sie fährt fort. »Und das meiner Familie. Sie ist da drin. Willst du mal sehen?« Sie deutet auf die Urne auf dem Tisch. Ich packe sie wieder am Arm und kann sie gerade davon abhalten, diese zu öffnen.

»Um Gottes Willen, nein!« Ich atme schwer. Nicht auch noch das. Ich will keine Asche sehen, blinzle, um das Bild einer anderen Urne vor meinem geistigen Auge zu verdrängen.

»Du kannst alles erzählen, Isa. Aber bitte«, flüstert Evangelina jetzt wieder, »warte noch bis morgen ab. Dann holen wir Hilfe. Aber lass mir meinen Traum. Ich brauche die Videos. Brauche die Follower. Zerstör nicht mein Leben, indem du mich verrätst. Ich habe alles dafür getan.« Ihre Stimme ist ein einziges Flehen. »Behalte mein Geheimnis für dich. Du hast sicher auch eins, oder?« Ihre Augen fixieren mich. Ich schlucke, hole tief Luft. Dann gestehe ich es ein. Ihr und mir.

»Ich habe ein Geheimnis.« Es fühlt sich merkwürdig an, es laut auszusprechen. Es sind nur vier Worte. Vier Worte, die eine enorme Macht auf mich ausüben.

»Wusste ich es doch, Isa.«

»Möchte aber nicht darüber re–«

Ein lauter Knall, der aus dem Badezimmer kommt und ein zischendes Geräusch lassen mich zusammenzucken.

»Isa, wir müssen hier raus.«

117

Hey du, endlich bist du auf dem richtigen Weg. Du hast den Anfang gemacht. Das reicht noch nicht, der Pfad wird holprig werden, aber wenigstens hast du es gewagt. Dich geöffnet. Erkannt, dass etwas tief in dir schlummert, das raus muss. Etwas, was du schon viel zu lange mit der mitschleppst. Wie eine granitfarbene Vase, die schwer ist, die dich belastet, die du aber trotzdem nicht ablegen kannst. Und sag nicht Urne, das ist zu negativ. Ich mag es nicht, wenn dich diese Gedanken auffressen. Sag Vase, das ist positiver.
Öffne den Deckel der Vase.
Lass es raus. Lass es zu.
Öffne dich. Öffne deine Augen.
Dann wirst du es sehen. Dann wirst du alles begreifen.
Ich sehe dich.
Ich sehe, was du siehst.

Kapitel 10

Tag 3

»Die Studien müssen weitergehen.« Jonas' Stimme ist laut. Zu laut, zu nachdrücklich.

Wir sitzen gemeinsam am Frühstückstisch. Letzte Nacht war für viele von uns ereignisreich. Das Rohr in Evangelinas Badezimmer war geplatzt und hat einen Wasserschaden verursacht, dessen Ausmaß uns vor neue Herausforderungen gestellt hat. Kurzerhand haben wir entschieden, sie bei mir einzuquartieren und vor allem auch ihre Taschen vor der Nässe zu schützen. Es sollte ein kurzer Umzug sein, deswegen haben Jonas und Nico, die von dem Knall wach geworden sind, spontan mit Evangelina und mir zusammen ihre Sachen in mein Zimmer getragen. Man kann jetzt keinen Meter gehen, ohne gegen irgendetwas zu stoßen, aber immerhin schlafen wir im Trockenen.

Fridolin musste unbedingt mit, worauf Evangelina bestanden hat. Dabei konnte es sich nur um ein Plüschtier handeln, wie Jonas bei unserer Anreise schon vermutet hat. Der graue, zerzauste Plüschelefant, wie ich seit gestern Abend weiß. Der musste es sein.

Nun sitzen wir hier an dem großen Tisch. Essen

gemeinsam, obwohl jeder allein ist. Die Stimmung ist gedrückt. Bis jetzt hat keiner aus der Gruppe ein Wort gesagt. Das Klappern von Geschirr und das stetige Trommeln der Regentropfen an die Fensterscheibe waren die einzigen Geräusche.

»Wirklich. Ich meine das ernst. Die Studien müssen weitergehen«, wiederholt Jonas.

»Es ist ein Mensch verschwunden.« Ich drehe mich zu ihm, dann in die Runde. Meine Hand hält das Brötchen fest, das ich gerad mit Aprikosenmarmelade beschmiert habe. »Was meint ihr? Sollen wir wirklich weiter Studien nachgehen, ohne zu wissen, wo Rouven ist?« Mein Blick wandert durch die Reihe. Bis auf Nico und den Professor schauen alle angestrengt auf ihre Teller.

Nico räuspert sich. »Sollen wir ihn wirklich noch mal suchen, Isabella? Wir haben gestern alles durchkämmt. Jeden Stein umgedreht, uns aufgeteilt.« Er fährt sich mit der Hand über die Augen. »Wenn wir weitersuchen, vielleicht noch tagelang, dann zermürbt uns das. Das kannst du mir glauben. Ich weiß, wovon ich spreche.« Er sieht mich jetzt direkt an. Sein Blick wirkt matt. Müde. So, als erinnert ihn das hier an etwas, an das er nicht denken will. Wie ich. Hat er wohl auch nach jemandem gesucht, den er nicht mehr wiedergesehen hat? Wieso kommt mir alles hier so vertraut vor?

»Eins steht fest. Es sind seit Rouvens Verschwinden

mehr als vierundzwanzig Stunden vergangen.« Die souveräne Stimme des Professors dringt an mein Ohr.

Ich führe das Marmeladenbrötchen an meinen Mund. Der süße Duft dringt in meine Nase.

»Und«, der Professor spricht weiter und deutet auf das Unwetter, das draußen tobt, »wir haben kein Netz. Immer noch nicht.«

Mein Blick springt wie von selbst zu Evangelina, die zusammenzuckt. Für einen Außenstehenden war diese Reaktion kaum zu vernehmen, aber ich habe es gesehen. Weil ich es weiß. Ihr Geheimnis kenne.

Keiner mag olle Petzen.

Lauras Stimme in meinem Kopf ist wieder da. Ich schüttele ihn, um die Stimme zu vertreiben. Will niemanden verraten, sondern Hilfe holen. Wir müssen nur diese Kabel reparieren. Stimmte das überhaupt? War das wirklich kaputt oder wollte Evangelina mich nur ablenken? Genau wie die Urne. Wollte sie mich damit ebenfalls auf eine falsche Fährte führen?

Wo auch immer wir hier sind, aber in Deutschland ist es nicht erlaubt, Urnen mit auf Reisen zu nehmen.

»Die Studien können offline stattfinden.« Jonas' aufgeregte Stimme holt mich aus meinen Gedanken. Ja, klar. Die Studien. Sein Ein und Alles.

»Wie kannst du jetzt an die Studien denken?«, entfährt es mir aufgebracht. »Und überhaupt. Braucht man dazu kein WLAN?«, will ich wissen. Ich drehe mich zu ihm um, beiße beherzt in mein Brötchen

121

und genieße den klebrig süßen Geschmack des fruchtigen Aprikosenaufstrichs, der mich von meiner Sorge um das Verschwinden eines Menschen ablenkt. Lebensmittel haben mir oft dabei geholfen.

»WLAN ist natürlich ideal, aber«, Jonas nimmt einen geräuschvollen Schluck aus seiner Kaffeetasse, »vor unserer Reise habe ich extra alle Simulationen heruntergeladen und auf einer Festplatte gespeichert.« Sein Blick in die Runde werte ich als triumphierend, was mir in Anbetracht der Situation unpassend erscheint und meinen Puls in die Höhe schnellen lässt. »Wir können jederzeit starten. Wenn wir wollen, müssen wir –«

»Das kann nicht dein Ernst sein«, unterbreche ich ihn empört. »Ich verstehe nicht, wie du so einfach zur Tagesordnung übergehen kannst.« Und was aus meinem ehemaligen Kommilitonen geworden ist, mit dem ich so oft gedanklich auf einer Wellenlänge war, füge ich in Gedanken hinzu.

»Dafür fehlt mir auch jegliches Verständnis.« Marita, die bis jetzt neben mir gesessen und keinen einzigen Ton von sich gegeben hat, springt auf und stößt den Stuhl um. Der laute Knall lässt mich zusammenzucken.

»Wir können jetzt keine Studie durchführen.« Sie setzt sich in Bewegung und bleibt in der Nähe des Professors stehen. Ich habe ihre Stille darauf zurückgeführt, dass sie wegen der Erdbeeren gestern keine Aufmerksamkeit auf sich lenken will. Ein Blick auf ihr Kanarienvogelkostüm vom ersten Abend belehrt mich eines Besseren.

»Ich für meinen Teil«, sie hält trotzig das Kinn nach vorn gestreckt, »werde nicht daran teilnehmen. Erst wenn Rouven wieder da ist.« Sie geht Richtung Tür und dreht sich im Rahmen noch mal um. »Und selbst dann ist das letzte Wort noch nicht gesprochen. Macht, was ihr wollt.« Sie entfernt sich von uns, den Rücken zu uns gedreht. Sie hält einen Arm nach oben und winkt. »Aber ohne mich. Viel Spaß noch.« Mit diesen Worten verlässt sie den Raum.

Eine gefühlte Ewigkeit später sitze ich vor einem Monitor, der mir schwarz entgegenblickt. Schon wieder. Wie ein Monster mit weit aufgerissenem Maul starrt er mich an. Musste mich doch breitschlagen lassen. Überstimmen lassen, korrigiere ich mich in Gedanken. Nach langer Diskussion über den weiteren Verlauf und vielen überhitzten Gemütern wurde erneut abgestimmt. Das Ergebnis ist knapp dafür ausgegangen.

Mir passt das überhaupt nicht, aber gegen eine demokratische Mehrheit kann und will ich mich nicht sträuben.

Da wir viel Zeit durch Rouvens Suche verloren haben und es laut Jonas einen strikten Zeitplan gibt, müssen die Studien gleichzeitig stattfinden. Jeder von uns sitzt nun gerade vor einem dunklen Monitor und wartet auf Bilder. Aus Platzgründen hat mein übermotivierter Freund die Gerätschaften für mich in den Stall getragen, der an das Herrenhaus grenzt. Den Simone gestern zusammen mit dem Professor nach Rouven abgesucht hat.

Wind pfeift durch die Ritzen des Scheunentores und lässt mich zittern. Nicht nur meine Füße haben sich in Eisklötze verwandelt. Meinen Fingern droht das gleiche Schicksal. Ich knete sie in meinem Schoß, damit sie wärmer werden. Auf dem Monitor erscheint das Bild eines Smartphones, was meine Aufmerksamkeit erregt. Ich fixiere das Handy, das mich an Evangelinas Zweitgerät von gestern Abend erinnert, und treffe eine Entscheidung. Wenn Rouven bis zum Essen nicht auftaucht, werde ich es der Gruppe sagen. Dann werden wir Hilfe holen. Olle Petze hin oder her.

Auf dem Smartphone wird nun ein Bild eines jungen Mannes angezeigt.

»Isa, du bekommst heute Bilder gezeigt, die du vielleicht von Dating-Apps kennst«, hatte Jonas erklärt und mit den Augenbrauen gewackelt.

»Wir möchten wissen, ob du die Person treffen möchtest. Du wischst dann nach links für nein und nach rechts für ja.«

»Vielleicht ist dir das alles klar, Jonas, aber ich verstehe nicht, wie ich mit den Augen etwas wegwischen soll. Beim Handy hätte ich ein Feld dafür«, hatte ich entgegnet. Diese App, von der er sprach, hatte ich einmal benutzt. Bevor ich Nico kennenlernte, anschließend war mir nicht mehr danach.

»Unter dem Feld wird es Buttons für Ja und Nein geben, halte deinen Blick für drei Sekunden auf den jeweiligen Knopf, dann geht es weiter«, hatte Jonas erklärt.

Mit dieser detaillierten Anweisung im Kopf mustere ich das Bild des jungen Mannes, der mir auf dem Smartphone Display auf dem Monitor gerade angezeigt wird. Er hat glatte blonde Haare, die ihm bis zu den Schultern hängen. Eine Strähne hat er hinter das Ohr geklemmt. Ein Piercing in der rechten Augenbraue leuchtet mir entgegen. Er lächelt und wirkt sympathisch, schaut mich offen an. Würde ich ihn treffen wollen? Es ging nicht um ein Date, das hatte Jonas betont, obwohl ich vorher angeben musste, ob ich auf Männer oder Frauen stehe oder beides.

Mein Blick schweift ein paar Zentimeter unter das Bild, wo in Großbuchstaben angezeigt wird: Lars, 32, Bürokaufmann.

Okay, was soll mir das jetzt sagen? Wollen die prüfen, ob ich mehr auf das Aussehen oder auf den Namen, das Alter oder den Beruf achte? Ich bin überfordert.

»Entscheide ganz spontan, mit wem du dich treffen

würdest«, klingt Jonas' Stimme in meinem Kopf nach.

Gut, ich entschließe mich, alles intuitiv zu beantworten. Mein Blick ist drei Sekunden auf den Ja-Button gerichtet, dann erscheint ein neues Bild.

Wieder ein Mann, diesmal mit Kittel und mit kurz geschorenen Haaren. Der Blick nach unten teilt mir mit, dass es sich um einen Christoph handelt, der 53 Jahre alt und Arzt ist, was mich aufgrund der Berufskleidung nicht überrascht. Spontan beantworte ich die Frage danach, ob ich ihn treffen würde. Es folgen weitere Bilder, von echten Personen und von Avataren. Ich schaue mir alles genau an, auch die Angaben zu Namen, Beruf und Alter. Ein neues Bild ploppt auf. Dieses Mal ein Punk-Avatar mit lila Haaren, die ihm auf der einen Seite lose ins Gesicht hängen, die andere Kopfseite ist rasiert.

Ich blicke auf den Nein-Button. Einen Avatar kann ich mir bei aller Liebe nicht als reale Person vorstellen und somit auch nicht mit ihm treffen wollen. Das nächste Bild erscheint.

Mir ist unwohl bei dem Gedanken, dass Jonas und der Professor wissen werden, wo ich hingeschaut habe und wie ich mich entschieden habe. Sie werden sehen, was ich sehe. Wohin ich blicke, wie lange meine Augen auf dem Feld mit dem Alter verweilen. Das alles werden sie auswerten oder auswerten lassen, wie ich aus meiner Zeit an der Uni weiß. Ich war selbst mal studentische Hilfskraft an einem Lehrstuhl und begeistert, wenn ich an Forschungsprojekten mitwirken durfte. Das nächste Bild erregt meine Aufmerksamkeit.

Da war er wieder. Dieser Mann, dieses Gesicht, dieser eindringliche Blick. Derselbe Herr, der mich in der ersten Simulation auf der Treppe im Herrenhaus schon auffordernd angeblickt hat. Derselbe, der später in der Studie mit den nackten Menschen auftrat. Mein Hals wird trocken, ich schlucke. Blinzle. Kann das Zufall sein? Vorsichtig lasse ich meinen Blick tiefer zu den Informationen wandern. Will endlich wissen, wer das ist. Ist es dieser Dagobert, dem das Ganze hier gehören soll, der das finanziert hat?

So langsam wie möglich senke ich den Blick, bis die Worte Bernd, 45, Unternehmer in mein Sichtfeld kommen. Erleichtert lasse ich die Luft entweichen, die ich anscheinend angehalten habe. Kein Dagobert. Oder ist Bernd dieser Dagobert, dem die Insel gehört? Was soll das alles?

Mein Blick gleitet wieder zu seinen Augen. Bernds eindringlichen braunen Augen, die mich weiter vorwurfsvoll ansehen. Ich blinzle, schaue ihn mir genauer an. Solange ich nicht auf den Button drücke, bleibt das Bild erhalten. So waren die Regeln. Ich habe dieses Mal Zeit. Ich betrachte Bernd genau. Die schwungvollen Augenbrauen, die gerade Nase, das spitze Kinn. All das kommt mir bekannt vor. Lag es daran, dass ich ihn schon in anderen

Illusionen gesehen habe? Ich schließe die Augen und entspanne mich. Das muss nichts zu bedeuten haben. Wie oft sieht man Menschen? Vielleicht habe ich ihn mal irgendwo gesehen. Vielleicht in der Fußgängerzone? Ich öffne meine Lider und etwas ist anders. Bernds Augenbrauen sitzen tiefer, oder? Er hat sie heruntergezogen und schaut nun grimmig aus. Kommuniziert er mit mir? Ist das hier doch keine Simulation? Will er mir etwas sagen? Soll ich etwas für ihn tun?

Ich greife instinktiv in meine Hosentasche und schiebe mir ein Mintplättchen in den Mund. Taste mit der Zunge nach der Schärfe, um mich zu beruhigen. In der Vergangenheit hat das meistens geklappt. Jetzt nicht.

»Wer bist du, Bernd?«, spreche ich ihn direkt an. »Warum wirst du mir permanent angezeigt?« Ein weiteres Mintplättchen wandert in meinen Mund. »Woher kennen wir uns? Warum willst du, dass ich dich sehe?«

Auf einmal flackert der Monitor. Bernd ist weg. Mein Puls rast. Ich will nicht, dass das hier so passiert. Möchte selbst entscheiden, ob ich auf Ja oder Nein klicke und vor allem, wann ich das tue. Ein neues pixeliges Bild baut sich auf. Wieder muss ich blinzeln, um auf dem merkwürdigen Etwas, was mir hier angezeigt wird, etwas erkennen zu können. Ich schließe meine Augen, die durch die Anstrengung zunehmend brennen. Dann öffne ich sie wieder und zucke bei dem Anblick, der sich mir bietet, zusammen. Auf dem Bildschirm und dem Smartphone-Display ist kein Mensch mehr zu erkennen. Sondern ein Muster, das mich an den Abend erinnert, an dem ich mit Nico Hand in Hand nach Hause gelaufen oder vielmehr getorkelt bin. Vorbei an den Kirmesbuden, vorbei an dem Leierkastenspieler. Es ist das Muster auf dem Boden, das mir einen Schauer über den Rücken laufen lässt. Das Muster des rotbraun karierten Kopfsteinpflasters.

Ich stehe auf und laufe durch die Scheune. Das Pfeifen des Windes unterstreicht meine innere Unruhe. Ich gehe ein paar Schritte auf und ab und achte darauf, nicht auf den Monitor zu sehen. Erinnerungen an den Abend vor zwei Jahren kommen mir wieder in den Sinn. Ich war angeheitert, nicht betrunken, wie ich betont habe. Vor mir selbst und vor Nico, der ebenfalls offensichtlich beschickert war. Er schwankte mehr als ich. Wir haben gequatscht und gelacht und den Refrain unseres Liedes gesungen, das wir gemeinsam performt haben. Mit dir steht die Zeit still. Etwas in meinen Augenwinkeln bewegt sich. Ein Geräusch drängt an mein Ohr. Leises Wimmern. Jammern. Ich bleibe stehen. Jetzt bleibt die Zeit stehen. Buchstäblich. Dieses Wimmern habe ich schon mal gehört. Es kommt mir bekannt vor. War es in der Fußgängerzone? Damals mit Nico? Ich muss ihn nachher unbedingt danach fragen. Mein Blick streift durch die Scheune, bleibt an Fässern hängen. Sie erinnern mich an die aus der Piratenillusion der Anreise. Massive Tonnen aus altem, dunklem Holze, auf die ich geradewegs zuhalte. Wieder ein Geräusch. Ein Schluchzen. Oder bilde ich mir das ein? Ich drehe meinen Kopf, erhasche einen Blick auf den Monitor, der nun schwarz ist. Nichts erinnert mehr an Bernd, an seinen vorwurfsvollen Blick und an die heruntergezogenen Augenbrauen. Nichts erinnert mehr an das Kopfsteinpflaster, das einen Flashback an besagten Abend in mir ausgelöst und Erinnerungen an den Karaokeabend mit Nico wachgerufen hat. Hängt das alles zusammen? Bernd? Nico? Der Abend? War das hier Realität oder soll mir wieder was vorgegaukelt werden?

Ein weiteres Schluchzen drängt an mein Ohr. Dieses Mal lauter. Ich drehe mich in die Richtung, aus der das Geräusch kommt. Die Fässer. Definitiv die Whiskeyfässer. Mit schnellen Schritten bin ich da und lasse meine Finger über das raue Holz streifen. Versuche, ein Fass hochzuheben. Beim ersten Versuch gelingt es mir nicht. Ich greife mit beiden Händen um das Fass und ziehe. Immer weiter.

So lange, bis mir ein Schmerz in den Rücken fährt. Ich richte mich auf und atme tief durch. Das Wimmern, das aus der Ecke hinter dem Fass kommt, wird lauter. Anhaltend.

Mein Blick schweift zur massiven Scheunentür, die

im Wind klappert. Kalte Luft kühlt meine überhitzte Haut. Soll ich Hilfe holen? Wieder ein Wimmern.

Nein. Ich muss das so schaffen. Allein. Ich beuge mich herunter, gehe mit den Knien in die Hocke, packe das Fass mit den Armen und zähle langsam im Kopf. Eins, zwei. Bei drei gebe ich mir einen Ruck. Das Fass rutscht nach vorn, ich drehe mich weg und lande auf dem staubigen Boden. Ich liege auf dem harten Untergrund und schnappe nach Luft. Blicke in ein Auge. Ein Auge mit roten Konturen.

Hey du, siehst du es nun? Vor lauter Studien, vor lauter Augen. Augen, die keine Augen sind, sondern Male. Augen, die dich anstarren. Augen, die sich bewegen?
Oder war das nicht real? War das eine Illusion?
Was ist wirklich passiert? Erinnere dich. Stelle die richtigen Fragen. Hättest du eingreifen können? An welcher Stelle? Hast du absichtlich deinen Blick abgewandt?
Hast du es nicht gesehen? Oder wolltest du es nicht sehen? Du wirst die Antworten finden. Irgendwann. Sei schneller, denn bald ist es zu spät.
Ich sehe dich.
Ich sehe, was du siehst.

Kapitel 11

Ein Auge, das nicht echt sein kann, blickt mir entgegen. Ich blinzele. Ist das hier real? Eine Illusion? Es sieht wie ein übergroßes Mal mit verbranntem Rand aus. Ein Brandmal auf einer Wade, die in meinem Blickfeld liegt? Ein Brandmal in Form eines Auges habe ich noch nie zuvor gesehen. Nervös rappele ich mich auf und erkenne ihn. Rouven, der nicht verschwunden ist. Der anscheinend nie weg war. Der mich mit einem Brandmal auf der Wade und Tränen in den Augen hilfesuchend anblickt.

»Geht es dir gut, Rouven? Was ist passiert? Wo warst du? Wieso hast du dich nicht gemeldet?« Zu spät merke ich, dass ich die Fragen auf ihn abfeuere, als wäre er der Täter und nicht das Opfer. Ich atme einmal tief durch und halte ihm meine Hand hin. Er ergreift sie nicht, sondern sitzt immer noch auf dem staubigen Scheunenboden, die Beine nun angewinkelt und mit beiden Armen umklammert. Er starrt vor sich hin, so wie das Auge auf seiner Wade mich anzustarren scheint.

»Wir müssen die Wunde desinfizieren, Rouven.« Ich hocke mich doch neben ihn, weil er anscheinend nicht aufstehen will. Jetzt auf Augenhöhe, greife ich vorsichtig nach seinem Bein und erwische nackte Haut. Das Hosenbein ist ihm hochgerutscht. Sein zierlicher Körper zuckt zusammen, erinnert mich an ein verängstigtes Reh, das angefahren wurde und die Orientierung verloren hat. Rouvens Blick ist lethargisch.

Meiner fällt auf das Brandmalauge, das mit einem Kreis umrandet ist und ungefähr die Größe einer Zwei-Euro-Münze umfasst. Es erinnert mich an ein Tattoo.

Mit dem Unterschied, dass die Konturen leicht gerötet sind und das Mal mit einer Blase versehen ist, die anscheinend mit klarer Flüssigkeit gefüllt ist. Mir kommt ein Grillstempel in den Sinn, den ich Emily vor Jahren mal geschenkt habe. So konnte man seinem Grillgut ein Symbol aufdrücken. Genauso sieht das hier aus. Als hätte jemand Rouven einen Stempel in Augenform aufgedrückt.

Behutsam streiche ich mit dem Finger über Rouvens unverletzte Haut, um mir ein genaueres Bild zu machen.

Ein Zischen verlässt seinen Mund. Ich blicke auf und sein schmerzverzerrtes Gesicht gibt mir recht.

»Wer hat das gemacht, Rouven?« Keine Antwort. Eine Träne rollt ihm über die blasse Wange. Er wischt sie mit dem Handrücken weg und hinterlässt eine schwarze Dreckspur.

»Komm mit. Wir müssen die Wunde versorgen«, wiederhole ich, stehe auf und strecke ihm erneut die Hand hin. »Bitte«.

»Nein«. Dieses einzelne Wort kommt entschlossen aus seinem Mund.

134

»Ist dir das peinlich? Das muss es nicht sein.« Ich krame in meiner Tasche und reiche Rouven ein Mintplättchen, was mir im nächsten Moment grotesk vorkommt. Es ist mein erster Impuls. Vielleicht kann ich ihn so beruhigen. Oder aufmuntern oder Mut machen, zu den anderen zurückzukommen. Was auch immer er jetzt braucht.

»Hab gerade nichts Besseres«, entschuldige ich mich und lächle ihn an.

»Die anderen sollen das nicht sehen. Punkt.« Seine Stimme ist leise, zaghaft. Er deutet auf das Brandmal, dann inspiziert er das Mintplättchen in seiner Hand und beißt hinein.

»Warte hier, ich komme wieder.« Ich lasse ihn allein und hoffe, dass er meinen letzten Satz nicht als Drohung auffasst.

Wir sitzen erneut auf dem staubigen Boden. Ich konnte einen Verbandskasten organisieren, der in der Küche hing. Merkwürdigerweise ist es mir gelungen, mich in die Villa hinein und wieder hinauszuschleichen, ohne dass es jemand mitbekam.

Ppffft, pffffst, pffft.

Drei leise Geräusche unterbrechen die Stille, die sich zwischen Rouven und mir ausgebreitet hat. Ich richte das Desinfektionsspray auf Rouvens Wunde und drücke noch mal den Knopf. Pffftt. Beißender chemischer Geruch wabert mir entgegen. Behutsam

135

tupfe ich die Ränder des Auges auf Rouvens Wade ab.

Er schnappt nach Luft. Offensichtlich geht es ihm nicht gut.

Mir auch nicht, denke ich, obwohl ich körperlich unversehrt bin. Doch das schlechte Gewissen nagt an mir. Bin hin- und hergerissen, wie ich mich verhalten soll. Schon wieder. Einerseits will ich den anderen Bescheid geben, damit sie sich keine Sorgen machen, andererseits ist es offensichtlich, dass Rouven das nicht möchte. Ich fühle mich, als würde ich eine Karre ziehen, auf der nicht die Utensilien für die Eyetracking-Studien verstaut sind, wie am Anfang unseres Aufenthalts hier, sondern Geheimnisse. Solche, die schwer wiegen. Solche, deren Tragweite ich nicht fassen kann. Solche, die mich selbst belasten. Erst sollte ich verschweigen, dass Marita den Daiquiri nicht getrunken und somit das Beruhigungsmittel nicht bekommen hat, dann sollte ich für mich behalten, dass Evangelina die Möglichkeit gehabt hätte, Kontakt zur Außenwelt aufzunehmen und Hilfe zu holen. Jetzt bittet Rouven mich in seiner wortkargen Art, den anderen nichts von dem Brandmal zu sagen. Ich blase meine Wangen auf und lasse langsam die Luft entweichen, während ich die Plastikverpackung der Mullbinde öffne.

Rouven verlagert sein Gewicht und räuspert sich.

»Ich weiß nicht«, kommt es ihm leise über die Lippen, »wie das passiert ist.«

Aufmunternd nicke ich ihm zu und wickle die Binde um seine Wade, wie Emily, meine Freundin es mir vor Jahren mal gezeigt hat. Man könne auch sterile Pflaster nehmen, hatte sie gesagt oder aber eine Mullbinde, man sollte nur dafür sorgen, diese stetig zu erneuern. Die Wunde würde irgendwann nässen. In diesem Moment bin ich froh, eine Freundin zu haben, die Krankenschwester ist.

»Kann mich einfach nicht erinnern. Punkt.« Er presst jetzt die Kiefer zusammen, seine Lippen sind nur noch eine schmale Linie. Er hat Schmerzen, das kann ich erkennen.

Ich nicke und konzentriere mich auf die Wundversorgung.

»Du hast auch von dem Daiquiri getrunken. Da war Beruhigungsmittel drin«, erkläre ich.

»Meiner war ohne Alkohol«, wirft er ein.

»Ob mit oder ohne, das ist uns allen passiert. Keiner von uns kann sich erinnern, was nach dem Daiquiri-Abend geschah.« Fast alle, korrigiert mich meine innere Stimme.

Ein Gedanke treibt mich um. Ein Gedanke, der mir zu ungeheuerlich scheint, ihn laut auszusprechen. Mutig tue ich es trotzdem.

»Warst du das, Rouven?« Ich schiebe ihm jetzt die Hose über den Verband. Er steht auf und überragt mich, weswegen ich meinen Kopf in den Nacken lege.

»Mich selbst betäuben und verstümmeln?«

Seine Augen blicken mich an. Irritation und Fassungslosigkeit lese ich daraus. »Wohl kaum.« Er dreht sich zur Scheunentür und macht ein paar Schritte in die Richtung. Reue macht sich genau da in mir breit, wo vorher noch der Vorwurf gesessen hat. In jeder Zelle meines Körpers. Ich schlage mir mit der Hand vor die Stirn und gehe ihm nach.

»Entschuldige, Rouven.«

Er dreht sich zu mir um und schaut mich erwartungsvoll an.

»Du hast Schmerzen und ich werfe dir vor, dich selbst verletzt zu haben. Tut mir leid.« Ich packe ihn am Arm und drehe ihn zu mir. Er sieht zu mir herunter. Nickt.

»Sag den anderen nichts«, wiederholt er sein Anliegen, und seine Stimme wird mit dem nächsten Wort flehentlich. »Bitte.«

Wir sitzen wieder am Esstisch. Dieses Mal kein Schweigen weit und breit, sondern Geplauder.

Nico lächelt mich breit über den Tisch hinweg an, seine Grübchen scheinen nun noch deutlicher hervorzukommen, als ich es in Erinnerung hatte.

Er hat an die Scheunentür geklopft und etwas von Kopfsteinpflaster gefaselt. Wollte mit mir darüber sprechen, was während der Studien passiert ist und ob es einen Zusammenhang mit unserem gemeinsamen Abend vor zwei Jahren gäbe. Er war dann bei Rouvens

Anblick verstummt. Wieder mussten wir das Gespräch darüber verschieben, denn die Tatsache, dass Rouven lebt und ihm nichts passiert ist, überlagerte alles. Anscheinend nichts passiert ist, korrigiere ich mich in Gedanken.

Ich hatte Nico und die anderen später informiert. Sie wissen nun, dass er wie wir anderen betäubt wurde und sich an nichts erinnern kann. Das Brandmal habe ich verschwiegen. So, wie Rouven es wollte. Doch wie viele Geheimnisse kann ein einzelner Mensch bewahren?

»Wurdest du gefangen gehalten?«, richtet Evangelina ihre Frage an den stillen Jungen.

»Glaube nicht.« Wieder eine knappe Antwort.

»Was bin ich froh. Du bist wieder hier, Rouven. Wir dachten schon, es wäre Hopfen und Malz verloren und du würdest nicht wieder auftauchen.« Evangelina quatscht in ihrer üblichen Art und Weise, wie wir es mittlerweile von ihr gewohnt sind und mit dem unverwechselbaren Singsang in der Stimme auf Rouven ein. Jetzt weiß ich wenigstens, woher ihr ausgewähltes Vokabular kommt.

»Hast du genug Essen und Getränke bekommen?«, fragt sie weiter. »Auf Nahrung kann man lange verzichten. Ich weiß, wovon ich spreche.« Evangelina fährt sich mit der Hand über die Taille und lässt sie dort demonstrativ liegen, wie sie es sonst nur in ihren Videos tut. »Wegen der Diäten.« Sie schnalzt mit der Zunge und fährt dann fort. »Worauf man niemals verzichten kann, ist Wasser.«

Wie zum Beweis greift Rouven zum gefüllten Glas und leert es in einem Zug. Evangelina schenkt ihm nach. Sie lacht. Wahrscheinlich vor Erleichterung. Oder Nervosität. Oder weil sie wieder diese Maske aufsetzt, hinter die sie mich letzte Nacht hat blicken lassen.

»Bist du verletzt?«, mischt sich nun der Professor ein.

Rouven schüttelt mit dem Kopf und vermeidet offensichtlich den Blickkontakt zu mir.

»Sollen wir dich nach Hause bringen lassen? Wir können ein Boot ordern. Das ist dann in zwei Stunden hier, willst du das?«, fragt der Professor.

Alle Köpfe rucken zu ihm herüber.

»Wie soll das ohne Netz funktionieren?«, stelle ich die Frage, die sich in den Gesichtern der anderen spiegelt. Professor Hahrmacher wedelt mit den Händen und zeigt auf die Glasfensterfront, die einen Abendhimmel entblößt. Das Meer ist noch immer aufgewühlt. Es regnet nicht mehr, keine Gewitterwolke am Himmel. Stattdessen ziehen sich rotorangefarbene Schlieren über den Horizont, der an ein gebatiktes Seidentuch erinnert.

»Seht ihr nicht, was passiert ist? Der Sturm ist vorüber. Vorerst«, erklärt Professor Hahrmacher. »Während ihr die Studien durchgeführt habt, nutzten Jonas und ich die Zeit für einen erneuten Versuch, Kontakt zum Festland aufzunehmen.«

Wie zur Bestätigung macht sich auf Jonas Gesicht ein ausgeprägtes Grinsen breit. Er räuspert sich.

»Nachdem Rouven wieder aufgetaucht ist, haben wir den Hilferuf widerrufen, da ja nichts passiert ist und wir nun weitermachen kö–«

»Was hast du?«, unterbricht ihn Marita, die vehement ihr Besteck auf den Teller vor ihr fallen lässt. Ich zucke bei dem klirrenden Geräusch zusammen.

»Bengel.« Marita streckt den Zeigefinger in Jonas' Richtung aus, hält die Hand ruhig und bewegt nur den Finger hin und her. »Du hättest uns fragen müssen. Wir sind eine Gruppe, da entscheidet keiner allein. Was sagst du dazu, Isa?«

Sie wendet sich direkt an mich. Mir fällt auf, dass sie mich das erste Mal nicht Kleine nennt. Vielleicht ist das ein gutes Zeichen. Vielleicht macht sie das, weil sie wütend auf Jonas ist. Vielleicht hat es keinen Grund. Ich weiß mittlerweile nicht mehr, was ich denken soll.

»Also?« Marita zieht ihre geschminkten Augenbrauen hoch. Ich habe ihre Frage noch nicht beantwortet, wird mir klar. Sie wollte wissen, was ich davon halte, dass wir in der Gruppe noch nichts beschlossen haben.

»Ich finde, wir sind alle freiwillig hier und sollten auch freiwillig gehen dürfen. Ohne Abstimmung«, werfe ich ein und fixiere den Professor mit meinen Augen. Der zuckt mit den Schultern.

»Allerdings«, pflichtet Marita mir bei.

»Natürlich könnt ihr freiwillig gehen. Wir haben

noch zwei Illusionen. Es wäre schön, wenn die trotzdem noch so viele wie möglich mitmachen.« Der Professor lässt seinen Blick durch die Gruppe schweifen, die gesammelt am Tisch sitzt, und fügt dann hinzu. »Wer möchte bleiben?«

Die Hand des Professors und Jonas' gehen synchron nach oben. War ja klar. Zu meiner Überraschung hebt Simone, die in einer Hand einen Teller balanciert, den anderen Arm. Sie war, wie Evangelina es gestern perfekt ausgedrückt hat, auch hier eingesperrt.

»Wenn Simone, Jonas und ich hierbleiben und ihr abreist, macht das keinen Sinn«, sagt Professor Hahrmacher. »Es sollten sich schon noch mehr Teiln–«

»Moment«, setzt Rouven an. Es ist nicht die Tonart, die mich überrascht. Nicht das eine Wort, denn ich bin es mittlerweile von ihm gewohnt, dass er nie mehr Worte als nötig verliert. Es ist seine Hand, die mich erstaunt. Die Hand, die er langsam hebt.

»Du willst auch bleiben?«, frage ich ihn und ernte als Antwort ein stummes Nicken. Wenn wir wieder allein sind, werde ich ihn dazu befragen, nehme ich mir vor. Rouven mag es nicht, vor versammelter Mannschaft wie eine Zitrone ausgequetscht zu werden. Ein Räuspern neben mir lenkt meine Aufmerksamkeit auf meine Bekanntschaft von früher. Ich drehe den Kopf, erhasche in Nicos Augen die Zweifel, die ich ihm förmlich vom Gesicht ablesen kann. Er hat sich noch nicht entschieden, ringt mit sich. So wie ich mit mir.

Ich spüre die Blicke der anderen auf uns.

Die Gedanken in meinem Kopf überschlagen sich. Jonas sind die Studien hier sehr wichtig. Er hängt so sehr daran, dass ich ihn nicht enttäuschen möchte. Obwohl mein innerer Drang, die Insel zu verlassen, gerade sehr ausgeprägt ist. Bei allem, was passiert ist. Ein weiterer Aspekt schiebt sich langsam, aber mit Nachdruck in den Vordergrund. Aufgeben widerstrebt mir. Liegt mir einfach nicht. Habe das gehasst.

Seit meiner Kindheit konnte ich das nicht und habe diesen Drang bei anderen selten bis nie nachvollziehen können. Als Kind habe ich mich oft durchgesetzt. Wenn Laura und ich etwas zusammen gespielt haben, mussten wir es beide zu Ende führen. Darauf habe ich schon in jungen Jahren bestanden. Laura hat es mir nachgeahmt, wie so vieles. Sie hat zu mir aufgesehen. Zu mir, ihrer großen Schwester. Ihrem Vorbild.

Abgebrochen wird nicht. Aufgegeben wird nicht. So, als säße sie neben mir, höre ich ihre Stimme in meinem Kopf. Dieses Mal will sie mich nicht als Petze anklagen, sondern meint etwas anderes. Aufgegeben wird nicht.

Mir ist danach, das gebe ich mir selbst gegenüber zu. Am liebsten würde ich alles hinschmeißen. Würde alle Hebel in Bewegung setzten, damit ich hier wegkomme, aber ich kann nicht. Dieses Gefühl, etwas nicht durchgezogen zu haben, kann ich noch weniger ertragen, als diese merkwürdigen Ereignisse hier auf der Insel durchzustehen. Weil es dann immer in mir nagen wird. Dieses Gefühl, ein Ziel nicht erreicht zu haben. Was auch immer das war. Aufgegeben wird nicht.

Ich verscheuche alle negativen Gedanken und hebe entschlossen die Hand. Nico tut es mir nach. So, als hätte er meine Entscheidung abgewartet. Er hält meinen Blick gefangen. An dem Abend vor zwei Jahren hatte ich ihm von meinem Durchhaltevermögen erzählt. Ich meinte den Alkohol, weil ich noch nicht zu viel Persönliches preisgeben wollte. Nach dem Motto: Wer feiern kann, kann auch arbeiten. Aber Durchhaltevermögen war Durchhaltevermögen. Der Nico, der mir damals schon zugesichert hat, es nachempfinden zu können, nickt mir jetzt zu. Scheint zu verstehen. Nun sind sechs Hände in der Luft.

»Das ist deutlich. Marita und Evangelina werden uns dann morgen verlassen«, fasst Professor Hahrmacher zusammen, und Jonas' Grinsen wird nun breiter.

Professor Hahrmacher knetet seine Hände, wartet einen Moment, bevor er sein Anliegen vorträgt. Er scheint darauf zu warten, unsere Aufmerksamkeit zu haben.

»Marita? Evangelina? Ich habe noch eine Bitte.« Sein Blick wechselt langsam zwischen den beiden hin und her. »Könnte ich euch bitten«, die Hände kneten weiter unruhig vor sich hin, als wollten sie Mürbeteig

144

geschmeidig machen, »die Illusionen heute Abend und morgen Mittag noch durchzuführen? Es ist wichtig. Wir bestellen euer Boot in jedem Fall. Es geht nur noch um die letzten beiden Illusionen.« Nun blieben die Hände auf dem Esszimmertisch liegen. Genug geknetet. Er wartet ab.

Evangelina zögert, nickt dann. Zwar langsam, aber ein Nicken ist deutlich zu erkennen.

»Nein, mir reichts«, stellt Marita kopfschüttelnd klar.

Professor Hahrmacher starrt sie an. Scheint mit sich selbst zu ringen. Dann lässt er langsam die Luft entweichen, die er vermutlich angehalten hatte. »Wir können niemanden zwingen. Danke dir, Evangelina und dir Marita, dass du bis jetzt mitgemacht hast.« Er scheint seine Ansprache beendet zu haben. Wir werden eines Besseren belehrt. »Noch ein Hinweis.« Er blickt wieder in die Runde. »Heute Abend findet für alle bis auf Marita dann noch ein virtuelles Spiel im Kaminzimmer statt. Findet euch bitte um 17:00 Uhr ein.«

Wieder drückt eine Brille auf meine Schläfen, wieder eine Simulation, dieses Mal ist sie zur Auflockerung gedacht, wie Professor Hahrmacher noch einmal betont hat. Ihm war es wichtig, dass die Gruppe harmoniert und nach dem Schrecken des letzten Tages wieder zusammenfindet. Simone dürfe auch mitmachen, wenn sie möchte. Viel Zeit zur Erholung blieb mir nicht, sondern nur ein paar Minuten in meinem Zimmer, in denen ich Emily angerufen, nur die Mailbox erreicht und sie um einen Rückruf gebeten habe. Ich musste dringend mit jemandem sprechen, der völlig unbeteiligt ist. Meine Gedanken zu alldem hier offen aussprechen. Wenn ich später noch Zeit finde, werde ich Nico fragen, ob er den Mann aus der Simulation und das Kopfsteinpflaster von unserem gemeinsamen Abend auch in der Simulation gesehen hat. Bernd. So hieß der doch, oder? Bernd. Vielleicht war das keine reale Person und ich bilde mir das nur ein. Bernd.

Immer wieder muss ich an diesen Namen denken. An einen Bernd kann ich mich einfach nicht erinnern.

»Isa, halt mal deine Hände auf. Du bekommst jetzt etwas Neues, womit du virtuelle Gegenstände bewegen kannst«, erklärt Jonas und reißt mich damit aus meinen Gedanken.

Vorsichtig strecke ich die Arme aus, die Handflächen nach oben gerichtet. Ich kann sehen, wie Jonas etwas darüber streift.

»Das sind Schlaufen. Wenn du etwas greifen musst, kannst du einfach die Geräte in die Hand nehmen und auf den Knopf unten drücken. Funktioniert wie eine Wasserpistole.«

»Nur ohne Wasser, oder? Alles virtuell.« Evangelinas Stimme dringt direkt in mein Ohr. Sie scheint sehr nah neben mir zu stehen. Ich drehe mich

146

zu ihr um und erkenne durch die Brille ihr Gesicht nur schemenhaft. Sie lacht nicht, streicht sich nichts aus dem Gesicht, fährt nicht mit ihrer Hand die Taille entlang, sondern starrt durch ihre Brille hindurch und macht Wurfbewegungen mit den Armen. Etwas scheint in den letzten Stunden mit ihr passiert zu sein. Für ihre Verhältnisse ist sie erstaunlich still.

Ich schaue durch die Brille, fokussiere das Bild, was sich mir bietet und richte meine Aufmerksamkeit auf eine Kirmesbude, in der an der Rückwand Blechdosen zu einer Pyramide aufgebaut sind. Mich irritiert, dass ich sowohl die virtuelle Welt als auch die reale sehen kann. Als ob zwei Fensterscheiben übereinandergelegt würden. Was mich ebenfalls verunsichert, ist, dass wir diese Studie schon wieder in einem Raum mit Möbeln durchführen. Ich muss Jonas unbedingt noch fragen, was dahintersteckt.

Für dieses Spiel dürfen wir die Brillen benutzen, durch die wir unsere reale Umgebung wahrnehmen können. So wie bei der Illusion aus dem Jahr 1889. Es ist immer noch merkwürdig. Ich sehe das Kaminzimmer, jedoch wird mir direkt vor meinen Augen ein anderes Bild vorgegaukelt. Das von Blechdosen und drei Bällen, die im Raum zu schweben scheinen. Instinktiv ziele ich auf einen der Bälle und drücke den Knopf der Pistole. Virtuell halte ich nun den Ball in der Hand und werfe ihn in Richtung Dosen, in dem ich den Knopf im richtigen Moment loslasse. Mit einem scheppernden Geräusch fallen diese zu Boden. Mich wundert, dass ich das hören kann, da ich mir sicher bin, dass es sich hier um eine Illusion handelt.

»Zwei Versuche hast du noch«, dringt eine computergesteuerte Stimme an mein Ohr. Erst jetzt wird mir bewusst, dass ich einen Kopfhörer trage, aus dem bisher kein Ton gekommen ist.

Ich greife erneut einen Ball, hole aus und werfe. In dem Moment prallt ein Körper gegen meinen. Eine Hand hält mich sanft am Unterarm fest. Der zweite Ball landet auf dem virtuellen Boden.

Ich schreie erschrocken auf.

»Sorry.« Nicos dumpfe Stimme erklingt dicht neben mir, was mich noch mehr zusammenzucken lässt. Ich keuche auf. Der Kopfhörer drückt an mein Ohr, weswegen ich Nicos Wort gedämpft wahrnehme.

»Hab bei dem Spiel das Gleichgewicht verloren«, fügt er seiner Entschuldigung hinzu.

Ja, ist klar, denke ich und sage: »Immerhin habe ich noch einen dritten Versuch.«

»Aller guten Dinge sind drei«, flötet Evangelina. Ihre ebenfalls dumpfe Stimme kann ich wieder besser wahrnehmen. Sie scheint näher gekommen zu sein und vor allem ihre Fassung wiedergefunden zu haben. Oder aber sie spielt ihre Rolle jetzt besser als vorhin, geht es mir durch den Kopf.

Ich will gerade den dritten Ball werfen und drehe mich in ihre Richtung. In der virtuellen Welt kommt ein Kirmesstand zum Vorschein. Pinke Zuckerwatte, auf einem hellen Holzstab gewickelt, ragt mir entgegen. Der süße Duft, den ich so liebe, schleicht sich in meine Nase. Moment mal, wie konnte das sein? Das war doch eine Illusion. Oder bekommen wir gleich von Simone Zuckerwatte serviert? Bei dem Gedanken daran fahre ich mir mit der Zunge über die Lippen.

»Das erinnert mich an etwas.« Nicos Stimme neben mir ist tief und leise. Der Duft von Zedernholz und Eukalyptus überlagert die Zuckerwatte. Er ist jetzt ganz nah.

»Der Abend vor zwei Jahren. Der Clown, der mit der pinken Zuckerwatte auf Stelzen vor uns gelaufen ist und dann umgekippt ist«, entfährt es mir. Mir wird klar, dass ich das erste Mal laut darüber gesprochen habe und schlage mir beschämt mit der Hand vor die Augen. Zu spät stelle ich fest, dass ich noch das Wasserpistolengerät ohne Wasser halte und eine VR-Brille trage. Es scheppert laut, das Gerät entgleitet mir und baumelt an den Schlaufen. Mein Schädel dröhnt.

Nico greift meine Hand, sie ist warm und weich. »Geht es dir gut?«, will er wissen.

»Die Kirmes«, entgegne ich, weil es das ist, was mir hierzu einfällt. »Mir geht es gut und dem Clown ist Gott sei Dank auch nichts passiert. Aber trotzdem.« Ich mache eine kurze Pause.

»Das erinnert mich an die Stände, an denen wir vorbeigelaufen sind. Damals, an dem Abend.«

Nico streicht mir sanft mit dem Daumen über den Handrücken.

Das hier fühlt sich nicht an wie eine Illusion. Es fühlt sich wieder so an wie an besagtem Abend, als wir an der Kirmes vorbei über die rotbraunen Steine geschlendert waren. Hand in Hand.

»Ich weiß«, flüstert Nico. »Mich irritiert das hier auch alles. Erst das Kopfsteinpflaster aus der Simulation von heute Nachmittag. Dann der Mann.«

»Bernd«, sagt Evangelina und überrascht mich damit. Sie ist hier. Dicht bei uns. »Wir waren am gleichen Abend auf der Kirmes. Ich kann mich ebenfalls an den Zuckerwattenclown erinnern. Der mit den Stelzen.« Ihre Stimme ist leise und monoton. Sie fügt hinzu: »Und an Bernd.«

Evangelinas spricht jetzt wieder lauter. Fest. Aber ohne Singsang.

Ruckartig drehe ich den Kopf in ihre Richtung und nehme das Pochen an meiner Schläfe in Kauf, das durch den Schlag vorhin entstanden ist.

»Bernd? Woher weißt du seinen Namen? Hattest du auch die Simulationen hier auf der Insel?« Die Fragen sind schneller über meine Lippen, als ich sortieren kann, was gerade passiert. Leise Musik dringt an mein Ohr. Leierkastenmusik, die von Sekunde zu Sekunde lauter wird.

Genauso.

Wie damals.

Als hätte Bernd nur auf die Nennung seines Namens

150

gewartet, taucht er hinter dem Stand der Blechdose auf. Das ist er nicht, nur eine Simulation von ihm, sein Avatar, rede ich mir in Gedanken Mut zu. Ich blinzle durch die Brille in seine Richtung. Er bückt sich, greift einen Ball und hält ihn mir hin. Die Musik und Bernds Anblick, gepaart mit dem Zuckerwattenduft, der nun doch wieder dominiert, katapultiert mich in die Vergangenheit zurück. Ich wage es, meinen Blick zu senken, und das besagte Kopfsteinpflaster strahlt mir entgegen.

Neben mir höre ich Evangelina hektisch Luft holen. Nico hält meine Hand jetzt fest. Kein drehender Daumen mehr.

»Seht ihr das?«, frage ich die beiden. »Seht ihr, was ich sehe?«

Hey du,
schon wieder Zuckerwatte? Hast du nicht
langsam mal genug davon? Von dem süßen
Zeug sollst du nicht zu viel essen, sonst wird
dir noch schlecht. Ich sage das nicht, um
dich zu ärgern. Ich sorge mich um dich. Du
sollst fit bleiben. Gesund. Knock dich nicht
selbst aus. Ich brauche dich noch. Du sollst es
aufdecken. Das Geheimnis. Oder soll ich lieber
sagen: alle Geheimnisse? Welches hast du,
kleines Zuckerwatte-Träumchen? Kann nur
ich es sehen?
Gib dir Mühe. Finde heraus, was passiert ist.
Dann wirst du es auch sehen.
Ich sehe dich.
Ich sehe, was du siehst.

Kapitel 12

Tag 4

Weiße, bauschige Wolken hängen am Himmel, als ob sie einzeln dort angebracht worden wären. Sonnenstrahlen kämpfen sich durch sie hindurch und wärmen mein Gesicht. Der Rest von mir ist in eine dicke Daunenjacke gepackt, um mich gegen den Wind zu schützen. Ich stehe auf einem Plateau auf den Klippen und warte auf Evangelina und Nico, die gemächlich auf mich zu schlendern. Kies knirscht unter ihren Füßen. Die Influencerin, die im Schlaf gern vor sich hinmurmelt und mit den Zähnen malmt, wie ich seit letzter Nacht weiß, umklammert mit beiden Händen die Kordeln ihrer Kapuze. Nico trägt eine graue Beanie-Mütze auf dem Kopf und hält Evangelinas und seine VR-Brille vor sich an den Bauch gepresst. Schmunzelnd frage ich mich, wie sie es wieder geschafft hat, andere für sich ihre Sachen tragen zu lassen. Bei mir hat es am Anfang unserer Reise ebenfalls funktioniert. Ich drehe an der schwarzen Schraube, die an meiner VR-Brille befestigt ist und betrachte sie genauer. Zum Aufsetzen muss das locker sein, später sollen wir die festziehen, damit wir nichts mehr von unserer Umgebung mitbekommen. Dafür könnten wir heute auf die Kopfhörer verzichten, hatte Jonas erläutert. Die nächste Simulation soll hier draußen stattfinden. Es regnet nicht mehr, daher würden wir das vorziehen, hat Herr Professor Hahrmacher versichert. Auf Nicos, Evangelinas und meine Fragen, die sich durch unsere gestrige Kirmes-Realität ergaben, haben sie nur abgewunken. Wie sich herausstellte, hat das rot-braune Muster des Kopfsteinpflasters aus der Simulation Erinnerungen bei uns dreien wachgerufen. Wir drei waren an dem Abend auf der Kirmes, konnten uns alle an den stolpernden Clown mit der Zuckerwatte erinnern. Und an das Kopfsteinpflaster, was Evangelina in ihrer virtuellen Welt ebenfalls gesehen hat. Wir konnten uns zu dritt keinen Reim darauf machen. Waren uns sicher, dass Bernd und das Kopfsteinpflaster in der Simulation uns etwas sagen sollen. Eine Botschaft. Jonas und der Professor haben uns beschwichtigt. Sie kennen keinen Bernd und die Kirmessimulation gestern wäre nur ein Kennenlernspiel gewesen und hätte nicht viel mit den Studien zu tun, haben sie auf unsere wiederholte Nachfrage beteuert. Das müsse alles ein Missverständnis sein, denn Rouven hätte immerhin keine solche Simulation gesehen. Keinen Bernd. Kein rotbraunes Kopfsteinpflaster.

Ich halte mein Equipment in der Hand und schnaube.

»Wollten die uns veräppeln? Da war eindeutig ein Mann in der Simulation.« Meine Stimme kommt gerade so gegen das Geräusch der Wellen an, die tosend gegen die Klippen branden. Nico neben mir sortiert die Kabel, die wirr in seinen Armen liegen und reicht Evangelina ihre Brille.

»Ich glaub denen kein Wort«, bestätigt Nico meine Gedanken und nickt in meine Richtung.

»Der Glaube versetzt Berge oder wie war das noch?«, flötet Evangelina und fügt ruhiger hinzu »Ich kann mir auch nicht vorstellen, dass Jonas und der Professor nichts davon wissen. Dieser Bernd war nicht zu übersehen, wie ich finde, und jetzt sollen wir diese Höhensimulation machen, als wenn nichts Ungewöhnliches passiert wäre.« Sie zeigt mit der Hand auf den Boden vor uns.

Zwei Holzplatten, die gerade so breit sind wie mein Fuß und mich sehr an die Holzbohlen vom Steg erinnern, liegen im Kies. Ebenso vier große Steine, die ein Quadrat auf dem Boden einfassen. Evangelina setzt sich in Bewegung, läuft das imaginäre Quadrat ab und zählt bei jedem Schritt laut mit. »Fünf«, ruft sie uns über das Tosen der Wellen hinweg zu.

»Dieses Areal ist auf fünf mal fünf Meter abgesteckt.«

»Gut so«, bestätige ich. »Hab gehört, bei so was sind schon viele Unfälle passiert.« Dieser Gedanke löst ein ungutes Gefühl in meinem Magen aus, dass ich beiseiteschiebe, weil Jonas auf uns zukommt. Er trägt einen ausgebeulten, graubraunen Juterucksack, die Schultern sind ihm nach vorn gesackt. »Blödsinn«,

155

sagt er schwer atmend. »Wir würden euch niemals Gefahren aussetzten. Du brauchst das Quadrat nicht abzumessen, Evangelina. Das geschieht nachher von selbst, wenn du durch die Brille schaust. Du erkennst dann eine virtuelle blaue Wand, die du nicht durchschreiten darfst. Ich sage euch doch: Die Studien sind harmlos.«

»Wer es glaubt«, entfährt es mir. Alle Augenpaare sind auf mich gerichtet.

Wenn ich ein Wort finden müsste, das meine Erlebnisse hier auf der Insel zusammenfasst, wäre es ein anderes. Merkwürdig. Irritierend. Angsteinflößend. Auf keinen Fall harmlos.

»Wie meinst du das, Isa? Glaubst du, wir wollen euch Schaden zufügen? Professor Hahrmacher und ich?« Jetzt ist er in unseren abgesteckten Bereich gekommen, streift seinen Rucksack vom Rücken und lässt ihn vorsichtig zu Boden sinken, als wären kostbare Schätze darin.

»Wo ist der überhaupt, dein Professor?« Mit voller Absicht verwende ich dieses Wort. Jonas richtet sich auf. Räuspert sich.

»Er ist nicht mein Professor, Isa. Außerdem hat er wichtige Dinge vorzubereiten und kann nicht bei jeder Studie live dabei sein. Das ist doch kl–«

»Findest du es verwunderlich, dass wir glauben könnten, ihr wolltet uns mit der Studie schaden?«, unterbreche ich ihn. »Wir wurden alle für eine Nacht

156

betäubt, Rouven war verschwunden, jetzt ist er wieder da und hat –« Ich halte inne. Soll ich den dreien von dem Brandmal erzählen? Rouven hatte mich gebeten, das nicht zu tun.

Olle Petze, höre ich wieder Lauras Stimme in meinem Ohr.

»Was hat er?«, will Jonas wissen.

Ich straffe die Schultern, greife in meine Tasche und ziehe ein einzeln verpacktes Mintplättchen heraus.

»Rouvens Verschwinden, dann immer wieder dieser Mann, ob er nun Bernd heißt oder nicht. Das ist schon komisch, oder wie erklärst du –«

»Jetzt fang nicht schon wieder an«, stoppt Jonas mich. »Diesen Bernd müsst ihr euch eingebildet haben.«

»Drei Personen gleichzeitig? Wohl kaum.« Nicos Stimme ist tief und bestimmt.

Ich schiebe mir das Mintblättchen zwischen die Lippen, ziehe es mit der Zunge in den Mund und presse es gegen meinen Gaumen.

Nico hat sich Jonas genähert, ich sehe beide im Profil, ihre Nasenspitzen berühren sich fast. Das Bild von zwei Steinböcken, die sich gegenseitig die Hörner stoßen, kommt mir in den Sinn.

»Was treibt ihr hier für ein Spiel mit uns?« Nicos Blick ist düster, seine Lippen zusammengepresst.

Jonas macht langsam einen Schritt zurück.

»Vorsicht«, mische ich mich nun ein. »Nicht den abgesteckten Bereich verlassen.« Ich schmunzle. Weil

157

ich Jonas' eigenen Worte verwende, um ihn von Nico zu lösen. Weil der Abgrund bestimmt dreißig Meter entfernt ist und keine Gefahr lauert. Weil ich das Gebaren der beiden albern finde.

Jonas bückt sich nach dem Rucksack. Während er sich wieder aufrichtet, greift er Evangelina am Arm. »Komm mit«, befiehlt er.

Sie löst sich von ihm, einen Zeigefinger tadelnd vor sich hin und her schwingend. »Mein lieber Freund, fass mich nicht so grob an. Ich entscheide selbst, wo ich hingehe«, protestiert sie.

Jonas sucht meinen Blick und hält ihn verschwörerisch fest, dann dreht er sich wieder zu ihr und hält entschuldigend beide Handflächen in die Höhe. »Du kannst selbstverständlich selbst bestimmen, ob du diese Simulation machst.« Er schaut noch mal in Nicos und meine Richtung, hebt die Augenbrauen, als wolle er uns damit sagen: Seht ihr, alles ganz freiwillig.

»Aber wenn du sie machst.« Abwartend, ob Evangelina noch etwas entgegnen will, scheint er nun jedes Wort genau abzuwägen. »Bekommst du eine Instruktion von mir. Die anderen beiden.« Jonas zeigt auf Nico und mich. »Habe ich vorhin schon eingewiesen. Ihr könnt loslegen, und das mit dem abgesteckten Bereich«, er deutet auf den Boden, »seht ihr wie besprochen in der Simulation. Das ist mit einem blauen Raster wie eine Wand hinterlegt.« Mit diesen Worten dreht er sich weg und folgt Evangelina, die selbstbewusst vorgegangen war.

Neugierig setzte ich die Brille auf. Die virtuelle Realität, die ich jetzt erkennen kann, suggeriert mir, ich würde auf einem Wolkenkratzer in New York auf einem herausragenden Steg stehen. Wie auf einem Sprungturm. Die Spitze des Empire State Building ragt einige Meter vor mir auf. Ich schließe die Augen, will mich für einen Moment sammeln, bis ich bereit für diese Erfahrung bin.

Jetzt, wo ich das Meer, die Klippen und den Holzsteg nicht mehr sehen kann, nehme ich alle anderen Sinne viel intensiver wahr. Wind streift meine Nase, meine Wangen. Ich atme tief ein, um mich für das, was folgt, zu wappnen, wobei mir der salzige Duft des Meeres in die Nase strömt. Das tosende Geräusch, das die Wellen beim Aufprall von sich geben, scheint nun lauter, kraftvoller, intensiver zu sein als noch vor ein paar Minuten. Selbst der weiche Kies unter meinen Sneakern fühlt sich anders an. Ich setzte vorsichtig einen Fuß auf den Steg, der vor mir auf dem Boden liegt. Das weiß ich noch. Ich kann ihn mit der dünnen Sohle ertasten. Nun folgt der zweite Fuß.

Ich öffne wieder die Augen, sehe durch die Brille eine Schlucht aus Hochhäusern. Unwillkürlich probiere ich aus, was ich hier entdecken kann, drehe den Kopf nach rechts und erkenne in ein paar Metern Entfernung das blaue Raster, das Jonas meinte. Bis hierhin darf ich mich also bewegen. Mein Blick nach unten lässt mich lächeln. Es wird mir hier suggeriert, ich würde auf einem Hochhaus stehen und ein Steg rage in den blauen Himmel hinein. In ein azurblaues Nichts. Neben mir der Abgrund. Interessant. So etwas habe ich noch nie gemacht. Neugierig und so vorsichtig wie möglich, hebe ich den Fuß an und will ihn einfach nur vor den anderen setzen. Ein Windhauch lässt mich wanken. Einen Fuß in der Luft, den anderen auf dem Steg, strecke ich die Arme aus, um Balance zu finden. Die Hochhäuser vor mir im Blick. Rechts und links neben mir geht es in die Tiefe.

»Gar nicht so einfach, das Gleichgewicht zu halten«, entfährt es mir. Zarte Wassertropfen werden vom Wind in meine Richtung getragen und sammeln sich auf meiner Nase.

Völlig eingenommen von dieser Illusion senke ich wieder den Kopf und bin fasziniert über den Anblick, der sich mir bietet.

In unendlicher Tiefe erkenne ich gelbe Taxis, als wären es Spielzeugautos. Zwischen den Hochhäusern schlängeln sich weitere Fahrzeuge und Menschen, die wie Ameisen aussehen. Die Arme immer noch ausgestreckt, wage ich noch einen Schritt.

»Endlich mal eine coole Illusion«, lobe ich in die vermeintliche Stille hinein.

Nicos heftiges Ein- und Ausatmen, das auf einmal lauter ist, lässt mich erkennen, dass ich seine

160

Anwesenheit für ein paar Minuten ausgeblendet haben muss.

»Alles in Ordnung?«

Er antwortet nicht. Atmet schwer weiter. Der Rhythmus ist jetzt nicht mehr gleichmäßig.

»Was ist los?« frage ich erneut.

Die Atemgeräusche werden noch lauter, tiefer.

»Nico? Bist du noch da?« Ich mache einen weiteren Schritt auf dem Holzsteg, der mich so fasziniert. Es scheint, als stünde ich tatsächlich auf einem Holzplateau in New York.

Wind zerrt an mir, ich lasse die Arme weiter ausgesteckt. Das hier fühlt sich interessant an. Neu. Unbekannt. Aufregend. Faszinierend.

»Isa?« Zaghaft dringt Nicos Stimme an mein Ohr. Mein Name aus seinem Mund lässt mich zusammenzucken.

»Ich bin direkt neben dir. Das ist eine Simulation, Nico. Genau wie die anderen auch.«

Er zieht scharf die Luft ein. »Ich kann das hier nicht, Isa. Ich muss abbrechen.«

Unter mir fahren die Taxis weiter.

»Mit dem Gedanken habe ich auch schon gespielt. Aber wir haben gestern abgestimmt, und ich habe mich dafür entschieden, nicht aufzugeben und das hier durchzuziehen. Du hast übrigens auch dafür gestimmt zu bleiben«, erinnere ich ihn und will im nächsten Moment die Worte zurücknehmen. Sie

161

hören sich arrogant an. So, als würde ich über ihn bestimmen wollen.

Besserwisser – Alleswisser, tönt wieder Lauras Stimme in meinem Kopf.

»Entschuldige, so sollte das nicht klingen«, bringe ich hervor. Plötzlich wird mein Körper von einer Windböe mitgerissen. Ich schwanke. Kann kaum das Gleichgewicht halten.

»Das meine ich nicht, Isa. Ich habe ...«

Auf einmal erklingt ein dumpfes Geräusch, wie nach einem Aufprall, dann ein metallisches Scheppern.

Erschrocken zucke ich zusammen, die Windböe erwischt mich.

Ich sehe nach unten. In den Abgrund. Und Falle.

In unendliche Tiefen.

Scheinbar.

Meine Schulter trifft auf den kalten, feuchten Kiesboden, und ich versuche mich abzurollen. Der grobe Kies knatscht unter mir. Ruckartig reiße ich die Brille vom Kopf und sehe Nico auf dem Schotter neben mir liegen. Seine Beanie-Mütze umklammert er mit einer Hand so fest, dass die weißen Stellen an seinen Fingerknöcheln deutlich hervortreten. In der anderen Hand hält er die Brille. Er atmet schwer. An seiner Schläfe bahnt sich eine Schweißperle ihren Weg Richtung Kinn. Mit glänzenden Augen, zerzausten Haaren und dem Teint eines Geistes setzt er sich vor mir auf die Holzbohle.

Ich tue es ihm nach und überschlage meine Beine zum Schneidersitz. Vorsichtig streiche ich mit der Hand über sein Knie.

»Was ist los?«

Er blickt zu mir auf. »Ich habe«, er schluckt fest, »meine Höhenangst unterschätzt.«

Wir sitzen nun schon eine Weile hier schräg gegenüber auf dem Holzsteg, der nur ein Paneel ist und uns suggerieren sollte, dass wir von einem Hochhaus wie schwerelos schweben und ins Nichts laufen. Simone und Rouven machen eine ähnliche Übung. Ich kann sie in einigen Metern Entfernung erkennen. Simone hat gestern Abend darum gebeten, auch mal eine Übung zu absolvieren. Damit sie wüsste, worüber wir sprechen. Nach einiger Diskussion hat der Professor zugestimmt.

»Wo ist deine Münze?«, will ich von Nico wissen. »Die kann dir gegen Höhenangst helfen. Du hast mir damals erzählt, die hätte dir bis jetzt in fast allen brenzlichen Situationen geholfen.« Ich zögere. Traue mich dann doch zu fragen. »Oder war das deine Masche? Um mich anzugraben?«

Hektisch wühlt er in seiner Jacke, öffnet einen Reißverschluss und lässt dann einen silberfarbenen runden Gegenstand in seine Hand gleiten.

»Masche? Das ist Unsinn.«

Er lässt die Münze langsam zwischen seinen Fingern hindurch wandern, was er damals schon gern getan hat. Es scheint ihn zu beruhigen. Neugierig blickt er zu mir auf.

»Isa, sag mir, wie du damals empfunden hast. Vor zwei Jahren. An dem Karaokeabend.«

Schweigend blicke ich zum Horizont und beobachte das Farbenspiel, das mir das Licht bietet, was sich durch die vereinzelten Wolken kämpft und sich im tosenden Wasser spiegelt. Ich schlucke. Drehe mich wieder zu ihm und blicke ihm direkt in die Augen, die mir jetzt größer vorkommen. Er muss herangerückt sein.

»Du meinst die Kirmes? Das Kopfsteinpflaster?« Ich lehne mich nach vorn, suche jetzt selbst meine Tasche ab. Nicht nach einer Münze, sondern nach dem Mintplättchen.

»Ich verstehe, was du meinst«, plappere ich weiter und suche weiter. »Diese Bilder, die uns hier gezeigt werden. Dann dieser Bernd.« Ich mache eine Pause und werde kurz abgelenkt, weil mich Simone in weiter Ferne an mich selbst erinnert. Wie sie da steht, mit weit ausgestreckten Armen und mit Brille auf dem Kopf einen Fuß vor den anderen setzt. Irgendetwas ist anders bei ihr. Der Holzsteg fehlt und die Abtrennung durch die Steine auch. Aber die ist ja in der Simulation.

»Bernd?«, erinnert mich Nico daran, dass ich ihm noch etwas mitteilen will.

»Dieser Bernd irritiert mich sehr.« Ich blicke Nico an. Er bestätigt mich mit einem kaum merklichen

Nicken. »Ich habe das Gefühl, wir alle sind hier nicht rein zufällig«, füge ich hinzu. Wieder ein Nicken. Dieses Mal mit noch weniger Bewegung, aber ich kann es erkennen. »Das macht mir Angst«, flüstere ich und nestle weiter an meiner Jacke. Frustriert höre ich auf zu suchen, verschränke die Arme vor der Jacke und beobachte Simone weiter dabei, wie sie gegen den Wind und die vorgegaukelte Simulation ankämpft.

Es raschelt, Nico hat sich von mir entfernt. Er murmelt etwas, was ich gegen das tosende Krachen der Wellen nicht genau vernehmen kann. Dann wird es wieder warm neben mir, ich spüre seinen Körper, seine Knie an meine.

»Suchst du die hier?«

Eine Packung Mintplättchen schiebt sich mit Nicos Hand in mein Sichtfeld. Es ist nicht irgendeine Box, sondern die kleine Reisepackung, von der ich ihm damals erzählt habe. Die Ration, die für Notfälle ausreichen muss und im Zweifel auch verputzt werden darf, wenn kein Notfall besteht.

Ich fange seinen Blick ein und erwidere sein amüsiertes Lächeln. Immerhin scheint er sich von seiner Höhenangst-Simulation erholt zu haben.

»Du erinnerst dich?«, traue ich mich die Frage zu stellen. Eine andere liegt mir mehr am Herzen. Den Mut, sie ebenfalls zu stellen, habe ich nicht. Noch nicht. Mit einer fließenden Bewegung löse ich das Plättchen von der Verpackung und lasse es in meinem Mund verschwinden.

Nico hält mir seinen Beanie hin und legt demonstrativ seine Münze und zu guter Letzte die Packung Mintplättchen hinein.

»Mintplättchen und Münze als Survival-Kit?« Er schmunzelt. »Wie könnte ich das vergessen.«

Schlagartig kommt mir das Bild vor zwei Jahren in den Sinn. Nach unserem gemeinsamen Karaokesingen war eine Frau auf die Bühne getreten und hat ihren Papageien mitgebracht. Exakt so einen Vogel, wie ich ihn in meiner ersten Simulation bei meiner Ankunft auf dem Boot gesehen habe. Nur, dass dieser damals echt war. Das rot-blaue Gefieder hatte uns regelrecht entgegen gestrahlt. Die Frau hat das Mikrofon vom Ständer gelöst und uns erklärt, sie würde ohne ihren Papageien Enrico auf keine Bühne gehen. Nicht, weil sie sonst nicht singen könnte, denn das wäre kein Problem, hat sie selbstbewusst erläutert. Sondern, weil er ihr Sicherheit gab. Das wäre komisch, hat sie erklärt, weil Enrico nur einen Satz könne, aber aus manchem könne sie sich selbst keinen Reim machen.

»En-ri-co kann nur einen Satz«, hat dieser auf der Bühne ins Mikrofon gekrächzt und damit einen Widerhall und ein hohes Piepen, das mir durch Mark und Bein ging, ausgelöst.

Ich habe damals angesichts dieses grotesken Dialogs und des merkwürdigen Bildes dieser Frau und des Papageis auf der Bühne laut lachen müssen. Nico hat mit eingestimmt. Wir haben uns an den

Tresen verzogen, ein paar Drinks bestellt und uns über die Frau amüsiert. Sie hat alles so selbstbewusst vorgetragen, dass ich ihr geglaubt habe.

»Was gibt dir Sicherheit?«, hat Nico mich interessiert gefragt. Ich habe abgewartet und das Ganze für einen Scherz gehalten. Er kannte mich noch nicht. Wieso wollte er so etwas Persönliches von mir wissen? Er schien mein Zögern richtig zu interpretieren, zog seine Beanie-Mütze aus dem Hoodie, hielt sie so vor uns, als ob er gerade aufgetreten wäre und nun Geld beim Publikum sammelt. Dann machte er eine weitere ausladende Geste und legte behutsam die silberne Münze, die mir durch das Scheinwerferlicht auf der Bühne deutlich entgegen blinkte, in die Beanie-Mütze.

»Die Münze erinnert mich an meinen Freund Sebastian«. Er schluckte. »Es ist eine lange Geschichte.« Wieder ein Schlucken. »Irgendwann erzähl ich sie dir.« Ein unsicherer Blick zur Bühne. »Aber nicht jetzt.«

Angetrieben von den Worten legte ich ebenfalls etwas Kleines in die Beanie.

»Schokolade?«, fragte er.

Kopfschüttelnd korrigierte ich ihn. »Es ist nicht irgendeine Schokolade, die mir Sicherheit gibt.« Neugierig warf er einen weiteren Blick in seine Mütze und hob eine Augenbraue.

»Mintplättchen? Warum ausgerechnet Mint–«

»Nicht jetzt«, wiederholte ich seine Worte, »lange Geschichte«.

167

Jetzt und hier auf der Anhöhe, umgeben von Wellen und Wind, kommt mir die Beanie mit der Münze und dem Mintplättchen grotesk vor.

»Ich erinnere mich«, gibt Nico zu und greift nach dem Mintplättchen. »Darf ich auch eins?«

Schmunzelnd nicke ich. Er hatte sie doch mitgebracht. Ich nehme mir ein weiteres aus der Packung und schließe die Augen, um die Geschmacksexplosion in meinem Mund voll und ganz zu genießen. Nicos Atem streift meine Wange. War er wieder näher gerückt?

»Isa«, setzt er an. »Ich muss dich was fragen.«

»Bist du wegen mir hier?«, finde ich endlich den Mut, diese Frage zu stellen. Es konnte nur so sein, wenn er sich an mich und an den Abend, sogar an das Mintplättchen erinnert. Und an Bernd. An das Kopfsteinpflaster, ergänzt Lauras Stimme in meinem Kopf.

»Würdest du mich dann für einen Stalker halten?«, beantwortet er meine Frage mit einer Gegenfrage.

»Warum bist du damals einfach so gegangen?« In diesem Spiel bin ich unangefochtene Königin. Gegenfragen sind mein Spezialgebiet. Er war nur für eine Nacht geblieben. Am nächsten Morgen war er weg. Einfach so.

»Isa, ich musste arbeiten. Hab dir eine Nachricht hinterlassen. Hast du die nicht gesehen? Das Wasser, das –«

Abrupt hält er inne. Gewarnt öffne ich die Augen und erkenne ebenfalls Wasser. Das ist es nicht, was mich aufspringen und rennen lässt. Meer und

168

Wellenrauschen habe ich hier erwartet. Nicht Simone, die gefährlich nahe am Abgrund steht. Sie trägt immer noch die Brille. Ist nur noch wenige Schritt davon entfernt, von den Klippen zu fallen. Hinab in die Tiefe. Ins Wasser, was sie verschlingen würde. Falls sie diesen Sturz überlebt. Wo war Rouven hin? Während ich zu Simone renne, suche ich den Platz nach ihm ab, er ist nirgends zu sehen. War er gesprungen? Nico ruft meinen Namen, dass ich nicht springen soll und er Hilfe holen würde. Das nehme ich nur am Rand wahr. Was zur Hölle ist hier los? Hieß es nicht, dass die Simulationen harmlos seien? Dass das Territorium abgesteckt sei? Dass nichts passieren könne? Hektisch setze ich einen Fuß vor den anderen. Halte Simone im Blick, die genau das auch tut. Einen Schritt vor den anderen setzt. Ich schreie ihren Namen, den sie nicht zu hören scheint. Sie geht immer weiter auf den Abgrund zu. Endlich habe ich sie erreicht, packe sie an der Schulter, will sie aufhalten.

»Simone, stopp!«, rufe ich in ihr Ohr.

Ein erschrockener Laut entfährt ihr. Sie stößt mich von sich. Ich falle.

Spitze Steine streifen mein Bein und meine Hände, auf die ich mich während des Sturzes aufgestützt habe. Ich schreie auf. Knirschender, kalter Schotter umgibt meinen Körper. Auf den Boden gepresst und erleichtert darüber, nur auf den Boden gestürzt zu sein, öffne ich die Augen. Staune. Kann nicht glauben, dass das hier gerade wirklich passiert. Ich sehe sie. Am Rand der Klippe. Nur noch ein Schritt. Dann passiert es. Ich kann es nicht mehr verhindern.

Wie in Zeitlupe gleitet ihr Körper über den Rand der Klippe. Ein Schrei, der mit jeder Sekunde leiser wird, begleitet von einem klatschenden Geräusch, dringt in mein Ohr.

Soll ich es ihr nachtun? Soll ich springen? Ihr helfen? Würde ich dieses waghalsige Manöver überleben? Diese Fragen schlagen Purzelbäume in meinem Kopf. Ich kann sie nicht mehr sortieren, nicht mehr überlegen. Dann treffe ich eine Entscheidung.

Hey du,
manchmal passieren Dinge, die nicht geplant
sind. Manchmal muss man Dinge tun, die
man nie tun wollte. Manchmal tut man sie
trotzdem und weiß nachher nicht, ob es
richtig oder falsch war.
Du kannst dich nicht drücken, du musst eine
Entscheidung treffen.
Immer.
Denn wenn du es nicht tust, wenn du abwägst,
grübelst, stundenlang die Waagschale hin
und her schiebst, dann hast du bereits eine
Entscheidung getroffen. Die Entscheidung, es
nicht zu tun.
Manchmal werden dir Entscheidungen
abgenommen. Heute nicht. Heute liegt sie bei
dir.
Nur du weißt, wie sich das anfühlt. Nur du
weißt, wie schwer das ist.
Niemand sonst kann es wissen. Niemand sonst
kann es sehen.
Nur ich.
Ich sehe dich.
Ich sehe, was du siehst.

Kapitel 13

Simone wedelt mit den Armen. Wild und unkoordiniert. Kann ihren Kopf nicht lange über Wasser halten. Von hier oben sieht sie aus wie ein Insekt im Wasserglas, das sich befreien will.

Wieder nehme ich Nicos Stimme wahr, aber höre nicht, was er sagt. Das Tosen der Wellen ist zu laut. Ich weiß nicht, was mich dazu bringt, meine Schuhe auszuziehen und mein Handy auf den Schotter zu werfen. Ich weiß es einfach nicht, denn solche Situationen habe ich nie simuliert. Man wird auf so vieles im Leben vorbereite und weiß intuitiv, wie man sich richtig verhält. Hierauf hat mich niemand vorbereitet. Mein Name erklingt wieder. Ich achte nicht darauf. Schaue nicht nach unten. Richte meinen Blick auf das Nichts vor mir. Wie vorhin in der Simulation. Die mit den Hochhäusern. Das hier ist echt, wird mir klar, während ich die Haftung des Bodens unter meinen Füßen verliere und einen kalten Lufthauch entlang meines Körpers wahrnehme. Die Arme eng an meine Seiten gepresst, die Augen zusammengekniffen, warte ich auf den Aufprall.

Kaltes Wasser umgibt mich, Luftblasen sprudeln vor mir und vollführen einen eigenartigen Tanz. Die Stille, die nun von mir Besitz ergreift, beruhigt mich nicht.

Im Gegenteil, sie macht mir Angst. Der Sauerstoff in meiner Lunge hält nicht mehr lange an. Rhythmisch bewege ich meine Beine und halte auf die Oberfläche zu, wie ich es gelernt habe. Wasser dringt in meine Nase, die ich für einen Moment nicht geschlossen halten kann. Ich zerquetsche sie fast mit Daumen und Zeigefinger und schnappe nach Luft, als ich an der Oberfläche ankomme. Endlich durchströmt Sauerstoff, den ich gierig einsauge, meine Lunge. Ich konzentriere mich auf Simones zappelnden Körper, der einige Meter neben mir treibt und mit jedem Schaukeln der Wellen weiter von mir weg zu driften scheint.

»Simone?«, rufe ich gegen das Tosen an. Die Welle, die sich vor mir meterhoch aufbaut, haben weder ich noch Simone erwartet. Sie treibt mich immer mehr von ihr weg. Ihr Kopf, den sie für einen kurzen Moment über der Oberfläche halten kann, taucht wieder unter. Ihre rudernden Arme entfernen sich von mir. Kaltes Wasser schwappt mir entgegen, ich öffne den Mund, will schreien, doch die salzigen Wellen umspülen meinen Gaumen. Verzweifelt spucke ich den Großteil des Salzwassers wieder aus. Schreie aus vollster Kehle über die tosenden Wellen hinweg. »Hilfe!« Ich drehe meinen Kopf, erkenne einen schlanken Körper am Strand. »Hilfe!«

Das kalte Wasser, die Wellen, das alles habe ich schon einmal erlebt. Damals im Urlaub. Ich habe salziges Wasser geschluckt, nach Luft gejapst, dagegen angekämpft, bis ich einen Krampf in der Wade bekommen habe.

»Das Meer ist unberechenbar«, hatte die Rettungsschwimmerin, die mich damals aus dem Wasser gefischt hat, erklärt. »Man darf es nicht als Feind betrachten. Nicht dagegen ankämpfen.«

Dieser Satz kommt mir jetzt wieder in den Sinn. Jetzt in dem Moment, wie Simone mit dem Leben kämpft und sich mit jeder Welle weiter von mir entfernt, wird mir klar, was ich tun muss.

Entspannen. Ruhe bewahren. Mit den Wellen gleiten wie ein Surfer, der das Meer nicht als seinen Feind, sondern als seinen Freund betrachtet. Mit dem Strom schwimmen, auch wenn das für manche nicht sehr leicht sei, hat mir die Rettungsschwimmerin damals mit spitzbübischem Lächeln erklärt.

Die nächste anbahnende Welle im Blick, halte ich die Arme locker neben mich. Lasse mich treiben. Raus aus dieser verhängnisvollen Strömung. Presse Augen und Mund zusammen. Nehme aktiv das Meer wahr. Richte meinen Geist auf die Strömung und das kalte Wasser, das jetzt meinen Körper umspielt. Es sind nur ein paar Sekunden. Kurze Augenblicke, die ich mich überwinden muss, etwas zu tun, was genau entgegen dem steht, was ich eigentlich will. Simone helfen. Die ist in der anderen Richtung zu erkennen. Strampelt immer noch. In einigen rhythmischen Schwimmbewegungen gleite ich unter Wasser zu ihr. Halte sie fest.

174

»Simone?« Ich packe sie in den Griff, den ich damals bei den Rettungsschwimmern gelernt habe. Das sollte mir nicht noch einmal passieren. Es ist mir schon einmal passiert. In einem anderen Leben, wie es sich anfühlte. Ich wollte endlich gewappnet sein. Daher habe ich einen Rettungsschwimmerkurs absolviert.

»Hörst du mich? Ich bin hier, Simone.« Mein Atem geht schwer. Ich muss weniger reden, mir meine Kraft einteilen. Meine Kleidung hat sich komplett mit eiskaltem Wasser vollgesogen und zieht an mir. Scheint mich immer weiter in die Tiefe mitreißen zu wollen. Ich muss standhaft bleiben.

Ein Husten dringt aus Simones Mund. Sie zappelt immer noch wild mit Armen und Beinen.

»Entspann dich«, fordere ich sie auf.

Mit gleichmäßigen Schwimmzügen, Simone auf mir liegend, den Mund über Wasser, den ich so halte, damit sie nicht noch mehr Wasser schluckt, bewegen wir uns langsam auf das Ufer zu. Zu langsam, wie mir scheint. Jede Bewegung ist ein Kraftakt. Wie vor einigen Jahren bei der Rettungsaktion im Meer macht sich ein Krampf in meiner Wade bemerkbar. Er bahnt sich langsam an. Simone, die immer noch auf meinem Oberkörper treibt, hustet weiter. Ihr stetiges Husten und das Tosen der Wellen liefern sich einen Wettkampf um das lauteste Geräusch. Wenigstens hält sie mittlerweile die Arme locker im Wasser. Sie muss mich verstanden haben. Der Krampf in der

Wade wird stärker, schmerzt. Ich versuche, das Bein zu strecken, aber mir fehlt eine feste Unterlage, um ihn zu lösen. Lange kann ich das nicht mehr durchhalten. Hilfesuchend drehe ich meinen Kopf in Richtung des Strandes und bin erstaunt über den Anblick, der sich mir bietet.

Eine Person krault auf mich zu. Eine Person, die eloquent mit schnellen Bewegungen direkt auf mich zu schwimmt, immer wieder den Kopf über Wasser hält, nach Luft schnappt. Rhythmisch und gleichmäßig. So, als hätte sie das schon unzählige Male gemacht.

»Halte durch, Isa. Ich lös dich ab«, erklingt Evangelinas laute Stimme, als sie mich fast erreicht hat.

Simones Körper ist träge geworden. Scheint mit jeder Sekunde, die Evangelina braucht, uns zu erreichen, immer schwerer zu werden. Ihr Gewicht lastet auf mir wie ein Sack Kohle, der mich unter Wasser drückt.

Mit einer schnellen Bewegung ist Evangelina bei mir.

»Ich kann sie nicht mehr halten, ein Krampf in meiner Wade«, japse ich.

Sie greift Simones Körper, drapiert ihn auf ihrem eigenen, so wie ich es getan habe.

»Gleich geschafft«, richtet sie sich an unsere Haushälterin. »Nur noch ein paar Minuten, dann sind wir an Land.«

Die Last löst sich von mir und macht der Erleichterung

176

Platz. Es ist nicht nur die Last von Simones Körper, die von mir genommen wurde. Sondern auch die der Verantwortung. Die Last, in einer Notsituation, in der man nicht viel nachdenken kann, richtig zu handeln.

Evangelinas feste Stimme ist jetzt kein Singsang mehr, wie ich es kenne. Sie spielt wieder keine Rolle. Hier, im kalten Wasser, das uns hin und her schaukelt wie Eiswürfel im Cocktailglas, ist sie sie selbst. So wie ich auch. Merkwürdig, dass einem in den unmöglichsten Momenten die unmöglichsten Gedanken kommen.

»Alles in Ordnung, Isa?«, fragt Evangelina nun über die Schulter hinweg.

»Bis auf den Krampf geht es«, rufe ich in ihre Richtung.

Mit einer fließenden Bewegung schwimmt sie auf mich zu, hält meinen Arm.

»Ich strecke jetzt mein Bein aus und du drückst deins dagegen. Nicht nachdenken, Isa.«

Ihre langen, dunklen Haare kleben ihr nass am Kopf. Während ich ihren Anweisungen folge, löst sich allmählich der Krampf.

Wir fallen in den nassen Sand, legen Simone behutsam vor uns ab.

»Wo bin ich?«, fragt sie. Erleichterung macht sich in mir breit. Simone spricht. Sie lebt.

»In Sicherheit«, antworte ich. »Du bist in Sicherheit.«

Sie trägt immer noch die VR-Brille, was mir jetzt erst richtig bewusst wird. Wie konnte das passieren? Wie konnte diese harmlose Übung, wie Jonas und der Professor betont haben, uns solchen Gefahren aussetzen? Oder gehörte das hier zum Experiment dazu? Durch meine Zeit an der Uni weiß ich, dass Forschungsexperimente nie die Probanden in Schwierigkeiten bringen. Das ist ausgeschlossen. Eigentlich. Auf dieser Insel war seit vier Tagen nichts normal.

Evangelina beugt sich über Simone, die tief und schwer atmet.

Sie lauscht.

»Sollen wir sie wiederbeleben?«, will ich wissen.

»Das hab ich mal gelernt. Man muss die Arme ausstrecken, damit die Kraft wie ein Hebel wirkt. Ungefähr so.« Die Worte sprudeln aus mir raus. Ich mache es Evangelina vor und will gerade ansetzen, als mich eine tiefe, warme Stimme abhält.

»Sie lebt, Isa. Wiederbelebung ist nicht mehr notwendig. Ihr habt sie gerettet«, fasst Nico zusammen. Er muss geistesgegenwärtig zum Strand gekommen sein, nachdem er meinen Sprung mitverfolgt hat. In Nicos Hand leuchtet mir rot ein Notfallkoffer mit weißem Kreuz entgegen.

»Wir brauchen eine Wärmedecke. Bete, dass die da drin ist.« Evangelina zeigt auf den Koffer, den ich mit zitternden, klammen Fingern öffne und ein knisterndes goldbeschichtetes Etwas zutage fördere.

Ich reiche es ihr, die Decke weht wie eine goldene Flagge im Wind.

»Die anderen sind informiert.« Nico hilft Simone auf.

»Wieso bist du nicht gesprungen?«, will ich wissen. »Wo ist Rouven?«

»Das habe ich dir vorhin noch entgegengeschrien, Isa. Ich wollte Hilfe holen, weil es nicht viel geholfen hätte, wenn wir zu zweit gesprungen wären.« Er räuspert sich.

»Rouven geht es gut. Ihm wurde schlecht, er hat die Simulation abgebrochen.«

»Ihr habt mir das Leben gerettet«, unterbricht Simone unser Gespräch und lenkt meine Aufmerksamkeit auf sie. Eingehüllt in die goldene Decke blickt sie nacheinander in unsere Gesichter. Scheint uns abzusuchen. Ich erkenne etwas in ihrem schmerzverzerrten Blick. Irritation, die dann etwas anderem weicht. Erleichterung. Dankbarkeit. Sie richtet sich auf.

»Danke«, presst sie hervor. Zu viert stehen wir auf.

Sie stützt sich ab. Sackt zu Boden. Erst da bemerke ich das Blut, das aus ihrer klaffenden Wunde am Bein tropft. Nicht stark, wahrscheinlich wegen der Unterkühlung, aber es tropft. Geistesgegenwärtig klappe ich den Notfallkoffer zu.

»Wir müssen das desinfizieren und verbinden. Am besten drinnen.« Ich deute nach oben auf die Villa, die schemenhaft zu erkennen ist. »Hier draußen besteht Infektionsgefahr. Es ist zu sandig. Zu windig.«

»Schaffst du das noch?« fragt Evangelina und erntet ein mattes Nicken. Zu mehr scheint Simone nicht fähig zu sein. Wir heben sie zu zweit hoch und stützen sie. Nico hält die wehende Decke an ihren Körper gepresst, mit der anderen Hand trägt er den Notfallkoffer. Zitternd steuern wir auf die Villa zu, ins Warme. Der Professor, Marita, Jonas und Rouven kommen uns entgegen. Rouven geht es gut. Gott sei Dank. Der Professor sieht anders aus als sonst. Als würde ihn etwas belasten. Ist das Reue, die ich in seinem Gesicht lese? Schlechtes Gewissen? Ich schüttele den Gedanken ab. Wir müssen uns erst mal um Simone kümmern.

»Geht schon mal vor«, rufe ich.

Mit der verschwindenden Anspannung fällt mir auf, dass auch mein Körper eiskalt ist. »Wir versorgen sie im Kaminzimmer«, entscheide ich kurzerhand mit brüchiger Stimme und klappernden Zähnen. »Macht schon mal den Kamin an. Sie braucht Wärme.«

Knisterndes Feuer hat mich schon immer fasziniert. Nicht nur das Knacken und Zischen. Nicht nur das Farbenspiel aus Gelb- und Orangetönen. Nicht nur die zündelnde Flamme, die das schwere Holzscheit umspielt. Auch die wohltuende Hitze, die mir beim Anblick des Kaminfeuers entgegenströmt. Ich reibe meine klammen Hände gegeneinander und halte sie mit etwas Abstand gegen das Feuer. Mit jedem Atemzug strömt ein Gefühl durch meinen Körper, das sich wie die Wärme der Flamme in jede Zelle auszubreiten scheint.

Erleichterung.

Darüber, Simone gerettet zu haben.

Darüber, die Situation gemeistert zu haben und so souverän damit umgegangen zu sein, wie es mir möglich war. Nicht wie früher, als ich völlig unbeholfen zugeschaut habe, wie ein Körper im Wasser von mir wegdriftet. Den ich nicht retten konnte. Ich will nicht daran denken, sondern konzentriere mich auf das Knacken des Feuers, auf die wohltuende Wärme, die mir langsam ins Gesicht steigt und mir meine Müdigkeit durch die anstrengende Aktion vor Augen führt.

»Du hast ganz rote Wangen.« Nicos raue Stimme neben mir reißt mich aus der Trance. Lächelnd hält er einen Korb mit aufeinandergeschichteten Holzscheiten in der Hand und kommt mir mit seinem rot-weißen Flanellhemd mit grobem Muster wie ein Holzfäller vor. So wie Evangelina und ich hat auch er geduscht und sich umgezogen, nachdem wir wie drei panierte Schnitzel vom Strand mit Simone zurückgekehrt waren. Ich zeige auf die mit Stuck verzierte Decke des Kaminzimmers.

»Geht es ihr gut?« Natürlich meine ich nicht die Decke, sondern Simone, die in ihr Zimmer gebracht wurde, nachdem Marita, der Professor und Jonas ihre Wunden versorgt haben.

181

»Es ist nicht schlimm«, beantwortet Evangelina, die mit wippendem Gang den Raum betritt und eine süß riechende Duftwolke hinter sich herzieht, meine Frage.

»Professor Hahrmacher sagt, es sei alles in Ordnung. Sie muss sich ausruhen.« Evangelina setzt sich auf das braune Sofa und schlägt grazil die Beine übereinander.

Nico nimmt ihr gegenüber Platz. Ich bleibe am Kamin stehen, direkt neben dem metallenen Schürhaken. Ich kann mich noch nicht von der wohltuenden Wärme trennen.

»Meint ihr?«, setzt Nico an.

Ich erkenne ein Zögern in seiner Stimme. Seine Augen huschen zwischen Evangelina und mir hin und her.

»Ist das wohl Teil des Experiments?«, traut er sich doch, die Frage laut auszusprechen.

»Den Gedanken hatte ich auch schon. Was wäre, wenn die uns belogen haben?« Jetzt werde ich mutig und spreche zum ersten Mal seit Tagen meine Vermutung laut aus. Jonas und der Professor sind nicht hier. Nur Nico, Evangelina und ich.

»Be-lo-gen?« Evangelina dehnt das Wort. Betont jede Silbe, fixiert meine Augen mit ihrem Blick. Schnalzt mit der Zunge.

»Was wäre«, Ich setzte mich in den Schneidersitz auf den Boden, seitlich des Kamins, »wenn es hier nicht um Eyetracking-Studien geht?« Nachdenklich lasse ich meinen Blick durch den Raum schweifen. Er bleibt an der Fensterfront hängen, gegen die wieder einmal Regen peitscht.

Evangelina bleibt stumm, lässt in sich gekehrt den Kopf zurückfallen und schließt die Augen. Seufzt. »Wäre das auch eine Erklärung für Bernd?« Ihre Stimme ist leise. Flüsternd fügt sie hinzu. »Für diese merkwürdigen Bilder in den Simulationen? Diese vorwurfsvollen Augen?« Wieder ein Seufzen. Sie setzt sich wieder gerade hin. »Die Bilder begleiten mich in den Schlaf, ich bekomme sie einfach nicht aus meinem Kopf.«

Nico entfährt ein Brummen, ich deute es als Zustimmung. Er kratzt sich am Kinn und streift seinen Bartschatten. »Oder es geht um Gruppendynamik«, stellt er eine weitere Vermutung an. »Wer sich als Anführer entwickelt. Als Leader. Er hebt die Hand und streckt den Zeigefinger aus. Ich bin fest davon überzeugt, dass er jetzt auf Evangelina deuten wird. Aber das trifft nicht ein. Sein Zeigefinger deutet auf mich. Ich schlucke.

»Wer ist Teamplayer?« Der Finger ist weiterhin auf mich gerichtet. Ich räuspere, rapple mich auf und setze mich neben Evangelina auf das Sofa.

»Oder auch: Wer ist Einzelgänger?«, führe ich Nicos These weiter. »Das würde vielleicht erklären, warum der Professor so wenig Verantwortung übernimmt. Vielleicht geht es auch darum, wer sich mit wem zusammenschließt«, fahre ich fort.

»Deshalb sitzen wir jetzt hier«, stellt Evangelina fest. »Weil wir drei Bernd gesehen haben.«

»Und Simone gerettet«, füge ich hinzu. Von einem Gedanken erfasst, drehe ich abrupt meinen Kopf zu Evangelina um. Sie war während der kompletten Rettungsaktion extrem uneitel und selbstlos. So habe ich sie nicht kennengelernt. Wieder eine neue Facette von ihr.

»Wieso konntest du das überhaupt so gut?«, will ich wissen.

»Bist du neben Influencerin und Model und Tänzerin und was weiß ich, was du alles noch beruflich machst, auch noch Rettungsschwimmerin?«, sprudelt es aus mir heraus. »Haben die dich engagiert? Für den inszenierten Unfall? Damit alles noch mal gut geht?« Unruhig schlage ich ein Bein übereinander, sodass Evangelina und ich nun in exakt gleicher Haltung auf der Couch sitzen.

»Du irrst dich, Isa.« Evangelina setz das Bein ab, beugt den Oberkörper vor und ruft mir über die Schulter hinweg zu: »Ich bin Rettungsschwimmerin. Da hast du recht. Das ist kein Verbrechen.«

»Das konntest du gut auf Social Media verheimlichen«, wirft Nico ein.

Evangelina erhebt sich, geht auf Nico zu. »Auch du irrst dich. Mein Leben ist nicht eins zu eins auf Social Media abgebildet.« Sie macht eine kurze Pause. »Auch wenn es für euch so scheint. Ich habe noch ein

Privatleben. Aber ...« Ihr Blick huscht zur Tür, Stimmen nähern sich, begleitet von schweren Schritten. »Ich wurde nicht engagiert.« Sie schüttelt den Kopf. »Nicht vom Professor oder Jonas. Werbepartner habe ich natürlich und muss auch regelmäßig posten.« Sie legt eine Pause ein. »Das ändert aber nichts daran. Wie ihr bin ich hier bei einem Experiment dabei.«

Die Stimmen werden lauter.

»Experiment«, beschwichtige ich. »Lasst es uns fürs Erste dabei belassen.« Ich suche die Blicke der beiden und sage: »Wir wissen nicht, um was es genau geht. Aber es wird ein Experiment sein, das uns keinen Schaden zufügen soll.«

»Niemandem wird hier Schaden zugefügt«, nimmt Professor Hahrmacher, der Marita und Jonas im Schlepptau hat, den Faden auf. Hinter den dreien taucht zaghaft eine vierte Gestalt auf. Hager und schüchtern wie eh und je stellt sich Rouven hinter Marita, als ob er sich verstecken wollte. Sein Blick ist auf den Boden gerichtet.

»Wir können uns den Unfall nicht erklären«, ergreift Jonas das Wort. »Simone muss irgendetwas ignoriert haben.« Er verschränkt die Arme vor der Brust. Wirkt verlegen. Wie ein bockiges Kind. »Die Simulationen wurden vorher getestet. Daran kann es nicht gelegen haben.« Mantra-artig wiederholt er seine Aussage. So, als ob er sich selbst vergewissern und Mut zureden muss, keinen Fehler gemacht zu haben.

»Lasst uns über etwas anderes reden«, sagt Professor Hahrmacher. »Wir kümmern uns heute gemeinsam um das Abendessen, da Simone ...« Er kommt ins Stocken, sein Blick geht, wie meiner vorhin, an die mit Stuck besetzte Zimmerdecke. »Da unsere Haushälterin«, setzt er erneut an, »verhindert ist.«

Hey du,
bist du über deinen Schatten gesprungen?
Hast du ihn wirklich vollzogen? Den Sprung
ins Ungewisse? Ins kalte Wasser? Im wahrsten
Sinne des Wortes?
Hätte ich nicht von dir gedacht, kleine
Schwimmerin. Habe ich dich wohl
unterschätzt?
Das passiert mir selten. Äußerst selten, um
genau zu sein, aber wenn man einen Fehler
gemacht hat, kann man das auch zugeben.
Du warst gut. Sehr gut. Bist es immer noch.
Schlägst dich tapfer. Meine Hoffnung bist
immer noch du. Du wirst es herausfinden, da
bin ich sicher. Gib dir Mühe.
Ich sehe dich.
Ich sehe, was du siehst.

Kapitel 14

Wie durch Butter fährt das Messer durch die Paprika. Es fühlt sich schwer in meiner Hand an. Ich umgreife den massiven Holzgriff und konzentriere mich auf meine Arbeit. In gleichmäßigen Zügen habe ich die fünf Paprika, rote, gelbe und grüne, in Streifen geschnippelt. Ich lasse sie in die Pfanne gleiten, in der ein zarter Ölfilm glänzt. Ein Zischen erklingt, während Röstaromen meine Nase durchströmen.

Professor Hahrmacher, Rouven, Marita und ich haben uns in die Küche begeben und die Aufgaben für unser heutiges Abendessen verteilt. Evangelina und Nico decken den Tisch. Jonas bereitet noch etwas Technisches vor, wie er erklärte.

Ich drehe den altmodischen Gasherd runter. Das Zischen wird leiser, wird von dem lauten, monotonen Geräusch eines Mixers überlagert. Professor Hahrmacher neben mir hält mit der einen Hand eine beigefarbene Schüssel, die auf der Arbeitsplatte aus dunklem Massivholz steht, fest umklammert. Mit der anderen Hand lässt er das Handgerät durch den Teig gleiten.

In gleichmäßigen Bewegungen rühre ich in der Gemüsepfanne, während Marita eine Muffinform einfettet, die sie auf ihrem Schoß balanciert. Auf einer dunkelbraunen Holzbank kauernd, pinselt sie gleichmäßig an den Rändern der Backform entlang. Sie wartet darauf, abgeholt zu werden. Es würde nicht mehr lange dauern, wie der Professor berichtete, dann würde sie ein Boot erreichen. Heute Abend nach dem Essen. Konzentriert steckt Marita die Zungenspitze zwischen den Lippen heraus. Neben ihr sitzt Rouven, schält Kartoffeln und scheint in Gedanken versunken. Das erste Mal seit dem Ankunftstag strahlen mir wieder die weißen Kopfhörer in seinen Ohren entgegen, die er bei seiner Ankunft getragen hat. Er schaut nicht hoch, schält jede Kartoffel ordentlich und gleichmäßig, betrachtet sie anschließend prüfend, bevor er sie in den vorbereiteten Kochtopf gleiten lässt.

Das Geräusch des Mixers ebbt ab. Der Professor neben mir dreht vorsichtig den Kopf nach links und nach rechts. Wie, um sich zu vergewissern, ob keiner zuschaut. Dann gleitet sein Finger in die Schüssel und befördert klebrigen Muffinteig zutage, der binnen Sekunden in seinem Mund verschwindet. Ich räuspere mich. Ertappt schießt sein Kopf in meine Richtung.

»Können wir mal sprechen?«, frage ich und fische so beiläufig wie möglich eine zartrosa Emaille-Schüssel für das Gemüse aus dem Wandschrank.

»Wegen der Studien«, füge ich hinzu, während ich die Paprika langsam mit einem Pfannenwender von links nach rechts befördere.

189

»Du kannst mich alles fragen«, bestätigt der Professor. »Ich weiß nur nicht, ob ich die Antworten darauf finde.« Er zögert. Widmet sich dann wieder dem Teig, dem er eine Handvoll Rosinen hinzufügt.

»Ich habe die Vermutung«, wage ich einen Vorstoß, »dass es hier um etwas anderes geht. Ein anderes Experiment.« Jetzt ist es raus. Mir ist unbehaglich zumute, blicke nicht auf. Wie von selbst bewegt sich der Pfannenwender in meiner Hand.

»Was soll das für ein anderes Experiment sein?«, will Professor Hahrmacher wissen. Aus einer Schublade hat er einen Schneebesen gezogen, mit dem er langsam und geschmeidig eine liegende Acht in die Schüssel malt.

»Sagen Sie es mir. Sie sind Soziologe.«

»Du auch«, entgegnet er.

»Ist das eine Versuchsreihe zum Thema Gruppendynamik?«, will ich wissen.

Kopfschütteln.

»Hilfsbereitschaft?«

Kopfschütteln.

Der Schneebesen kommt zum Stillstand. Nur noch das Zischen des gebratenen Gemüses ist zu hören.

»Was ist es dann?«

»Das würde ich auch gern wissen.« Marita stellt die akkurat mit Butter ausgepinselte Muffinform auf die antike Anrichte, schaltet den altmodischen Backofen aus weißer Keramik an und positioniert sich direkt

190

vor den Professor, die Arme vor der Brust verschränkt. Zieht die geschminkten Augenbrauen in die Höhe.

Der Professor windet sich unter ihrem kritischen Blick und dreht sich wieder dem Teig zu.

»Wieso?« Ich nehme ihm die Schüssel aus der Hand und platziere die Muffinform vor mir. »Wieso konnte es geschehen, dass Simone von der Klippe stürzt?«

»Wo doch alles so sicher ist«, bekräftigt Marita ironisch.

»Wieso hat Simone die blau karierten Linien nicht gesehen?«, will ich wissen. Mit einem großen Löffel lasse ich den Teig in die Muffinformen gleiten. Fülle eine nach der anderen.

»Welche Linien?«, fragt Marita nun und scheint noch einen Schritt näher an den Professor herangetreten zu sein. Sie blickt direkt auf seine Brust, so klein ist Marita, dann legt sie den Kopf in den Nacken.

»Die Linien, die uns abhalten sollten, den abgetrennten Bereich zu verlassen. Die haben wir in der Simulation deutlich gesehen«, erkläre ich Marita, die sich geweigert hat, die Höhenangstillusion durchzuziehen. Gott sei Dank.

»Wollten Sie, dass sie springt?« Anklagend bohrt Marita ihren Zeigefinger in Professor Hahrmachers Shirt, genau auf Höhe seiner Brust. Ich fülle die Mulde in der Backform mit Teig, da kommt mir ein Gedanke, den ich sofort laut ausspreche, ohne ihn näher zu analysieren. »Oder Sie wurden gehackt. Jemand hat die Simulation gekapert.«

191

Plötzlich erklingt ein schepperndes Geräusch, dicht gefolgt von einem erschrockenen Aufschrei.

»Mist«, entfährt es Rouven. Er hat den Kartoffelschäler fallen gelassen, den er nun unter Wasser hält.

»Unsinn«, beschwichtigt der Professor. »Hier wurde nichts gehackt. Rouven?«, fragt er den stillen Jungen, der nicht aufhört, mit einer Spülbürste am Kartoffelschäler zu schrubben. Er müsste längst sauber sein.

»Rouven, kannst du dir so etwas vorstellen?«, fragt Professor Hahrmacher.

Ich schiebe die Auflaufform in den altmodischen Backofen und werfe einen Blick auf meine Armbanduhr.

»Genau«, mischt Marita sich nun wieder ein. »Die jungen Leute wissen so was doch. Die mit ihrem Computerzeug und Apps und was weiß ich noch alles.« Energisch nimmt sie Rouven den Schäler aus der Hand und trocknet diesen ab. »Sag schon, junger Mann. Kann man so eine Simulation hacken?«

Rouven starrt sie an. Sein Blick scheint durch sie hindurchzugehen. Vielmehr an ihr vorbei. Scheint etwas zu suchen. Eine Antwort. Eine Erklärung. Unbeholfen nimmt er Marita das Spültuch aus der Hand, trocknet sich die Hände ab und dreht sich zur Küchentür um. »Nein«, ruft er ihr über die Schulter zu und fügt ein »Das geht nicht. Punkt.« hinzu, bevor er den Raum verlässt.

»So nicht, Freundchen. Das will ich jetzt wissen«,

192

ruft Marita ihm hinterher und geht ihm nach.

Professor Hahrmacher und ich sind nun allein in der großen Küche. Mit einem lauten Knarzen setzt der Professor sich auf die Holzbank, auf dem Marita und Rouven vorher Platz genommen haben. Ich werfe wieder einen Blick auf die Uhr, kann die Küche jetzt nicht verlassen, selbst wenn ich wollte. Muss die Muffins und das Gemüse in der Pfanne im Auge behalten.

»Früher haben sich die Bediensteten in der Küche versammelt, wenn sie etwas zu feiern hatten. Etwa an Weihnachten.« Professor Hahrmacher beugt sich nach vorn und stützt nachdenklich seine verschränkten Arme auf. »Deswegen hat mich dieser Ort so fasziniert. Weil er Geschichten aus einer anderen Zeit erzählt.« Er steht auf und beugt sich über den Kochtopf mit den Kartoffeln, aus dem Dampf steigt. »Hier muss es damals ähnlich zugegangen sein«, setzt er seine Überlegungen fort. »Viel Gezanke, viel Streitereien. Einfach Leben. Aber selbst wenn nicht alles gut war. Selbst wenn es Ungereimtheiten zwischen ihren Herren und dem Gesinde gab, an Weihnachten haben sie sich vertragen.«

Ich befördere das dampfende Gemüse in eine Schüssel und platziere einen Löffel davon auf einen Teller für Simone.

»Habe ich in Romanen gelesen«, erklärt er, woraufhin mir ein ungläubiges »Oh« entfährt. Damit hätte ich nicht gerechnet.

»Nein, das stimmt nicht. Ich muss mich korrigieren.«

193

Wusste ich es doch. Historischer Kitsch war sicher nichts für ihn.

»Gehört«, verbessert er sich. »Da gibt es ganz tolle Reihen, die habe ich mal mit einer Frau gehört.« Er legt eine Pause ein, zögert. »Vor langer Zeit.«

Interessiert drehe ich mich zu ihm. Noch ein paar Minuten, dann müsste ich die Muffins aus dem Ofen nehmen.

»Sie konnte ohne Hörspiel nicht einschlafen«, erklärt der Professor. Ich frage mich, warum er das erzählt. Warum mir? Warum jetzt? Ist das seine Art und Weise, die Anspannung zu vertreiben? Oder mich von unangenehmen Fragen abzuhalten? Indem er in Erinnerungen schwelgt? »Es mussten immer historische Romane sein. Ich habe die immer mitgehört, ob ich wollte oder nicht.« Ein Lächeln huscht über seine Lippen.

»Sie müssen sie sehr geliebt haben«, stelle ich das Offensichtliche fest. »Wo ist sie jetzt?«

Auf meine Frage hin ernte ich ein lautes Seufzen. So, als hätte ich damit einen Film ausgeknipst, schüttelt Professor Hahrmacher den Kopf, dreht sich weg. »Sie ist weg.«

Erschrocken fahre ich zu ihm herum, da ich befürchte, sie ist tot.

»Sie ist nicht mehr Teil meines Lebens«, korrigiert er seine Wortwahl. »Das Herrenhaus, das Kaminzimmer, die Küche, das alles erinnert mich an sie.«

»Sie haben das hier mit ausgesucht«, werfe ich ihm vor. »Oder war es der Investor?«

»Dagobert?«, fragt er.

Überrascht runzle ich die Stirn. Woher weiß er –?

»Jonas hat mir erzählt, dass du unseren Investor so nennst«, klärt er mich auf. »Ich bin verantwortlich. Habe mich hierfür entschieden.« Er macht eine ausladende Geste mit dem Arm, die die ganze Küche einnimmt. Mir ist klar, dass er nicht nur die Küche meint. »Die Insel, das Herrenhaus. Überhaupt die Idee, mal andere Wege zu gehen und die Studien woanders als an der Uni stattfinden zu lassen, stammt von mir.«

Die Muffins im Backofen haben einen bräunlichen Ton angenommen, ich befördere sie aus dem Backofen auf die Anrichte. Ein aromatischer, köstlicher Geruch dampft mir warm entgegen.

»Ich habe ein schlechtes Gewissen«, gibt Professor Hahrmacher zu. »Weil ich das hier alles in Gang gesetzt habe. Ich fühle mich einfach schlecht.«

»Zu Recht«, entfährt es mir.

»Ich habe den Unfall nicht gewollt«, stellt er mit Nachdruck klar. »Das musst du mir glau–«

»Welchen?«, falle ich ihm ins Wort, da mir gerade mehrere Vorfälle durch den Kopf schießen. Maritas allergischer Schock, Rouvens Verschwinden, das Brandmal, Simones Sturz.

Professor Hahrmacher löst die Muffins aus der Form und positioniert sie auf einem metallenen Gitter.

»Alle«, flüstert er. »Ich habe alle Unfälle nicht gewollt. Aber«, er hält kurz inne. »In gewisser Weise bin ich für alle verantwortlich. Das ist eine schwere Last.«

Das Gespräch klingt immer noch in meinen Ohren nach, während ich mir meinen Weg zu Simones Zimmer bahne, um ihr das Abendessen zu bringen. Das Tablett mit ihrer Portion Kartoffeln mit Gemüse halte ich fest in beiden Händen und richte meinen Blick auf die Stufen vor mir. Nehme jede einzelne mit Bedacht. Meine Füße schieben sich über den grünen Teppich.

Er hatte ein schlechtes Gewissen. Machte sich verantwortlich für alles, was passiert ist. Hatte keine Erklärung dafür, wie Simone stürzen konnte. Rouven verschwinden konnte. Die hatten wir alle nicht. Zumindest versichert jeder von uns das glaubhaft.

Oben angekommen stelle ich den Teller auf dem Boden ab und klopfe an Simones Tür. Stille.

»Simone?« Keine Antwort.

Zögerlich drücke ich die Klinge hinunter, gebe mir Mühe, leise zu sein. Will nur den Teller abstellen, falls sie schläft. Ich betrete ihr Zimmer und lasse meinen Blick schweifen. Ich kann es nicht erklären, aber etwas stimmt hier nicht. Kälte strahlt mir entgegen. Hier wird nicht geheizt. Das Bettlaken ist zerwühlt, durch das offene Fenster umfängt mich kalter Wind, begleitet von Regen und Donnergrollen.

In dem Moment wird mir klar, dass hier etwas ganz und gar nicht stimmt. Simone ist verschwunden.

Hey du,

mir tut es aufrichtig leid, dass ich dich enttäuschen muss. Schon wieder. Ich würde dir gern eine Nachricht überbringen. Würde dir gern die richtigen Hinweise mit auf den Weg geben. Dir wie früher beim Topfschlagen, was du sicher auch als Kind gespielt hast, mit gut gemeinten heiß und kalt-Rufen zu verstehen geben, ob du auf der richtigen Fährte bist. Aber das kann ich gerade nicht. Ich habe zu tun. Muss einige Dinge vorbereiten. Es wird nicht mehr lange dauern, dann wirst du wissen, was ich meine. Wirst es auch sehen.

Ich sehe dich.

Ich sehe, was du siehst.

Kapitel 15

Panisch renne ich nach unten, nehme zwei Stufen auf einmal, mein Herz schlägt in einem viel zu schnellen Takt. Aufgeregt platze ich zu den anderen ins Esszimmer.

»Sie ist weg. Wir müssen wieder suchen. Helft mir.«

Wie von der Tarantel gestochen renne ich aus dem Zimmer, direkt auf die massive Haustür zu. Ich weiß nicht genau, warum, aber eine innere Stimme zieht mich dorthin wie ein Magnet das Eisen.

Stühle werden gerückt, Gesprächsfetzen dringen an mein Ohr.

Ich reiße die massive Eingangstür auf und schließe sie direkt wieder, weil mir eiskalter Wind aus der Dunkelheit entgegenweht.

»Warte, Isa, wo willst du hin?«, fragt Evangelina, die geistesgegenwärtig ihr Handy geschnappt hat und emsig darauf herum tippt.

»Richtig.« Das ist keine Antwort auf ihre Frage, wie mir klar wird. Aber eine auf ihre Handlung. Ich greife mir irgendeinen Regenmantel, der an der Garderobe in der Eingangshalle hängt und stürme nach draußen.

»Hol Hilfe«, bitte ich sie. »Ich bringe Simone zurück.«

»Mist, kein Netz«, entfährt es ihr. »Schon wieder nicht.«

199

Während ich die Tür aufreiße, rufe ich ihr zu: »Erspar uns die Spielchen, Evangelina. Vergiss nicht, ich weiß Bescheid!« Anhaltendes Donnergrollen unterbricht mich, ein Blitz erleuchtet das Meer vor uns für einen kurzen Augenblick und lässt die aufgebrausten Wellen schimmern. Dann ist wieder alles dunkel.

»Isa, dieses Mal ist es wahr.« Sie blickt mir tief in die Augen. »Ehrlich. Ich habe auch kein Netz.«

»Versuch es noch mal«, bitte ich sie.

Die viel zu große Regenjacke um mich gezogen, stapfe ich vom Haus weg. Halte auf den Schuppen zu. Dorthin, wo ich Rouven fand. Mit einem knarrenden Geräusch gleitet die Tür auf, als ich mich dagegenstemme.

»Simone? Bist du hier?«, rufe ich in die Stille hinein.

Nichts. Keine Antwort. Noch nicht einmal ein Wimmern.

Mit pochendem Herzen halte ich auf die massiven Whiskeyfässer zu, die ich nur erkennen kann, da ein weiterer Blitz den Schuppen in helles Licht taucht. Dunkelheit umfängt mich.

Meine Füße tragen mich immer weiter auf die Fässer zu, von denen ich jetzt genau weiß, wo sie sich befinden.

Dann passiert es. Etwas Hartes, Spitzes bohrt sich in meinen Oberarm. Schmerz durchflutet mein Hirn. Erschrocken schreie ich auf. Dann wird alles schwarz.

Hey du,
mir hat einmal ein Freund gesagt: Wenn
man immer wieder das Gleiche macht,
immer wieder die gleichen Antworten auf
unterschiedliche Fragen gibt, kann man sich
nicht weiterentwickeln. Man muss etwas
Neues versuchen. Neue Antworten finden.
Whiskey kann nicht immer die Lösung sein.
Das wusste er damals schon, der Freund. Er
war schlauer als du und ich, doch jetzt lebt er
nicht mehr.
Leider. Das ist schade. Sehr schade.
Suche nicht weiter nach den gleichen
Antworten. Stelle nicht immer die gleichen
Fragen. Dann wirst du es sehen.
Ich sehe dich.
Ich sehe, was du siehst.

Kapitel 16

Ich sehe in ein Meer aus Dunkelheit. Schleier der Erinnerung schieben sich vor mein Bewusstsein wie Wolken vor die Sonne. Meine Zunge liegt schwer in meinem Mund. Ich versuche vergeblich, sie zu bewegen. Es fühlt sich an, als würde der rote Schal, den Laura mir zu meinem zehnten Geburtstag gestrickt hat, zusammengeknäult an meinem Gaumen liegen. Er schmeckt schal, wie der Name sagt und nach schief gestricktem Muster. Ich erinnere mich gut, als meine kleine Schwester ihn mir stolz überreichte und ich ihr liebevoll in die Seite kniff. »Er ist nicht perfekt, aber Papa hat gesagt, dass selbstgemachte Geschenke nicht perfekt sein dürfen. Damit man merkt, dass das selbstgemacht ist, weißt du?«, hatte sie mit ihrer piepsigen Kinderstimme gesagt und ihr typisches glockenhelles Lachen folgen lassen, das jetzt immer noch in meinen Ohren nachklingt. Ich kann es hören, als wäre es gestern gewesen.

Wie ein Blitz die Schwärze im Schuppen durchzuckt hat, so erhellt die Erinnerung an meine Schwester für einen Moment meinen Geist.

Laura.

Immer wieder muss ich an sie denken. Sie sprach in den letzten Stunden in meinen Gedanken mit mir, wie sie es schon lange nicht mehr getan hat. Bis vor ein paar Tagen hat sie noch geschwiegen. Jetzt ist sie präsenter als je zuvor. Das muss mit dieser Insel zusammenhängen. Mit den Simulationen, dem Wasser, der Hilflosigkeit. Der nächste Erinnerungsblitz durchzuckt meinen Körper. Helligkeit flackert auf. Ich sehe ihr Gesicht vor meinem geistigen Auge. Laura. Gestern im Wasser, als Simone von mir wegtrieb, konnte ich mich nicht auf die Gedanken an Laura konzentrieren, obwohl diese Situation Erinnerungen wachrief. Ich musste mich darauf fokussieren, Simone zu helfen. Ein Leben zu retten, was mir vor vielen Jahren nicht möglich war.

Laura.

Sie war ertrunken. Wegen mir. Die Schuldgefühle nagen immer noch an mir, sie haben mich seit meiner Kindheit begleitet. Waren groß, als ich zwölf war, als es passierte. Die Schuldgefühle sind mit mir gewachsen. Wie jede Zelle meines Körpers sich mit den Jahren entwickelt hat, vergrößerten auch sie sich. Sie nisteten sich in mir ein wie ein Geschwür. Weil ich sie nicht retten konnte.

Laura, meine Schwester.

Weil ich sie in diese gefährliche Situation gebracht habe.

Ein Schweißtropfen bahnt sich seinen Weg an meiner Schläfe hinab, bis er an meinem Kinn heruntertropft. So war es immer, wenn ich mir zugestand, dass ich für all das verantwortlich war.

Ich war selbst noch ein Kind. Die Belastung war irgendwann so groß geworden, dass ich mir verbot, an sie zu denken. Dass ich versuchte, jeden Gedanken einzuschließen, wie in einem Tresor, und ihn nicht an mich rankommen zu lassen. Wie in dem kleinen rosafarbenen Kästchen mit silberner Umrandung, in dem Laura ihre Armreifen und Anhänger aufbewahrte. »Hier drin schließe ich meine Schätze ein, damit sie sicher sind«, hatte sie gesagt. Seit ich beschlossen hatte, nicht mehr an sie und an meine Schuld zu denken, waren meine Gedanken an sie auch sicher verwahrt. Dachte ich. Bis ich auf diese Insel kam. Bis all diese Ereignisse geschahen, die die Erinnerungen an Laura wie eine Welle wieder hervorgeholt hatte. Eine Welle der Schuld, die mich wegzuspülen scheint. Die sich immer weiter aufbaut, bis sie so riesig ist, dass sie mich zu verschlingen droht. So gigantisch, dass jedes Strampeln, jedes Weggleiten, jedes mit dem Strom Schwimmen, wie ich es bei Simone versucht habe, mich immer mehr in den Sog hinunterzieht.

Sollte ich das sehen? War es das, warum ich hier bin? Damit ich wieder klar vor Augen habe, dass ich für Lauras Tod verantwortlich bin?

Die Gedanken an Laura vermischen sich mit dem sanften Rhythmus, der unentwegt an meine Schläfe pocht. Als wollten sie anklopfen, als wollten sie willkommen geheißen werden. Als wollten Sie sagen

»Lass uns rein, schließ uns nicht aus, öffne dich, lass uns dich sehen.«

Verwirrt schüttele ich den Kopf, stoße auf etwas Hartes. Mein Schädel ist eingeklemmt. Der abrupte Schmerz lässt mich aufschreien. Ich öffne meine Augen und erkenne die Küche, in der ich gestern noch mit Professor Hahrmacher, Marita und Rouven das Abendessen zubereitet habe. Ich blinzele und drehe langsam meinen Kopf, so weit es diese merkwürdige Apparatur zulässt und lasse meinen Blick durch den Raum schweifen. Alles ist so, wie ich es in Erinnerung habe, nur wie vor einem Filter aus Milchglas. Dunkle Massivholzmöbel, eine Vitrine, nur unterbrochen von einer Glasscheibe, durch die das mir vertraute zartrosa Emaille-Geschirr meinen Blick auf sich zieht. Ein altmodischer Gasherd. Auf der Anrichte steht eine beigefarbene Schüssel. Ich muss nicht sehen, was dort drin ist. Ich kann ihn riechen. Den süßen Duft des Teiges, den wir für die Rosinen-Muffins vorbereitet haben. Kann die Wärme wahrnehmen, die aus dem Ofen strömt. Ich bewege meine Arme, bewege meine Beine, drehe meinen Kopf. Die Fesseln ziehen sich noch mehr zu, was mir Angst macht. Ich fühle mich hilflos. Einer Situation ausgesetzt, über die ich keine Kontrolle habe.

Mit Schwung öffnet sich die Küchentür. Evangelina schreitet auf die Anrichte zu, hält mit der einen Hand ihr Smartphone in die Höhe. Die andere Hand hat sie locker in die Hüfte gestemmt, direkt auf die nackte Stelle zwischen dem eng anliegenden schwarzen Bustier und der hautengen Leggins. Wie zur Deko ist ein roter Schal mit schief gestricktem Muster locker um ihre Arme geschwungen. Wo hatte sie den her? So wie sie dasteht, anmutig die Hand in die Höhe gereckt, sieht sie wie die Freiheitsstatue aus, nur mit Handy anstatt mit Fackel in der Hand. Wo kommt dieser Gedanke gerade her?

»So, meine Lieben, ich zeige euch mal unsere Küche, wo wir alle bekocht werden.« Sie schnalzt mit der Zunge, fährt mit dem Finger langsam durch die Schüssel, wie Professor Hahrmacher es gestern getan hat. Der zähflüssige Teig klebt nicht lange daran. Evangelina dreht sich in einer anmutenden Bewegung zu mir um, lässt die duftende Masse in ihren Mund gleiten, schließt die Augen. Ihrem Mund entfährt ein leises: »Mmmhh, das müsst ihr probieren.«

Warum kann sie jetzt auf einmal wieder posten? Wieso kann sie posieren, wo so viel passiert ist? Sie hatte mir doch gesagt, sie hätte wirklich kein Netz. Sie hatte es mir zugesichert, kurz bevor ich weggerannt bin, um Simone zu suchen. In die Scheune, wo Blitze für eine Sekunde lang die Dunkelheit erhellt hatten, wie jetzt schon wieder die Erinnerungen meinen Geist durchzucken. Das muss gestern gewesen sein.

Simone war weg. Ich hatte sie suchen wollen. Dann

hatte ich etwas Spitzes gespürt, bevor mich Schwärze eingefangen hat.

»Evangelina«, rufe ich mit zittriger Stimme und klammere mich an den Strohhalm, der sich mir bietet. Sie steht wie eine Statue in der Küche, probiert immer noch langsam und ausgiebig den Teig.

»Mmmhh«, kommt es genussvoll aus ihrem Mund, die Augen hält sie weiter geschlossen.

»Ihr Lieben, ihr glaubt nicht, wie toll es hier auf dieser Insel ist. Was man hier alles erleben kann. Was man hier alles sehen kann, wenn man sich drauf einlässt.« Ihre Stimme ist der gewohnte Singsang.

»Diese Studien sind der Wahnsinn. Diese Eyetracking-Studien, die nachher ausgewertet werden. Von Menschen, die genau sehen können, wo man währenddessen hinsieht. Das ist verrückt.« Ihr Redeschwall endet abrupt. Sie öffnet die Augen und sieht direkt in meine. Ihr Blick hält meinem Stand.

»Evangelina!«, wiederhole ich meinen Ausruf. »Hilf mir! Ich stecke fest. Befreie mich. Nimm das Ding von meinem Kopf. Bitte!« Meine Stimme wird immer lauter, immer fester. Der Wollschal, der mal meine Zunge war, hat sich aufgelöst. Der Schmerz an meiner Schläfe ist immer noch da, genauso wie die Hilflosigkeit. Das Gefühl, jemand anderem schutzlos ausgeliefert zu sein.

Evangelina dreht sich noch einmal zur Schüssel, ich kann nur ihren Rücken erkennen. Dann macht sie

207

einen Schritt auf mich zu, beugt sich zu mir herunter und streckt mir ihren mit Teig bedeckten Finger entgegen. Die zähflüssige Masse tropft langsam an ihren schmalen Gliedmaßen entlang. Das Handy hält sie immer noch wie eine Trophäe in der anderen Hand. Der süße Duft des Muffinteigs steigt mir direkt in die Nase. Ich schüttle heftig den Kopf.

»Nein, ich will das nicht. Ich will hier raus. Hilf mir doch.«

Evangelina beugt sich über mich. Sieht mich wissend an, streicht mir mit ihren klebrigen Fingern über meine Schläfe, die sie hauchzart berührt.

»Schhh«, flüstert sie mir zu, während ihre Hand weiter über meinen Kopf fährt. Scheinbar, um mich zu beruhigen, aber das Gegenteil ist der Fall. Es kommt mir alles unwirklich vor. Wie in einem Traum. Oder bin ich wieder betäubt? Wie nach dem Daiquiri-Abend? Ich kann nicht mehr unterscheiden, was Realität, was Simulation, was ein Traum ist.

»Evangelina, bitte«, meine Stimme ist schwach, will sie erreichen.

Ihr gewohnter Singsang dringt an mein Ohr. Ich kann nur noch die Melodie wahrnehmen, keine Worte mehr. Die Verbindung zwischen uns bricht ab. Ich will noch etwas sagen. Will sie um Hilfe bitten. Will sie anflehen, mich zu retten. Mit einer anmutigen Bewegung zieht sie den Schal von ihrem Hals, die andere Hand streift weiter meine Schläfe.

»Bald ist es vorbei, Isa.« Der rote Schal kommt immer näher, bewegt sich langsam auf mich zu. Auf meine Nase, auf meinen Mund, ich spüre die Fusseln auf den Lippen und puste sie vergebens von mir weg. »Bald ist es vorbei. Bald kannst du es sehen.«

Der rote Schal füllt mein komplettes Sichtfeld. Dann gleite ich davon, so, wie ich mich gestern im Meer mit dem Strom habe weggleiten lassen. Habe keine Kontrolle über meinen Körper mehr. Lasse es einfach geschehen. Ich kann das rote Muster, Lauras schiefgestricktes Muster erkennen, nehme jede Faser einzeln wahr. Jeden Faden, jede Masche, jeden Knoten. Dann ist da nichts mehr. Nichts als Schwärze.

Hey du,

du erinnerst mich an ein Insekt, das in ein Wasserglas geflogen ist und dort ganz allein ist. Du zappelst unentwegt mit den Armen und Beinen und merkst nicht, dass du es dadurch noch schlimmer machst. Fast hätte ich dich als niedlich bezeichnet. So hilflos und einsam. Dein elendiges Geflatter gleicht einem Tanz. Einem Tanz ohne Musik.

Du weißt nicht, ob das, was du siehst, echt ist. Oder ein Traum. Oder eine Illusion. Das wirst du nie mehr tun. Du wirst immer an dir zweifeln. An dem, was du siehst. An dem, was du hörst. An dem, was du riechst. An allem. Denn nichts ist real, und doch ist es passiert. Es passiert wieder. Immer weiter. Bis du erkennst, was ich dir sagen will. Bis du mich auch siehst, wirst du zweifeln. Wird die Angst dich begleiten. In jeder Minute, in jeder Sekunde, in jedem Moment.

Ich sehe dich.

Ich sehe, was du siehst.

Kapitel 17

Tag 5

Diffuses Rauschen füllt mich aus, als wäre ich unter Wasser. Etwas dröhnt, pocht rhythmisch gegen meine Schläfe. Wie gefesselt liege ich hier, traue mich nicht, mich zu bewegen. Rauer Stoff ist über mir, wärmt mich. Langsam bewege ich mein Bein und ziehe scharf die Luft ein. Der Stoff kratzt über etwas, was gestern da noch nicht war. Ganz sicher. Ich presse die spröden Lippen zusammen. Versuche zu schlucken, wobei mir mein trockener Mund, der nach Wasser giert, erst jetzt richtig bewusst wird. Wenigstens ist der Schal endlich verschwunden. Warum Schal? Wie komme ich jetzt darauf? Wo bin ich? Bin ich noch auf der Insel?

Die Augen immer noch geschlossen, dringen zwei Stimmen an mein Ohr. Das Geräusch scheint weit weg zu sein. Es mischt sich mit dem Prasseln des Regens, der an eine Fensterscheibe gepeitscht wird. Die Stimmen werden lauter, mit jeder Sekunde klarer zu verstehen, aber noch nicht ganz deutlich. Sie scheinen sich den Weg in mein Bewusstsein zu bahnen. Die Worte »wach«, »Beruhigungsmittel« und »desinfizieren« nehme ich wie durch einen Nebel wahr. Kann sie noch nicht greifen. Verstehe den Zusammenhang nicht.

»Schhh« vermischt sich das Geräusch, das nun immer näher an mein Ohr dringt, gepaart mit sanftem Streicheln meiner Schläfe, als hätte sie nur auf ihren Auftritt gewartet.

Evangelina. Da war was. Sie war es.

Von einer Sekunde auf die andere bin ich hellwach. Mein Herz rast. Pumpt Blut durch meinen Körper und lässt das Pochen an meiner Schläfe noch eindringlicher wirken.

War das ein Traum? Eine virtuelle Realität?

Mutig und entschlossen öffne ich mit einem Ruck die Augen und erstarre. Das konnte nicht sein.

Vor mir auf dem Boden hockt Evangelina. In der einen Hand hält sie ein Glas Wasser, mit der anderen Hand streift sie meine Schläfe, hält in der Bewegung inne, als sie meinen Gesichtsausdruck sieht.

Das, was mich aufschrecken lässt, ist nicht die Tatsache, dass ich im Kaminzimmer auf der braunen Couch liege, eingesunken in das weiche Leder, überhäuft mit Decken, obwohl im Kamin ein warmes Feuer lodert.

Auch nicht der beißende Schmerz, der sich seinen Weg von meinem Bein hinauf durch meinen kompletten Körper bahnt.

Es ist Evangelinas Anblick, der mich zusammenzucken lässt.

Direkt neben mir kauert sie auf dem Boden. Mit schwarzer Leggings, eng anliegendem Top und einem roten gestrickten Schal mit merkwürdigem Muster, locker um ihre Schulter geschwungen. Ein Schal, der mir wie eine Warnung ins Auge fällt.

»Geh weg« ist das Erste, was mir einfällt. Die Worte fühlen sich trocken auf meiner Zunge an. So trocken wie mein Gaumen. In einer fließenden Bewegung nehme ich ihr das Wasserglas ab, trinke gierig und funkle sie über den Rand des Glases hinweg an. Das Wasser tropft meine Mundwinkel entlang, sodass ich die Spur mit dem Ärmel abwische.

»Isa, lass mich dir helfen. So, wie du mir geholfen hast.« Evangelina deutet auf die Couch und auf das Wasserglas. Wieder durchzuckt mich eine Erinnerung. Sie scheint es zu erkennen.

»Weißt du noch? Nach dem Daiquiri-Abend.« Sie nähert sich mir langsam und bedächtig, wie man das einem verschreckten Tier gegenüber tun würde.

»Geh!«, kommt es mir über die Lippen, während ich den Arm ausstrecke und die Handfläche senkrecht zu ihr zeigt. Wie ein Stoppschild. Ich will nicht, dass sie näher kommt. Sie ist mir unheimlich. Ich kann nicht zuordnen, ob ich das alles geträumt habe. Was hier Traum, was Wirklichkeit, was Illusion ist. Der Regen, der unaufhörlich an die Fensterscheibe trommelt, gibt mir Gewissheit, dass wir immer noch auf der Insel sind. Dass ich das Kaminzimmer nicht halluziniere. Nicht träume.

»Warst du das, Evangelina? Hast du mich entführt? Mich betäubt?« Ich greife die Decke, presse mich immer weiter an die Lehne des Sofas, weiche zurück, obwohl mein erster Reflex weglaufen sein müsste. Manchmal sind die instinktiven Reaktionen die falschen. Mein Hirn ist immer noch vernebelt.

»Ich war es nicht, Isa. Du musst mir glauben. Ich habe nach dir gesucht.« Sie deutet meinen skeptischen Blick richtig, hebt langsam beide Hände und bewegt sich rückwärts von mir weg. Gut so.

»Wer hat mich gefunden?« Ich fülle mir das Glas mit Wasser auf, während Evangelina sich bedächtig weiter von mir entfernt, bis sie gegen etwas stößt, das scheppernd zu Boden fällt.

»Mensch, manchmal ist der Wurm drin«, schimpft sie in ihrer gewohnten Art und bückt sich zum Schürhaken des Kaminbestecks, der von seiner Halterung gefallen ist.

»Bin ich in der Küche gewesen?« Ich beobachte, wie sie sich hochrappelt, das Equipment für den Kamin wieder an die dafür vorgesehenen Haken hängt, sich demonstrativ den nicht vorhandenen Staub von der Leggins klopft und mich dann irritiert vom Kamin aus anblickt.

»Wieso Küche? Isa, du warst nicht in der Küche, du warst im Schuppen. Wir haben nach Simone gesucht, wie du es uns gesagt hast. Du würdest sie wieder herbringen, hast du uns versichert. Dann warst du

214

auch weg. Und Nico. Isa, du glaubst nicht, was hier los war, die letzten Stunden. Die ganze Nacht haben wir euch gesucht. Und Handyempfang haben wir auch nicht. Wirklich nicht, das musst du mir glauben. Maritas Schiff konnte nicht kommen, weil es stürmt und –«

»Warte«, unterbreche ich sie. Mittlerweile habe ich sie gut kennengelernt. Ich weiß, dass sie viel und hastig spricht, aber das war mir zu schnell.

»Langsam, eins nach dem anderen. Was ist passiert, Evangelina?« Auf einmal kommt mir eine Information wichtig vor. Hatte ich richtig gehört? Hatte sie das wirklich gesagt? Oder will mir mein vernebeltes Hirn einen Streich spielen?

»Wo ist er?«, frage ich sie direkt.

»Du meinst den Professor? Der sucht mit den anderen weiter nach Simone. Er und Jonas haben versucht, Hilfe zu holen.« Evangelina schnalzt mit der Zunge. »Aber ohne Erfolg bisher. Wir versuchen es weiter. Aber lass mich bitte erst deine Wunde desinfiz–«

»Wo. Ist. Er?«, presse ich erneut hervor. Ich erschrecke selbst über die Tonlage, in der die Worte aus mir rauskommen. Genau wie die nächsten. »Du hast vorhin gesagt, Nico sei verschwunden. Habt ihr ihn gefunden?«

Evangelina kommt auf mich zu. Langsam, die Hände immer noch in der Höhe. Bedächtig deutet sie auf die zweite Couch mir gegenüber, die ich bis jetzt ignoriert habe. Ich war zu sehr auf mich konzentriert. Darauf, herauszufinden, was passiert und wie ich hierhergekommen war.

Mein Blick heftet sich auf das Knäuel Decken, das so aussieht, als sei es gedankenlos auf das Sofa geschmissen worden. Es hat meine Aufmerksamkeit nicht erregt. Bis jetzt, wo meine Augen sich nicht mehr von dem Knäuel lösen können. Weil es sich bewegt, sich gleichmäßig und langsam hebt und senkt. Weil ich leise Atemgeräusche daraus vernehmen kann, wenn ich mich konzentriere. Evangelina kniet sich neben das Knäuel, schiebt die Decke beiseite und legt den mir bekannten verwuschelten dunklen Haarschopf frei. Nicos Kopf. Gott sei Dank. Erleichtert lasse ich mich gegen die Lehne sinken.

»Er lebt!« rufe ich meine Gedanken laut aus. Abrupt halte ich inne. Ich sollte ihn nicht wecken.

Evangelina deutet meinen Gesichtsausdruck richtig.

»Wir können uns unterhalten. Er scheint nichts mitzubekommen, weil er wohl auch ein Betäubungsmittel verabreicht bekommen hat, wie du«. Der Tonfall, in dem sie das erklärt, lässt mich zusammenzucken. Lässt mich die Frau genau beobachten, die sich nun in den Schneidersitz auf den Boden setzt und den leider bekannten und in letzter Zeit zu oft benutzten Erste-Hilfe-Koffer zu sich heranzieht.

»Wir haben euch beide zusammen im Schuppen gefunden. Hinter den Whiskeyfässern«, erklärt sie, während sie gewissenhaft den Koffer inspiziert.

»Also doch Whiskey«, entfährt es mir.

»Das war komisch«, fährt Evangelina fort und befördert eine Mullbinde, Desinfektionsspray und ein Wattepad zutage. »Ihr seid kurz hintereinander verschwunden. Wir haben die ganze Nacht gesucht. Ihr wart nirgendwo.« Sie robbt sich langsam zu mir heran, hält das Spray wie einen Schild vor sich. Als müsste sie sich vor mir schützen. »Darf ich mir mal deine Wunde anschauen und die reinigen?«, fragt sie vorsichtig.

Irritiert schaue ich zu ihr auf.

»Sorry, normalerweise hätten wir das eher machen müssen. Aber es war so viel los und Simone ist immer noch weg«, verteidigt sie sich.

Ich weiß nicht genau, warum, aber in diesem Moment bin ich mir sicher, dass Evangelina und der Schal und die Erinnerungen an Laura Teil eines Fiebertraums gewesen sein müssen. Irgendetwas muss mir verabreicht worden sein. Oder es war eine Illusion. Oder eine Mischung aus beidem. Hatte ich die ganze Zeit eine Brille auf? Ich taste behutsam nach meiner Schläfe und verspüre einen leichten Druck. Der war doch sonst auch von den VR-Brillen gekommen, vielleicht hatte ich dann gestern auch eine auf, und die Szene in der Küche war eine VR-Illusion,

217

wie so viele hier auf dieser Insel. Ich schüttele den Kopf. Keine Ahnung, was hier vor sich geht. Vorsichtig strecke ich mein Bein Richtung Evangelina aus und zucke zusammen.

Ein Brandmal in Form eines Auges starrt mich an. Weiter weg als bei Rouven, weil meine eigene Wade weiter entfernt ist, aber sonst sieht sie genauso aus. Als ob mir jemand einen Stempel aufgedrückt hätte. Ein Stempel der Schuld, flüstert mir eine Stimme tief in mir drin zu. Es ist nicht Lauras Stimme. Sie ist dunkler, rauer.

Kühle Finger streifen meine Haut und lassen mich aufschrecken.

»Du musst jetzt tapfer sein, Isa. Aber so, wie ich dich kennengelernt habe, bist du das.« Sie hält die Dose mit dem Spray auf die Wunde zu.

Pfft, pfft, pfft. Mit drei schnellen Sprühstößen verteilt sich eine kalte, nach Chemie stinkende Flüssigkeit auf meiner Wade. Ich will Evangelina so viel fragen. Will wissen, ob alle diese Wunde haben. Will wissen, wo sie herkommt. Wer der Täter ist oder die Täterin. Was die Person damit bezwecken will. Warum wir alle wirklich hier sind. Mir ist ganz und gar nicht wohl bei dem Gedanken, dass wir Teilnehmer hier nach und nach verschwinden und mit einer Brandnarbe in Form eines Auges wieder zu uns kommen. Das alles sollte ich zur Sprache bringen, aber wahrscheinlich stehe ich noch unter Schock, denn ich bringe nur ein schlichtes »Wie habt ihr uns gefunden?« heraus. Ich beiße die Zähne zusammen, da Evangelina nun das Wattepad auf die Wunde drückt. Zwar vorsichtig und mit Bedacht, aber es schmerzt.

»Aaaalso«, setzt sie an. »Erst mal haben wir Simones und euer Verschwinden in direkten Zusammenhang gebracht. Ich meine, es sind hier Menschen auf einmal einfach weg. Ohne jede Spur.« Sie beißt die Verpackung der Mullbinde mit den Zähnen auf. »Dann hat Jonas vermutet, dass ihr beide euch vielleicht zurückgezogen habt.« Sie deutet mit dem Kopf auf das Deckenknäuel auf der anderen Couch, unter dem sich Nico befindet, wie ich jetzt weiß, und wickelt die Gaze um meine Wade. »Auch wenn wir hier alle eure Vibes spüren, kam mir das sehr abwegig vor, da Simone auf einmal weg war und du sie suchen wolltest.« Evangelina schlägt einen Knoten in die Binde und streicht sanft über den nicht verletzten Teil meines Beines.

»Mir kam das auch sehr merkwürdig vor. Wir haben uns Sorgen gemacht«, mischt sich Marita ein. Ich zucke beim Klang ihrer dröhnenden, tiefen Stimme zusammen. Das erste Mal drehe ich den Kopf und blicke über meine Schulter. Ganz langsam. Schwindel überkommt mich wieder. Mir ist mulmig. Marita steht an den Türrahmen gelehnt, ihr pinkfarbener Hut drückt gegen das dunkle Holz und zerquetscht leicht die Federn. Sie trägt wieder das Gleiche wie bei unserer Ankunft hier. Pinker Rock, kombiniert mit hellblauem Pullover und lilafarbener Steppweste sowie pinkem Hut, von dem Federn in der gleichen Farbe abstehen. Mir kommt die Situation am Steg, an die mich die Federn erinnern vor wie in einem anderen Leben. So viel ist in der Zwischenzeit passiert.

»Stehst du schon lange da?«, frage ich die Rentnerin. Sie schmunzelt.

»Seit du wach geworden bist, Kleine.« Da war wieder das vertraute Wort. Es klingt weich auf ihren Lippen. Liebevoll.

Auch wenn ich hier niemandem trauen kann, die rüstige Rentnerin, die ich seit meiner ersten Stunde an ins Herz geschlossen habe, kann ich einfach nicht verdächtigen. Auch wenn sie irgendetwas nicht preisgeben will.

»Wir müssen uns bei euch entschuldigen«, ergreift Evangelina wieder das Wort. »Bei Nico und dir«, ergänzt sie und zeigt auf meine schlafende Bekanntschaft. »Wir hätten mehr suchen sollen. Schneller suchen sollen. Wir haben nicht alles –«

»Ihr habt bestimmt getan, was ihr konntet«, unterbreche ich sie und klammere mich an das Wasserglas. Ich suche Evangelinas Blick, der bewusst in die Ferne gerichtet zu sein scheint. Ihre Lippe bebt.

»Isa«, sagt sie. »Ich will das nicht. Das darf nicht passieren. Nicht mir, du weißt ja, dass –«

»Ihr seid verschwunden, jetzt taucht ihr wieder

220

auf. Mit einem Brandmal an der Wade. Wir müssen dringend klären, was hier passiert und vor allem, wie wir uns schützen können«, unterbricht Marita sie mit ihrer resoluten, tiefen Stimme.

Sie positioniert sich mit verschränkten Armen neben den Kamin. »Wir haben versucht, Hilfe zu holen, aber es geht kein Anruf raus. Bei dem Schmuddelwetter keine Überraschung.« Sie deutet auf die breite Fensterfront, hinter der ich dunkle Wolken erkennen kann, die wirken, als hätten sie sich über uns eingenistet. Blitze zucken über den Horizont, das darauffolgende Donnergrollen lässt mich zusammenfahren. Instinktiv werfe ich einen Blick auf meine Armbanduhr.

»Es ist schon Nachmittag«, entfährt es mir erstaunt. Ich habe jegliches Zeitgefühl verloren.

»Du warst lange weggetreten, Kleine«. Marita nimmt Evangelina demonstrativ den roten Schal ab und kommt auf mich zu.

»Ist das deiner?«, frage ich die Rentnerin.

»Marita hat mir den Schal geliehen.«, antwortet Evangelina. Während ich den roten Schal betrachte, der schlaff in Maritas Hand liegt, geht mir ein Licht auf. Es war gar nicht Evangelinas Kleidungsstück. Mein Unterbewusstsein muss mir einen Streich gespielt haben. Erschöpft sinke ich gegen die Lehne und kann ein Stöhnen nicht unterdrücken. Es war doch eine Halluzination.

»Alles in Ordnung, Kleine?« Marita steht nun direkt vor mir.

»Wo ist der Professor?«, will ich wissen. »Und Jonas und Rouven? Geht es ihnen gut?«

Das Sofa wackelt ein wenig, während Marita sich in die Mulde neben mir setzt. Sie fährt mir langsam mit der Hand über das unversehrte Bein, in der anderen hält sie den Schal fest. Sie scheint sich daran zu klammern wie an einen Rettungsring. Als würde er ihr Sicherheit geben.

»Dem Professor geht es nicht gut«, erklärt sie.

Erschrocken blicke ich auf.

»Nicht, wie du denkst«, wirft Evangelina vom Kamin aus ein. »Er macht sich schreckliche Vorwürfe, der Herr Professor. Weil er uns hierhin geschleppt hat.« Evangelina macht eine ausladende Armbewegung, die das Kaminzimmer einschließt. Sie meint die ganze Insel und die Studien, wie mir klar wird.

»Er sagt, das sollte mal ein Experiment sein. Etwas anderes. Wollte sich rühmen, wenn das geklappt hätte. Wollte die Lorbeeren ernten. Sagt man das so? Lorbeeren ernten? Ach, ist nicht schlimm. Hochmut kommt vor dem Fall. Genau das ist es, was ich meine. Hochmut kommt vor dem Fall.« Evangelina redet sich mal wieder in Rage.

»Papperlapapp«, mischt sich Marita ein. »Mit dem Professor habe ich kein Mitleid. Wegen dem sind wir hier. Diesem Möchtegernhelden.« Sie wackelt so stark mit dem Kopf, dass ihre Federn auf dem Hut schwanken. Ich muss kurz die Augen schließen, sonst wird mir schwindelig. Mir ist immer noch mulmig.

»Apropos Professor«, ergreift Evangelina das Wort. Sie scheint sich wieder gefangen zu haben. Ihre Lippe zittert nicht mehr. »Er hat mich eingeteilt, auf Nico und dich aufzupassen. Aber wenn Marita hier ist, hat sich das jetzt erst mal erledigt. Dann kann ich weiter helfen, nach Simone zu suchen.« Sie schnalzt mit der Zunge, fährt sich mit der Hand über die Taille und stolziert hinaus.

Das Feuer lodert, die Wärme lullt mich ein, strömt durch meinen Körper hindurch, wie heiße Lava. Während ich Maritas Ausführungen lausche, komme ich immer mehr zu mir. Will noch nicht aufstehen. Kann es noch nicht.

»Die Studien sind nun endgültig abgebrochen. Es werden keine Eyetracking-Studien oder virtuelle Realitäten mehr stattfinden, hat der Professor gesagt.«

»Gut so. Dann ist uns diese Entscheidung jetzt ausnahmsweise mal abgenommen worden«, bestätige ich.

»Der Professor kann viel erzählen. Aber in diesem Fall sagt er, er lege dafür seine Hand ins Feuer.« Marita deutet auf die Flammen im Kamin, die sich am Holz entlang schlängeln, als müsste sie das Gesagte unterstreichen. »Diesem Professor«, setzt Marita an, »glaube ich nicht. Erst wenn er auch wirklich durchzieht, was er sagt. Das Boot für mich soll er auch geordert haben. Und jetzt. Siehst du irgendein Boot, das uns abholen soll?« Sie deutet auf die Fensterfront, durch das das aufgebauschte Meer ohne jegliche Schiffe deutlich zu erkennen ist und wartet meine Antwort nicht ab.

»Der Herr Professor sagt, wir sollten jetzt erst mal abwarten, bis etwas passiert. Die würden uns bestimmt bald abholen.« Sie schnaubt laut aus. »Eins kannst du mir glauben, Kleine. Ich wäre lieber gestern als morgen hier weg, und warten ist nun wirklich nicht mein Ding.«

»Meins auch nicht«, gebe ich zu und erkenne, dass Nico wach geworden ist.

Marita setzt sich auf sein Sofa und fängt an, seine Wunde zu desinfizieren. Er lächelt mich an, aber er scheint nicht richtig bei sich zu sein. So, als würde ihm nicht bewusst sein, wo er ist und was passiert ist. Er scheint auf Wolken zu schweben. Er schließt die Augen. Selbst als Marita das Desinfektionsspray auf seiner Wunde verteilt, verlässt kein Laut seinen Mund. Er stöhnt nicht, presst nicht die Zähne zusammen, wie Rouven es getan hat.

»Rouven.« Auf einmal muss ich an den Jungen denken und spreche seinen Namen laut aus.

»Ja, Kleine. Das musst du mir mal verraten, was du dir dabei gedacht hast.« Anklagend wedelt sie mit dem Zeigefinger hin und her, die Hand hält sie an Ort und Stelle.

»Du hättest uns von dem Brandmal erzählen müssen. Denn wenn ich das gewusst hätte ...« Ihre geschminkten Augenbrauen sind mal wieder gefährlich in die Höhe gezogen.

»Dann?« Unbehaglich verlagere ich das Gewicht, winkle die Beine an und ziehe die Decke noch ein Stück höher.

»Dann hätte ich darauf bestanden, hier abgeholt zu werden«, erklärt Marita, während sie den lethargischen Nico weiter versorgt.

»Rouven wollte nicht, dass ihr davon wisst«, verteidige ich mich.

»Ach, Papperlapapp«, winkt sie ab. »Darüber hättest du dich hinwegsetzten müssen. Du hättest uns darüber informieren müssen. Wenn ein Mensch verschwindet, ist das ja sehr schlimm, aber wenn der gebrandmarkt wieder auftaucht ...« Sie macht eine kurze Pause.

»Wo sind wir hier nur reingeraten?« Sie schüttelt den Kopf. Das frage ich mich auch schon seit langem. Mir ist danach, auszuflippen. Mir ist danach, zu schreien. Mir ist danach, aus der Haut zu fahren, aber dazu habe ich gerade keine Kraft. Es würde eh nichts bringen. So löst man keine Probleme. Das würde ich Marita am liebsten sagen, stattdessen schweige ich. Das Knacken der Holzscheite auf dem

225

Kamin, gemischt mit dem peitschenden Regen sind die einzigen Geräusche, die ich jetzt vernehme. Sie kommen mir mit jeder Sekunde, die wir schweigen, lauter vor. Mit jeder Sekunde, die das Geheimnis des Verschwindens und des Brandmals ungelöst bleibt.

Hey du,

Feuer hat die Menschen schon in der Steinzeit fasziniert. War ihre Lebensgrundlage. Hat sie gewärmt. Sie vor Tieren beschützt. Dafür gesorgt, dass sie Essen braten konnten. Jetzt beschützt es dich. Wärmt dich. Sorgt für dich. Lullt dich ein. Die Hitze legt sich wie ein warmer Umhang über dich und verschleiert, worum es eigentlich geht.

Leg ihn frei, den Nebel. Lass dich nicht einlullen.

Leg ihn frei, bis du siehst, was du sehen sollst. Ich sehe dich.

Ich sehe, was du siehst.

Kapitel 18

Flammen züngeln am Holz, spielen mit dem Scheit wie eine süße Liebkosung, der herbe Duft von Feuer vermischt sich mit dem frischen Geruch von Minze, der mir in die Nase kriecht. Meine Hände umklammern die warme Tasse, ich nippe vorsichtig daran und verbrenne mich fast an der heißen Flüssigkeit. Wenn schon kein Mintplättchen zur Verfügung steht, gebe ich mich vorerst mit Pfefferminztee zufrieden. Mein Bein habe ich ausgestreckt, will nicht, dass die Decke an meine Wunde kommt, auch wenn sie mittlerweile verbunden ist. Genauso, wie Nicos Wunde versorgt wurde. Wir wurden von Marita mit jeweils einer Tasse dampfenden Tees allein gelassen, damit wir zu uns kommen können.

Da wir nicht wissen, was uns verabreicht wurde, sollten wir noch ein wenig hierbleiben. Mein Kreislauf ist zu meinem Leidwesen immer noch instabil, wie zwei Schritte Richtung Kamin bewiesen, nach denen ich von Marita gestützt werden musste. Daher liege ich nun »im Aufwachraum«, wie es die Rentnerin formuliert und dabei Anführungszeichen in die Luft gemalt hat.

Nico ist aus seiner Lethargie erwacht. Von einer Sekunde auf die andere. So, als wäre er eine Marionette und als würde eine unsichtbare Macht an den Strippen ziehen, hat er sich langsam aufgerichtet, sich gegen die Lehne gestützt, seinen wachen Blick auf mich gerichtet und sich von mir über alles ins Bild setzten lassen. Ich nehme noch einen Schluck und genieße, wie die heiße Flüssigkeit meine Kehle entlang fließt. Zusammen mit dem knisternden Feuer wird mir wohlig warm.

»Ich muss irgendwo gewesen sein, wo es kalt ist«, vermutet Nico und schaudert. Seine Teetasse steht halb voll auf dem Wohnzimmertisch. Er deutet mit der Hand auf die Fensterfront. Es ist jetzt dunkel, aber ich erkenne trotzdem, dass draußen das Unwetter tobt, was uns seit Tagen mit nur wenigen Ausnahmen hier begleitet.

»Ich glaube«, ich versuche meine Gedanken zu sortieren, während ich auf den Tee puste und sich kleine Kreise auf dem Wasser in der Tasse bilden, »dass mir die Situation in der Küche nur vorgespielt wurde. Dass das eine Halluzination war. Oder eine weitere Illusion. Mein Geist muss mich ausgetrickst haben.« Das war immerhin ein Ansatz.

»Es war so real. So echt. Ich habe sie gesehen.«

»Wen?«

»Evangelina. Sie war in der Küche, hat Teig gegessen. Er sah so echt aus wie gestern der Muffinteig. Der mit den Rosinen. Und mich hat das Ganze an ein Ereignis aus meiner Kindheit erinnert.« Ich verstumme. Schaue unsicher auf, weil ich nicht weiß, ob das schon zu viel war und ob Nico es überhaupt wissen möchte.

Er kramt die Münze aus seinem grauen Chicago-Bulls-Hoodie hervor und sieht zu mir herüber.

»Bei mir war es auch so. Nur, dass ich nicht in der Küche war, sondern auf der Kirmes.«

»Die echte oder die aus der Simulation? Die mit Bernd?«, will ich wissen.

»Es war irgendwie vermischt. So surreal. Bernd hat mir in der Halluzination eine silberfarbene Münze auf die Augen gedrückt.« Nico schüttelt den Kopf. »Er hat geflüstert.« Seine Stimme nimmt ebenfalls einen Flüsterton an. »Ich sehe dich. Siehst du mich auch?« Die Worte kommen nur noch als Hauchen über Nicos Lippen. Ein Schauer fährt durch meinen Körper.

Mit einem Nicken fordere ich ihn auf, fortzufahren. Er sammelt sich kurz, dann spricht er weiter: »Der Abend auf der Kirmes. Der vor zwei Jahren. Ich erinnere mich wieder. Bernd oder wie auch immer er heißt, ist von uns weggehumpelt, hat sich dann abgestützt.« Er hält inne, lässt die Münze in seinen Schoß fallen und wischt sich mit der Hand über das Gesicht. »Das hier passiert alles wegen mir, Isa.« Sein Körper zittert. Ich traue meiner körperlichen Verfassung und stehe auf, lasse mich neben ihn auf das Sofa sinken und krieche unter seine Decke. Er braucht mich jetzt. Das spüre ich.

»Du wolltest Antworten«, sagt er in die Stille hinein, die nur durch das Knacken des Feuers und das Regenprasseln unterbrochen wird. »Da sind sie, die Antworten. Wurden in nur einer Nacht wie eine Muschel durch eine Welle hervorgespült.« Er lehnt sich mehr zu mir, wir sinken jetzt beide gegen die Lehne der Couch. Ich traue mich nicht, danach zu fragen. Spüre, dass Nicos Worte rausmüssen. »Mein Freund Sebastian ist gegangen. Vor langer Zeit.«

Jetzt muss ich doch etwas sagen. »Lebt er noch?« Die drei Worte verlassen zaghaft meinen Mund. Er schüttelt langsam den Kopf, was mich erstarren lässt. Eine Gänsehaut überzieht meinen Körper. Ich weiß nicht, ob ich die Geschichte ertragen kann, bin kurz davor, ihn zu stoppen. Lasse es aber ihm zuliebe zu. Er öffnet sich gerade. Die Erinnerung muss raus. Muss ans Tageslicht. Sie hat anscheinend schon so lange in der Dunkelheit geschlummert. So dunkel, wie es draußen gerade ist.

»Ich habe Sebastian gesucht.« Nico schluckt. »So wie Rouven ist er einfach verschwunden. Daher kommt mir hier alles so vor, als wäre dieses Theater nur für mich inszeniert.« Er schluckt erneut. Sein Adamsapfel hüpft einmal hinauf, dann wieder hinab.

»Als sollte ich daran erinnert werden, dass ich nicht alles gegeben habe. Dass die Leute in meiner Umgebung verschwinden. Mich verlassen, einfach –«

»Woran ist er gestorben?«, unterbreche ich ihn.

Er atmet tief aus.

»Wenn ich dir das jetzt sage, darfst du mich nicht

verurteilen.« Er dreht seinen Kopf und ist jetzt ganz nah bei mir. Ich kann die mokkafarbenen Sprenkel in seiner Iris erkennen.

»Das tue ich nicht«, bekräftige ich und berühre über der Decke sein Knie, fahre vorsichtig in kleinen Kreisen mit der Hand darüber. So, wie er das bei mir gemacht hat.

»Sebastian wollte meine Freundschaft nicht mehr.« Nico schüttelt den Kopf.

Jetzt bin ich doch verblüfft, da das etwas anderes ist, als ich erwartet habe.

»Ich habe gewusst, dass du mich nicht verstehst. Niemand tut das.« Er deutet mit dem Kinn auf mein Gesicht. Schlagartig wird mir bewusst, dass ich die Augen aufgerissen und den Mund geöffnet habe.

»Was ist mit Sebastian passiert? Erzähl mir alles, auch wenn es merkwürdig klingt«, fordere ich ihn auf.

»Irgendwann ist er einfach verschwunden, hat nicht auf meine Nachrichten geantwortet. Hat sich von jetzt auf gleich abgekapselt. Ich habe ihn überall gesucht. Die Münze ist das Einzige, was mir von ihm geblieben ist.« Er schluckt. »Sie war ihm wichtig, er hat sie von seinem USA-Aufenthalt mitgebracht. Wie den Hoodie.« Langsam fährt er fort. »Ich konnte Sebastian nicht auffinden, nicht erreichen. Hab ihn sogar bei der Polizei als vermisst gemeldet.« Nico greift meine Hand und klammert sich daran fest. Als wäre das der Rettungsanker, den er jetzt braucht.

232

Keine Münze, kein Mintplättchen, sondern einfach nur meine Hand.

»Er wollte weg von mir und ich weiß immer noch nicht wieso. Kann ihn nicht mehr danach fragen.« Sein Griff wird stärker. »Nach Jahren hörte ich dann von einer ehemaligen Schulfreundin, zu der er offenbar noch Kontakt hatte, dass er sterbenskrank wurde. Ich konnte mich nicht mehr von ihm verabschieden. Die Münze habe ich von ihm. Sie erinnert mich daran, dass ich ihn nicht vergessen darf.«

Wieder zucke ich leicht zusammen. Es war wirklich eine völlig andere Geschichte als erwartet. Wer war ich, darüber zu urteilen, was Nico belastete. Ob seine Last, die er zu tragen glaubt, schwerer ist als die eines anderen Menschen. Schwerer ist als meine. Instinktiv ziehe ich ihn in meine Arme, streiche ihm über den Rücken und bin von seiner Wärme überwältigt. »Er ist nicht wegen dir gestorben«, stelle ich richtig und füge hinzu: »So wie Laura nicht wegen mir gestorben ist.« Jetzt sind die Worte raus. Endlich. Es tut gut. Besser, als ich jemals geglaubt hätte.

Mein Kinn immer noch an seiner Schulter, streiche ich mit der Hand über seinen Rücken und genieße einfach, dass er da ist. Ich vertraue ihm. Er kann nicht für mein Verschwinden, die Halluzinationen, das Beruhigungsmittel hier auf der Insel verantwortlich sein. Wir waren beide gleichzeitig weg.

»Erzählst du mir von ihr?«, bittet er mich. Seine

Hand streicht nun auch über meinen Rücken. Zusammengekauert hocken wir auf der Couch, geben uns Halt. Sehen uns nicht an, sondern schauen jeweils über die Schulter des anderen.

»Das alles erinnert mich an sie. An Laura. An ihren Unfall.« Bilder der Erinnerung durchfluten mich, laufen wie ein Film vor meinem geistigen Auge ab.

»Wir waren im Campingurlaub. Meine Eltern haben noch im Wohnwagen geschlafen. Laura und ich lagen eng aneinander gekuschelt im Zelt. Die Idee kam von mir.«

Ich halte inne, muss mich sammeln. Es ist das erste Mal, dass ich die Erinnerung mit jemandem teile, wenn man von der Kinderpsychologin absieht, bei der ich auf Bitten meiner Eltern ein paar Mal war. Mein Blick huscht zum Pfefferminztee, ich widerstehe der Versuchung und konzentriere mich auf Nico. Seine kreisenden Bewegungen auf meinem Rücken und sein gleichmäßiger Atem scheinen mich aufzufordern, weiterzumachen. Mich weiter zu öffnen.

»Es war mein Vorschlag. Ich wollte zum Sonnenaufgang ins Meer. So verschlafen, wie Laura war, stand das im Gegensatz zu meiner Aufgekratztheit. Ich weiß nicht mehr, warum ich das unbedingt wollte. Hab das von Emily mal gehört, dass das toll sein soll. Mich danach gesehnt, die Wellen an meiner Haut zu spüren, wenn die Sonne das erste Mal den Tag begrüßt und die Orange-rot-Töne das Meer anmalen. Laura hat mir alles nachgemacht. Hat immer zu mir aufgeblickt. Ich war ihre große Schwester, ihr Vorbild. Ich hätte sie niemals im Halbdunkeln zum Strand schleifen dürfen. Hätte niemals mit ihr –« Meine Stimme bricht abrupt ab, mein Brustkorb zittert, mein Körper bebt, eine heiße Träne fließt meine Wange hinab.

»Schhh«, versucht Nico mich zu beruhigen.

»Lauras kleiner Körper wurde von mir weggetrieben, wie der von Simone gestern. Ich war selbst noch ein Kind. Konnte nicht helfen. Deswegen habe ich später den Rettungsschwimmerkurs gemacht. Und den Erste-Hilfe-Lehrgang.«

»Es war ein Unfall.« Seine raue Stimme ist jetzt ganz nah, dringt direkt an mein Ohr.

»Du bist nicht dafür verantwortlich, Isa« Er hält mich an der Taille fest, schiebt mich sanft ein Stückchen von sich weg, sodass er mich mit ernstem Blick eindringlich mustern kann.

»Du auch nicht für Sebastian«, bestätige ich.

Mit einem Mal spüre ich seinen sanften Finger an meiner Wange. Langsam und bedächtig wischt er die Träne weg, hält meinen Blick mit seinem fest.

So nah waren wir uns seit dem Abend vor zwei Jahren nicht mehr. Nicht seit dem One-Night-Stand.

»Ich habe dir das mit Sebastian nicht erzählt, damit du Mitleid mit mir hast.« Er hält meinem Blick stand.

»Sondern, damit du verstehst, was mich belastet hat. Auch wenn das so irre ist, dass ich mich nicht getraut habe, jemandem davon zu erzählen. Jeder hätte mich für verrückt erklärt. Du nicht, Isa.«

Ich blinzle und genieße seine Berührung, die nicht aufhört.

»Ständig haben sich Personen nicht mehr bei mir gemeldet. Menschen, die mir wichtig waren. Auch wenn ich sie noch nicht lange kannte. So wie dich.« Er streicht noch einmal sanft mit den Fingerkuppen über meine Wange, obwohl die Träne längst verschwunden ist.

»Was hat das mit mir zu tun?«, will ich wissen.

»Ich habe dir vor zwei Jahren eine Nachricht hinterlassen, auf der Wasserflasche, mit schwarzem Edding. Weil ich zur Arbeit musste, konnte ich mich nicht persönlich verabschieden. Du hast noch geschlafen. Ich wollte dich nicht wecken. Aber ich habe mir gewünscht dich wiedersehen und hätte mich gefreut, wenn du dich gemeldet hättest.« Er legt eine Pause ein und fügt dann leise hinzu: »Das hast du nicht getan.«

»Ich habe es einfach nicht gesehen«, verteidige ich mich und mir wird klar, dass es wieder darum geht, was ich gesehen habe. Welchen Hinweis ich erkannt habe oder auch nicht.

»Es tut mir leid«, flüstere ich.

Er schenkt mir ein zaghaftes Lächeln, was mit jeder Sekunde intensiver wird.

»Ich wollte dich auch wiedersehen, wusste aber nicht, wie ich dich erreichen sollte«, gestehe ich. Mein

Blick gleitet zu seinem Mund, der sich einen Spalt breit geöffnet hat. Aus dem kein warmer Atem kommt. Hält er gerade die Luft an?

»Ich habe dich gefunden«, flüstert er, während er den angehaltenen Atem entweichen lässt, der nun doch mein Gesicht umspielt. Er hält seinen Blick ebenfalls nicht mehr auf meine Augen gerichtet, sondern ein paar Zentimeter tiefer. Während er näher rückt, greift seine Hand in meine Haare. Mit der anderen Hand hält er locker meinen Kiefer fest, fährt mit der rauen Daumenkuppe mein Kinn entlang. Ich spüre seinen würzigen Atem immer intensiver. Seinen Geruch nach Zedernholz. Er kommt nicht vom Kamin, sondern strömt mir aus nächster Nähe entgegen. Ich hebe meinen Kopf. Will vergessen, was alles passiert ist. Ich schließe die Augen, während seine sanften Lippen meinen Mund streifen. Hauchzart und weich, so wie ich es in Erinnerung habe.

»Isabella? Nico?« Der schrille und laute Ruf unserer Namen lässt uns auseinanderfahren. Ertappt schaut er mich an, als hätten wir etwas Verbotenes getan.

Wie zwei entgegengesetzte Magnete treiben wir auf der Couch auseinander. Ich setze mich kerzengerade hin und spüre, wie Hitze durch meinen Körper strömt.

Evangelina platzt ins Kaminzimmer.

»Kommt schnell. Ihr müsst uns helfen.«

»Was ist passiert?«, stellt Nico die unausweichliche Frage und erhält eine verblüffende Antwort aus

Evangelinas Mund.

»Simone ist wieder da. Sie verblutet.«

Hey du,
ein Kuss ist was Feines. Belebt die Sinne.
Ruft Erinnerungen wach. Lässt dich zu
etwas Besonderem werden. Du fühlst dich
begehrenswert. Umworben. Geliebt. Wenn
sanfte Lippen dich umgarnen und du Atem
auf deiner Haut spürst, der nicht dein eigener
ist, sich mit deinem vermischt, kehrt dieses
Gefühl in deinen Körper zurück. Das Gefühl,
etwas Besonderes zu sein.
Das bist du. Etwas Besonderes.
Darum habe ich das hier alles getan. Habe
all die Vorbereitungen getroffen, alles so
inszeniert, damit du die Hinweise siehst.
Damit du alles aufdecken und an die
Oberfläche bringen kannst.
Schicht für Schicht.
Ich sehe dich.
Ich sehe, was du siehst.

Kapitel 19

Man könnte Simone für eine Puppe halten, wie sie da hängt. Ein Arm auf Professor Hahrmachers Schulter, die andere Hand in Jonas Haare gekrallt. Ihr Teint weiß wie Porzellan, die Augen geschlossen. Ihre blonden Locken stehen ihr wirr wie ein Heiligenschein vom Kopf ab.

»Platz da«, dröhnt Professor Hahrmacher, der Simones Körper zusammen mit Jonas und Rouven in wenigen Schritten und unter stetigem Keuchen auf den Holztisch wuchtet.

Simone dreht murmelnd den Kopf auf der Tischplatte von links nach rechts, öffnet dann die Augen. Gott sei Dank, sie ist nicht bewusstlos. Geistesgegenwärtig räume ich die Gegenstände, die sich auf dem Tisch befinden, ab.

»Sie lebt«, entfährt mir das Offensichtliche, während mein Blick ihren Körper weiter entlangwandert. An Simones Wade leuchtet mir regelrecht das Auge entgegen. Das gleiche Brandmal, wie ich es schon häufiger gesehen habe. Bei Rouven, bei Nico, bei mir. Mit jeder Gewichtsverlagerung, mit jedem Schritt merke ich die Wunde an meiner Wade.

Es ist nicht das Brandmal auf Simones Bein, was alle hier in helle Panik versetzt. Es ist anscheinend eine Wunde an ihrem Oberschenkel, die von einem braunen Gürtel überlagert wird.

»Wer hatte die Idee mit dem Gürtel?«, will ich wissen.

»Ich«, antwortet Jonas. »Keine Ahnung, ob das richtig war. Ich weiß es doch auch nicht. Nichts weiß ich.« Jonas kratzt sich am Kopf. »Sondern hab einfach gemacht. So wie in den Filmen. Wir haben Simone gefunden und die Blutung musste erst mal gestoppt werden.« Jonas spricht schneller als sonst und wird von Simones Gemurmel unterbrochen.

»Simone? Bleib bei uns«, spreche ich ebenfalls hektisch auf sie ein, streiche ihr eine wirre, blond gelockte Strähne aus der Stirn und ernte ein leises Stöhnen. Das muss der Schock sein.

Evangelina löst langsam den Gürtel, und erleichtert stelle ich fest, dass es sich nicht um eine immer weiter quellende Blutung handelt, sondern um eine scheinbar oberflächliche Fleischwunde mit sauberen Wundrändern und geradem Schnitt. So was hat Emily mir mal erzählt. Ein Traum wäre das, wenn so etwas mal passiert, hatte sie gesagt und mir eine Abbildung im Lehrbuch gezeigt. Glück im Unglück würde man so etwas nennen, hatte sie behauptet. In ihrer Ausbildungszeit hat sie diese chirurgischen Notfallsets mit gebogener Schere gekauft und wir haben zusammen an einem Hähnchen geübt. Nur so zum Spaß. An einem Hähnchen! Der Gedanke kommt mir jetzt hier auf dieser Insel, in dieser Küche völlig verrückt und fehl am Platz vor. Ich nähere mich der Wunde und halte zum Abmessen die Hand ein paar Zentimeter schwebend darüber.

»Drei Finger breite Schnittwunde mit sauberen Wundrändern. Gerader Schnitt. Das muss genäht werden«, stelle ich fest.

»Woher weißt du das alles?«, fragt der Professor.

»Meine Freundin ist Krankenschwester. Wir haben das geübt.« Das muss als Erklärung reichen.

»Wir brauchen irgendetwas dafür. Da gibt es so Notfallsets.« Ich schnippe mit den Fingern und überlege, wie ich das erklären kann. »Da ist eine Pinzette drin, so Mull-Zeug und ganz viele andere Sachen, um die Wunde sauber zu halten«, versuche ich mich zu erinnern, »und gebogene Scheren, das Set ist nur einmal zu benutzen, aber –«

»Mehr als einmal brauchen wir das nicht«, unterbricht Evangelina mich und fügt dann hinzu. »So etwas Professionelles haben wir hier bestimmt nicht.«

»Doch«, wirft der Professor ein, alle Köpfe richten sich nach ihm aus. Selbst Simones auf der Tischplatte.

»Jetzt schaut mich nicht so an, aus versicherungstechnischen Gründen bin ich verpflichtet, so etwas mitzuführen. Ich glaube«, er kratzt sich grübelnd am Kinn, »das ist oben. Und in dem Notfallkoffer«, er deutet auf das rote Ungetüm, was jemand geistesgegenwärtig in die Küche geschleppt hat, »müssten noch sterile Handschuhe sein.«

»Ich hole dieses Notfall-näh-Dingsbums«, bietet Marita an. Sie steht mit ihrem pinken Hut auf der

Türschwelle zur Küche, erinnert mich mit dem pinken Rock, dem hellblauen Pullover und der lilafarbenen Weste an eine Comicfigur. An eine Comicfigur, die sich die Nase zuhält und mir direkt in die Augen sieht.

Ich kann erkennen, dass sie in jedem Fall vermeiden will, einen Blick auf die Wunde zu werfen und nicke ihr zu.

»Bring es uns. Schnell. Und Jonas«, ich deute auf meinen verdutzten Kommilitonen, »weiß sicher, wo das ist. Hilf Marita beim Suchen.«

Erleichtert und wie, als hätten sie auf das Signal gewartet, verlassen Jonas und Marita die Küche.

Alle noch anwesenden Personen starren mich an. Scheinen auf weitere Befehle zu warten. Ohne nachzudenken, habe ich das Kommando übernommen, weil ich mich wegen Emily dazu in der Lage fühlte. Und wegen Laura. Weil ich nicht noch einmal einen Fehler machen will. Ich erteile kurze und knappe Anordnungen, während ich das Gel aus dem Notfallkoffer fische und neben die Wunde schmiere.

»Isa«, keucht Simone. »Jemand von euch muss das nähen. Helft mir bitte.«

»Nur wenn du dein Okay gibst, kann das jemand von uns machen«, werfe ich ein, weil Emily mir das genauso eingebläut hat. Sonst wäre das ein Eingriff, der nicht erlaubt ist.

»Ja, bitte«, bekräftigt Simone, während ich in sanften Bewegungen das Gel einmassiere, damit die Verletzung örtlich betäubt ist. Dabei achte ich darauf, die Wunde zu umrunden und nicht direkt zu berühren, wie Emily es mir beigebracht hat. Es fühlt sich so an, als würde meine beste Freundin direkt neben mir stehen und mir Anweisungen zuflüstern. Die imaginären Befehle gebe ich direkt an die anderen weiter. Sie befolgen sie, als hätten sie auf die Person gewartet, die weiß, was zu tun ist.

Wie von mir gewünscht, stellt der Professor eine mit heißem Wasser dampfende Schüssel auf die Anrichte.

»Wir müssen schnell sein, sie verblutet uns sonst«, mahnt Evangelina.

»Übertreib mal nicht«, versucht der Professor zu beschwichtigen. »Sie wird schon überleben. Es ist nichts Schlimmes passiert. Das muss noch vom Sturz kommen. Sie hatte sich wohl an den Klippen verletzt, und das hat sich wieder geöffnet. Nicht weiter tragisch«, wiederholt er.

»Nicht weiter tragisch?«, echot Evangelina. Ihre Stimme ist nun mindestens eine Oktave höher und überschlägt sich fast. »Wenn ihr nicht mit euren Studien –«

»Ruhe«, unterbricht der Professor sie vehement. »Für Vorwürfe und Spekulationen ist später Zeit.«

Ein Röcheln aus Simones Mund scheint seine Worte zu bestätigen.

Mir sacken kurz die Knie weg, ich kann mich aber in letzter Sekunde wieder fangen. Ob es von der

Anspannung kommt, von dem Beruhigungsmittel oder von dem metallischen Geruch von Blut, irgendetwas passiert mit meinem Körper. Er wankt, entzieht sich meiner Kontrolle. Ein schwarzer Schleier schiebt sich vor meine Augen, wie gestern, als ich mit einer Spritze betäubt wurde. Passiert das hier wieder? Ich sehe nichts mehr. Meine Welt schwankt. Die Stimmen rauschen an meinem Bewusstsein vorbei wie Sternschnuppen über den Nachthimmel. Wo kommen diese Gedanken auf einmal her? Die Hand ausgestreckt bekomme ich einen Arm zu fassen, halte ihn fest, kralle mich mit der anderen an das Shirt. Zedernholzgeruch durchströmt meine Nase. Nico. Gut so. Er ist einer der wenigen hier, dem ich traue. Langsam, wie Nebel, der sich lüftet, kann ich mein Sichtfeld wieder wahrnehmen.

»Alles in Ordnung?«, fragt er.

Der Professor und Evangelina warten ebenfalls auf meine Antwort, was ich an ihrer Körperhaltung erkenne.

»Kreislaufschwäche«, gebe ich knapp Auskunft.

»Kannst du trotzdem nähen?«, fragt Evangelina mich.

Erst jetzt wird mir so richtig bewusst, dass die Küche wie ein kleiner Operationssaal aufgebaut ist. Simone liegt auf dem desinfizierten Tisch. Auf der Anrichte dampft immer noch die Schüssel mit dem heißen Wasser. Der Erste-Hilfe-Koffer liegt aufgeklappt neben Simones Kopf, die sterilen Handschuhe liegen neben einem Jodfläschchen bereit.

»Ich helfe dir«, kommt das mittlerweile erwartete Angebot seitens der hilfsbereiten Brünetten. Ich wundere mich, dass ich anfangs etwas anderes über sie gedacht habe.

»Wir beide haben Simone aus dem Meer gefischt. Ich kann zwar nicht nähen, aber ich assistiere dir. Skalpell, Schere, Tupfer und so. Wie man das aus schlechten Serien kennt.« Evangelina schmunzelt.

»Mir ist gerade nicht zum Lachen zu Mute«, entgegne ich und kremple demonstrativ die Ärmel hoch. »Ich mach es.«

Mir scheint niemand von uns Anwesenden hier geeignet zu sein. Einen Arzt zu rufen, macht keinen Sinn, weil kein Signal rausgeht. Also bin ich die Person, die das noch am ehesten kann und die es wenigstens mal geübt hat, wenn auch nur an einem Hähnchen, aber das muss reichen. Ich nicke dem Professor zu. Nico sitzt auf der Küchenbank, die nicht von einer Blutspur überzogen ist. Er scheint kreislauftechnisch noch angeschlagener zu sein als ich, hält sich den Kopf und lehnt sich mit geschlossenen Augen zurück.

»Dann ist das geklärt«, entscheidet der Professor. »Brauchen wir jetzt nur noch Nadel und –«

»Tadaaa«, höre ich Maritas tiefe Stimme von Weitem.

Mit ausgestreckter Hand kommt sie auf mich zu und drückt mir das besagte Notfall-Nähset gegen den Brustkorb. Mit der anderen hält sie sich demonstrativ

246

die Nase zu, weshalb ihre nächsten Worte nasal und merkwürdig klingen.

»Geliefert wie bestellt, Kleine.« Demonstrativ sieht sie Richtung Ausgang.

»Danke. Wir müssen jetzt. Kannst du uns noch helfen, Marita?«

Die Angesprochene richtet ihren Blick wieder auf die Tür, scheint sich nicht sicher zu sein, ob sie gehen oder bleiben soll.

»Nein«, presst sie hervor und will schon verschwinden. Da passiert etwas Erstaunliches. Simone reißt die Augen auf und richtet ihren Blick eindringlich in Richtung Küchentür.

»Sie«, kommt es hustend aus dem Mund unserer Haushälterin.

»Was willst du uns sagen?«, frage ich.

»Sie«, wiederholt die Haushälterin und zeigt mit dem Kopf auf die Tür, wo Marita wie angewurzelt steht und ein groteskes Bild abgibt. Nicht nur der pinke Rock und der farblich passende Hut samt Federn sowie der hellblaue Pullover, kombiniert mit lilafarbener Steppweste fallen mir ins Auge. Sondern auch die Tatsache, dass sie sich wie mit einer Kneifzange die Nase mit Daumen und Zeigefinger beinahe zerquetscht.

»Marita, du bist gemeint, du sollst bleiben«, schlussfolgert Evangelina.

»Ich. Kann. Nicht«, presst Marita hervor. Die Hand

immer noch an der Nase, verlässt sie die Küche.

»Hoffentlich reicht das Gel als Betäubung«, spreche ich meinen Gedanken laut aus und greife zur Schere.

»Holt sie zurück. Marita. Holt sie«, bittet Simone eindringlich. »Marita. Sie ist Krankenschwester«, setzt sie nach. »Rouven weiß das.« Die Worte kommen jetzt leise aus ihrem Mund.

Der genannte zuckt nur mit den Schultern. »Keine Ahnung, wovon sie spricht.«

Der Professor, der Simones Hand hält, streicht ihr mit der anderen über die Schläfe. »Du halluzinierst. Wenn Sie Krankenschwester wäre, würde sie Blut sehen können und nicht panisch den Raum verlassen.«

Mit Blick auf die immer noch blutende Wunde schenke ich der Diskussion keine Beachtung, sondern konzentriere mich auf meine Aufgabe.

Hey du,
warst du mal in einem Operationssaal? Ich
meine so einen richtigen Operationssaal
mit hellen Lampen und sterilen Utensilien?
Nicht so ein laienhaftes Werk, wie ihr mir
präsentiert habt. Das ist lächerlich, was ihr
hier bietet. Ich hätte mehr erwartet. Von
euch allen und vor allem von dir. Weil du dich
nur auf die nächste Aufgabe konzentrierst.
Nur reagierst, anstatt zu hinterfragen.
Wann fängst du endlich an, dich auf die
richtige Suche zu begeben?
Wann fängst du endlich an, zu sehen, was dir
bis jetzt verborgen geblieben ist? Ich warte.
Aber nicht mehr lange.
Ich sehe dich.
Ich sehe, was du siehst.

Kapitel 20

Tag 6

Regen prasselt auf mich nieder und perlt an meiner Regenjacke ab. Ich lasse es geschehen, muss mich nach dieser Aktion abkühlen, brauche Sauerstoff. Am Geländer auf dem Balkon gelehnt, der von meinem Zimmer ausgeht, sauge ich die kalte Luft ein wie eine Ertrinkende und starre hinaus auf das immer noch aufgewühlte Meer. Die Wellen toben, bauschen sich auf. Meine nassen Finger umgreifen das kühle Geländer. Ich drücke meinen Rücken durch und tue das, wonach mir schon seit Tagen zumute ist und was ich mühsam unterdrückt habe.

Ich schreie. Laut. Ohne daran zu denken, wie das wirken könnte. Ohne daran zu denken, dass mich jemand als schwach einschätzen könnte. Ich schreie. Immer weiter. Halte mich dabei am Geländer fest. Meine Kapuze wird mir durch den kalten Wind vom Kopf geweht. Ich ziehe sie mit beiden Händen herunter und schreie weiter. Die Angst, die Wut, die Emotionen, die man hat, kann man bündeln. Nach Lauras Tod hatte ich diese Emotionen. Trauer. Liebe. Angst. Wut. Enttäuschung. Über mich selbst. Über andere. Wut auf mich selbst. Wut auf andere. Während der Therapie für Jugendliche, bei der ich damals teilgenommen habe, weil vor allem meine Eltern darauf bestanden, wurden mir Tipps gegeben, die ich in Notsituationen anwenden soll. Meine Hand krallt sich immer weiter um das kalte, nasse Metall.

»Was nutzen diese Tipps, wenn man im Notfall anderes zu tun hat? Wenn man sich ständig verantwortlich fühlt. Ständig schuldig fühlt. Einfach nur helfen will. Kann mir das mal einer erklären?«

Ich lasse mich gehen, wie schon lange nicht mehr und stelle fest, dass es mir guttut. Das hätte ich schon viel eher machen sollen. Die Bilder meiner gestrigen Rettungsaktion schieben sich vor mein geistiges Auge. Die Anspannung war so groß wie lange nicht mehr. Konzentriert habe ich die Wunde genäht, so wie Emily und ich es an dem Hähnchen geübt haben.

»Verdammt, Emily!«, rufe ich in die Weite hinaus, wohlwissend, dass mich meine Freundin nicht hören kann.

»Du hättest mir sagen müssen, dass es nicht so einfach ist wie mit einem Hähnchen.« Meine Stimme ist jetzt nicht mehr aggressiv, aber immer noch laut.

Es hatte mehr als die sieben Stiche gebraucht, die wir damals an dem Hähnchen geübt haben. Die Haut von Simone gestern war fester, viel fester sogar als der Jeansstoff, auf den ich mal eine Tasche draufgenäht habe. Wer konnte so etwas ahnen?

»Es war nur eine Fleischwunde, Emily«, höre ich mich selbst reden. Meine Hand zittert, klammert sich trotzdem weiter fest. »Die ist durch den Klippensturz entstanden und dann wieder aufgegangen. Jetzt ruht Simone sich in ihrem Zimmer aus. Aber vorher war sie verschwunden, Emily, kannst du dir das vorstellen?« Das Schreien tut mir gut, es musste einfach mal raus.

»Wieso hat mich keiner abgehalten, hier mitzumachen?«, frage ich in die Ferne. Meine Stimme wird von tosendem Meeresrauschen und prasselndem, kalten Regen verschluckt, der jetzt meine Hose durchweicht. Das Meer wird mir nicht antworten.

»Auch ich bin verletzt. Im wahrsten Sinne des Wortes, Emily.« Ich will nicht weinerlich klingen, aber da meine Freundin mich nicht hören kann, lasse ich meinen Gefühlen freien Lauf. Ich brauche das jetzt.

»Auf meiner Wade prangt ein Auge, Emily. Ein Auge, verdammt! Ein Brandmal.« Ich seufze.

»Wenn ich geahnt hätte, was hier passiert, auf dieser verfluchten Insel, dann wäre ich niemals in dieses Boot gestiegen.« Die Worte aushauchend, drehe ich mich um und bin überrascht über den Anblick der Person, die im Türrahmen steht.

»Ich auch, Kleine, das kannst du mir glauben«, gibt Marita zu. Ich zucke erschrocken zusammen und starre in ihre Richtung.

»Schleich dich nicht an«, entfährt es mir aggressiver, als mir lieb ist. »Nicht schon wieder. Kann man hier auf dieser beknackten Insel nicht mal ein paar Minuten für sich haben?«

Die Rentnerin, die anscheinend kein Blut sehen kann, ist nicht mehr so blass wie gestern. Wir haben uns alle über Nacht ein wenig erholen dürfen. Marita trägt merkwürdigerweise die gleichen bunten Kleidungsstücke wie gestern.

»Entschuldige, kleine Eiskönigin, aber ich stand gerade vor deiner Tür und hab dich schreien gehört.« Sie kommt näher.

Und mit jedem Schritt, den Marita auf mich zumacht, wird die Erinnerung an Laura wieder hochgespült. Ich gehe auf sie zu, bleibe in Evangelinas und meinem Zimmer stehen, lasse meinen Blick schweifen, der gerade jetzt an der granitfarbenen Vase auf dem Tisch hängen bleibt, die Evangelina aus ihrem Zimmer gerettet und hier in mein Zimmer verfrachtet hat. Mittlerweile ist es unser Zimmer. Die Vase in unserem Zimmer erinnert mich gefährlich realistisch an eine Urne. An Lauras Urne. Unwillkürlich muss ich wieder an meine Schwester denken. Alles hier erinnert mich an Laura.

»Ich hab dir schon mal gesagt, dass ich nicht Eiskönigin genannt werden will«, zische ich.

»Willst du mir nicht mal sagen, was es damit auf sich hat?«, bittet mich Marita. Ich seufze, hebe Evangelinas Kleider vom Stuhl, der in unserem Zimmer steht und setze mich auf die mit beigem Samt gepolsterte Sitzfläche.

»Als der Film raus kam, musste ich sofort an Laura

denken«, fange ich an. »Laura ist meine Schwester«, füge ich schnell hinzu, weil Marita mal wieder die geschminkten Augenbrauen hochgezogen hat. Mit einem Nicken fordert sie mich auf, fortzufahren.

»In dem Film geht es auch um zwei Schwestern. Die eine hat die andere verletzt. Unwissentlich, aber sie hat es getan und sich die Schuld gegeben. Genau wie ich«, sprudeln die Worte nun aus mir heraus wie Sekt aus der Flasche, wenn der Korken erst mal geknallt hat. So fühlt es sich an. Auf dieser Insel ist ein Korken aufgesprungen, der alles freilässt, was in der Flasche war. Alle Gefühle, die ich lange in der Flasche, in mir drin, gehalten habe. Jetzt sind sie draußen. Auf einmal. Ich habe jedem schon ein kleines Geheimnis verraten. Evangelina. Nico. Jetzt Marita. Genauso wie das Schreien und der Regen vorhin, fühlt es sich unerwartet gut an. Gedankenverloren richte ich meinen Blick nach draußen und erzähle einfach weiter.

»Laura lebt nicht mehr.«

Marita schnappt hörbar nach Luft.

»Du brauchst jetzt nichts zu sagen. Ich musste damit mein halbes Leben lang umgehen.« Ein Donnergrollen unterbricht mich. »Laura ist vor langer Zeit gestorben. Als ich selbst noch ein Kind war. Ich hatte gedacht, ich hätte es mittlerweile verarbeitet. Aber Pustekuchen.« Tief einatmend suche ich die nächsten Worte. »Die Schuld ist groß, war sie immer gewesen. Aber hier auf dieser Insel ist es anders.« Ich lege eine kurze Pause ein, weil mit jedem Wort meine Stimme brüchiger klingt. Ich schlucke gegen den trockenen Kloß in meinem Hals an, der immer weiter hinauf zu wandern scheint.

»Hier auf dieser Insel, durch die Studien und vor allem die Unfälle kommt alles wieder hoch. Das ist zu viel für mich. Ich hätte direkt am ersten Tag wieder gehen sollen«, gebe ich zu. Jetzt lasse ich los. Wie die Eiskönigin. Nur anders. Aus mir heraus kommen weder Schnee noch Eis noch Kälte in irgendeiner anderen Form. Sondern Tränen. Heiße Tränen, die nicht aufhören, meine Wangen hinunter zu tropfen und sich eine nicht enden wollende Bahn meinen Hals hinab suchen. Sie vermischen sich mit dem Regenwasser auf meiner Schulter.

Ich stehe auf und drehe mich zur Fensterfront. Obwohl ich Marita nicht sehe, weiß ich, dass sie da ist, spüre ihre Anwesenheit.

»Ich komme jetzt näher, Kleine. Nicht erschrecken.« Ihre Stimme ist tief, aber leise.

»Ich habe sie geliebt«, flüstere ich. Mir wird heiß, weshalb ich die tropfende Regenjacke in einer Umdrehung ausziehe.

»Laura. Meine Schwester. Ich habe sie geliebt. Tue es immer noch.« Erst jetzt wird mir bewusst, dass ich zittere. Meine Stimme, meine Hände, mein Brustkorb. Der ganze Körper bebt. Marita steht nun direkt vor mir, breitet einladend die Arme aus, wobei sich die lilafarbene Steppweste über ihrer Brust spannt. Dann lächelt sie.

Diese Geste versteht mein Körper als Aufforderung, sich in ihre Arme zu werfen und hemmungslos zu schluchzen.

»Schhh. Alles wird gut, Kleine«, versucht sie mich zu beruhigen. »Schhh.« Sie streicht sanft über meinen unteren Rücken.

»Ich habe auch eine Schwester«, erzählt sie meiner Brust, denn Marita geht mir gerade mal bis dorthin. Mit pinker Feder, die mich am Kinn kitzelt. Ich halte inne. Weiß nicht, ob ich danach fragen soll oder nicht. So, wie sie das sagt, steckt eine Traurigkeit in ihrer Stimme, die ich nicht noch mehr entflammen will.

»Meine Schwester.« Marita stockt. Jetzt habe ich doch den Mut zu fragen. »Erzähl mir von ihr«, fordere ich sie leise auf, während ich sie nicht loslasse. Die Rentnerin dreht den Kopf und bettet ihn an meinen Pullover. Es scheint sie nicht zu stören, dass dieser mittlerweile muffelt und nass ist.

»Meine Schwester ist krank«, erklärt sie. Ich zucke zusammen, will Marita von mir schieben und ihr in die Augen sehen. Meine Tränen laufen immer noch weiter. Einmal in Gang gesetzt, kann ich sie nicht stoppen, das konnte ich noch nie. Marita verhindert, dass ich sie anblicken kann, indem sie mich weiter fest umschlingt und ihren kleinen, schmalen Körper an mich presst.

»Wegen meiner Schwester bin ich hier, aber verrat es niemandem.« Sie flüstert jetzt. »Bitte«, fügt sie hinzu.

Wegen meiner Schwester bin ich hier, hallen ihre Worte in mir nach. Bin ich auch wegen Laura hier? Oder wegen jemand anderem? Ich weiß es nicht.

»Wie heißt deine Schwester?«, will ich wissen und schiebe Marita jetzt doch mit etwas Kraft eine Armlänge von mir weg. Ihre tränennassen, rotgesprenkelten Wangen schimmern mir entgegen. Wahrscheinlich sehe ich nicht besser aus. Wie zwei begossene, verheulte Pudel stehen wir uns hier gegenüber, obwohl wir uns eigentlich um etwas anderes kümmern müssten. Darum, Hilfe zu holen und endlich abgeholt zu werden.

»Was ich dir jetzt sage, darfst du niemandem verraten. Versprichst du mir das?« Marita scheint einmal den Raum abzuscannen, dreht den Kopf nach links und rechts. Die pinken Federn wippen mit, sind platt gedrückt und sehen ziemlich ramponiert aus.

Sie sieht mich fragend an, und mir wird klar, dass ich ihr noch eine Antwort schuldig bin.

»Versprochen.«

»Also gut.« Sie sammelt sich, dann kommen vier Worte aus ihrem Mund, die mich mehr irritieren, als sie sollten.

»Meine Schwester heißt Marita.«

Hey du,
das rote Garn fädelt sich wie von selbst durch das Nadelöhr, streift meine Hand und fühlt sich samtig an. Ganz leicht.
Mit immer gleichen rhythmischen Bewegungen führe ich die spitze Nadel durch den Stoff. Er ist fester als gedacht, aber nicht so unangenehm wie Haut. Fast ist sie fertig, die Arbeit an meinem Kleidungsstück. Du kannst das viel besser als ich. Hast dich toll geschlagen, du kleines tapferes Schneiderlein. Du hast mich beeindruckt. Mal wieder. Du hast den Anschein erweckt, als hättest du geübt. Heimlich. Damit es keiner weiß. Damit niemand es sieht.
Ich sehe dich.
Ich sehe, was du siehst.

Kapitel 21

Meine Schwester heißt Marita, wiederhole ich in Gedanken ihre Worte. Maritas Worte. Während ich versuche, zu verarbeiten, was mir die Rentnerin anvertraut, sieht sie mich eindringlich an und legt bedeutungsschwer den Zeigefinger senkrecht auf die Lippen.

»Marita, ich verstehe nicht. Wieso heißt deine Schwester so wie du? Das kann doch nicht stimmen.«

»Mehr kann ich dir jetzt nicht sagen, Kleine. Wirklich nicht.«

Sie will sich von mir wegdrehen, scheint es auf einmal eilig zu haben. In der Hälfte der Umdrehung schaffe ich es, ihren Arm zu fassen. In meinem Kopf drehen sich die Gedanken wie in einem Karussell, das immer schneller wird und noch eine Runde dreht. Dann eine weitere.

Wenn Maritas Schwester Marita heißt, steht dann vielleicht eine ganz andere Person vor mir? Nicht Marita Holzer. Nicht die Person, die sie vorgibt zu sein. Hat das was mit der Atemnot vom ersten Abend hier auf der Insel zu tun? Mit dem allergischen Schock? Mit dem Nachtisch? Ist Marita oder wie auch immer die Person vor mir heißt für das Verschwinden der Teilnehmer hier und die Brandmale verantwortlich?

Während ich meine Hand in ihren hellblauen

Pullover kralle und auf die zierliche, kleine Person herabblicke, kommen mir Zweifel, dass sie dafür verantwortlich sein kann, weil man für solche Taten Kraft braucht.

»Lass mich los, du tust mir weh«, protestiert Marita.

»Wer?«, stoße ich hervor und verstärke meinen Griff. Ich will nicht, dass sie jetzt geht, ohne mir Antworten zu geben.

Sie dreht langsam ihren Kopf zu mir, fixiert meine Augen mit einem intensiven Blick, der mir durch Mark und Bein geht. Mit tiefer Stimme fragt sie mich: »Was meinst du mit wer?«

»Ich will es wissen, Marita oder wer auch immer du bist«, platze ich heraus. »Sag es mir endlich.« Meine Stimme wird eindringlicher, bittender.

»Was soll ich dir sagen?«, entgegnet sie.

Instinktiv lasse ich ihren Ellbogen los, der wie die Gliedmaßen einer Marionette an ihren Körper fällt, und verschränke die Arme vor der Brust. Endlich stelle ich die alles entscheidende Frage.

»Wer bist du wirklich?«

Mit einem lauten Knall springt die hölzerne Tür auf und Evangelina stürzt mit einer Nagelschere in der Hand herein. »Hier habt ihr euch also versteckt. Wir müssen reden«, ruft sie aus.

Das Schlafzimmer wirkt mit drei Leuten im Raum deutlich kleiner als vorher. Viel mehr Personen dürfen jetzt nicht mehr kommen, denke ich, während

Evangelina die Nagelschere ordentlich neben der Urne ablegt, die eigentlich eine Vase ist.

»Was hat das zu bedeuten?« Evangelina hebt kurz das Kinn und deutet auf die Rentnerin, von der ich mir nicht mehr sicher bin, ob sie wirklich so harmlos ist, wie ich angenommen habe.

Maritas Blick huscht zwischen Evangelina und mir hin und her. Wie ein Pingpongspiel. Hin und her. Hin und her.

»Ich weiß nicht, was du meinst«, bringt Marita tonlos hervor.

»Was ich meine?«, kommt es wie ein Echo aus Evangelinas Mund.

»Was ich meine? Du hast nicht geholfen, Marita. Du bist weggelaufen, als wir Simone gestern verarztet haben.« Sie malt mit den Fingern Anführungszeichen in die Luft. »Nur das Equipment hast du uns gebracht.« Sie deutet mit dem Kopf auf die Nagelschere auf dem Tisch, die neben der granitfarbenen Vase viel kleiner wirkt. »Du hast uns einfach im Stich gelassen.« Evangelina macht einen Schritt zurück und landet unsanft auf dem knarzenden Bett, das wir zwei uns die letzten Nächte geteilt haben. Wie ein Flummi springt sie sofort wieder auf, was ein erneutes Knarzen verursacht. Evangelina öffnet den Mund, will anscheinend noch etwas sagen, wird jedoch von Maritas tiefer Stimme davon abgehalten.

»Ja, ich hätte helfen müssen«, gibt sie zu.

»Bei Simones Unfall im Meer hätte ich helfen müssen. Gestern während ihrer Notfallversorgung hätte ich helfen müssen. Ich hätte helfen müssen. Aber ich kann ...« Marita nähert sich mit langsamen Schritten der Zimmertür. Ich folge ihr, weil ich dem jetzt einfach nachgehen muss.

»Ich kann nicht«, setzt Marita noch mal an, jetzt genau im Türrahmen stehend.

»Du bist Krankenschwester, Marita, was kannst du nicht? Kein Blut sehen?« Der Verdacht, den ich vorhin schon hatte, intensiviert sich. Etwas in mir wallt auf und bahnt sich seinen Weg durch meinen Körper. Hitze strömt durch mich hindurch, mein Atem geht schneller, ich balle die Hände zu Fäusten. Wut und Enttäuschung geben ein gefährliches Gemisch ab. Mir kommt ein Gedanke, den ich laut ausspreche, bevor er richtig Form annehmen kann.

»Oder war das gelogen? Bist du gar keine Krankenschwester? Hat Simone sich das ausgedacht?«

»Warum sollte sie das tun?«, mischt sich Evangelina wieder ein. »Das ist Quatsch.« Sie schnalzt mit der Zunge.

»Woher wusste sie das überhaupt? Und hat sie nicht auch Rouven erwähnt«, frage ich die beiden.

»Das müssen wir Rouven und Simone später selbst fragen. Jetzt ist die da dran.« Evangelina deutet mit dem schlanken, perfekt manikürten Zeigefinger auf die Rentnerin, die jetzt hilflos wirkt.

262

»Marita«, wage ich einen erneuten Versuch, ihr die Wahrheit zu entlocken. Ich entspanne meine Hände wieder, atme langsam und mit Bedacht. Versuche, meine Stimme ruhig klingen zu lassen, was mir angesichts der Ereignisse und der Realitäten, die ich heute erfahren habe, schwerfällt. »Erzähl es uns bitte.«

Evangelina wartet wieder mit verschränkten Armen vor der Brust ebenfalls auf eine Antwort. »Noch hast du die Möglichkeit, dich zu verteidigen.« Sie schnalzt mit der Zunge.

»Denn wenn du es bist, die uns hier alle verschwinden lässt und brandmarkt, dann ...«

»Nein«, unterbricht Marita vehement die Anschuldigungen der Influencerin. Sie lehnt ihren kleinen Körper nach hinten, dreht ihren Kopf nach links und rechts, als ob sie den Flur abscannen wollte. Als ob sie einen Fluchtweg sucht. Wir haben sie in die Enge getrieben.

Sie klammert sich mit der rechten Hand am Türrahmen fest, fixiert zunächst den Boden, dann mich. Während sie tief Luft holt, mache ich mich auf das Schlimmste gefasst.

»Für das Verschwinden bin ich nicht verantwortlich, aber ...« Sie hält kurz inne.

»Aber?«, setze ich nach.

»Ich bin nicht die, für die ihr mich haltet. Ich kann kein Blut sehen.«

Mit diesen Worten macht sie auf dem Absatz kehrt

263

und stiefelt den schmalen Gang hinab, von dem die einzelnen Zimmer abgehen, deren Türen jetzt geschlossen sind.

Ich folge ihr mit schnellen Schritten. Wenn ich wütend bin, kann ich nicht langsam gehen, und ich wundere mich über das Tempo der Rentnerin. Ein beißender Schmerz durchzuckt mich und erinnert mich erneut an das Brandmal auf meiner Wade und die Verletzung, die noch nicht verheilt ist. Unwillkürlich werde ich langsamer.

»Marita. Warte!«, rufe ich ihr nach. Hat sie uns doch etwas vorgespielt? Ist sie fitter, als wir dachten und käme damit doch als Täterin infrage?

»Für wen halten wir dich, Marita?«, höre ich Evangelina hinter mir keuchen. Wir verfolgen die Rentnerin, die auf einmal stehen bleibt. Wir sind am Plateau vor der großen, mit grünem Teppich belegten Treppe angekommen, die in die Eingangshalle führt. Marita ist mittig auf der Treppe angelangt, schaut zu uns hoch und etwas Unerwartetes passiert. Sie sackt in sich zusammen, lässt sich auf die Stufe sinken, lehnt ihren Kopf an das dunkle Holzgeländer und umfasst mit ihren schmalen, knöchernen Fingern die Streben des Geländers.

Bilder vom ersten Tag hier auf der Insel durchzucken mich. Bernd. Genau so sah Bernd aus, als ich ihn hier in dieser Villa zum ersten Mal sah. Auf der Treppe auf dem grünen Teppich kniend, zusammengesunken

264

und vor sich hinstarrend. Es war nur eine Illusion. Mir sollte etwas vorgegaukelt werden, was nicht real war. Das hier ist real, Marita ist echt. Da bin ich mir ziemlich sicher.

»Geht es dir gut?«, frage ich vorsichtig, obwohl sich der Zorn über ihr falsches Spiel, über ihre Lüge noch nicht verflüchtigt hat. Sie hebt kurz den Kopf, nickt und deutet auf die obersten Stufen.

»Setzt euch. Ihr habt gewonnen.«

»Das ist kein Spiel«, entgegne ich, während ich mich setze und schweren Herzens versuche, meine Wut zu kontrollieren. Jeder hat schließlich ein Recht, sich zu verteidigen.

Evangelina setzt sich ebenfalls dicht neben mich auf die Treppe. »Sag uns, ob du wirklich Krankenschwester bist und ob du hierfür ...« Sie macht mit der Hand eine ausschweifende Bewegung, die die komplette Eingangshalle einschließt. »Ob du für das Verschwinden der Leute hier verantwort-«

»Mach ich«, unterbricht Marita Evangelinas anbahnenden Redeschwall.

Sie dreht ihren Körper so, dass sie mit den Beinen ganz auf der Treppe liegt, den Oberkörper gegen das Geländer gelehnt. Mit beiden Händen zieht sie den pinken Rock straff, als wenn das jetzt von Bedeutung wäre, lässt ihren Kopf gegen das dunkle Holz sinken und atmet einmal tief durch.

»Ich habe euch angelogen«, setzt sie an.

»Was du nicht sagst«, quatscht Evangelina mal wieder dazwischen und will sich wieder erheben.

Ich lege ihr meine Hand auf die Schenkel. »Lass sie es uns erzählen«, bitte ich sie und nicke Marita zu, was diese so versteht, wie ich es meine, und fortfährt.

»Vier Wahrheiten zum Preis von einer«, fängt Marita an.

Ich verspüre den Drang, sie darauf aufmerksam zu machen, dass das hier nicht witzig ist, kann ihn aber gerade noch unterdrücken.

»Ich bin nicht Marita. Ich bin keine Krankenschwester. Ich bin ihre Schwester und viertens ...« Sie holt tief Luft und lässt diese mit den nächsten Worten entweichen.

»Mein Name ist Renate.«

Sie beobachtet unsere Reaktion. Evangelina schnappt nach Luft, will etwas sagen, aber ich verstärke meinen Griff auf ihrer Leggins, um sie davon abzuhalten.

»Nur für den Fall, dass ihr jetzt Probleme damit habt, wie ihr mich nenne sollt. Ihr könnt immer noch Marita sagen.«

»Wir haben weit größere Probleme«, entfährt es mir.

»Also gut, dann erfahrt ihr jetzt die ganze Geschichte.« Marita holt noch mal tief Luft, bevor sie fortfährt. »Meine Schwester Marita ist schon lange krank. Wir haben alles hinter uns. Beratungsgespräche, Operationen, Therapien, das

266

komplette Programm.« Marita wischt sich mit der Hand einmal über das Gesicht und verwischt leicht die Mascara. Ihre Augen sind gläsern, die Träne sitzt locker im inneren Augenwinkel, hat sich jedoch noch nicht gelöst. »Nichts hat geholfen. Dann kam eines Tages der Anruf aus dem Krankenhaus. Es würde doch eine Lösung geben, hat man uns gesagt, aber das wäre sehr teuer.« Sie spricht nicht wirklich zu uns, sondern mit dem braunen Geländer, wie mir scheint. Sie ist in Gedanken versunken, traut sich vermutlich vor Scham nicht mehr, den Blick zu heben.

»Wir hatten das Geld nicht, haben uns damit abgefunden, dass es nicht mehr lange gut gehen würde. Meine Schwester war schon zu schwach.« Jetzt löst sich die Träne doch aus ihrem Auge. Marita wischt sie mit zitternden Fingern weg und schluchzt. Sie japst nach Luft, ihr Brustkorb hebt und senkt sich ganz schnell, was selbst unter der dicken Steppweste nicht verborgen bleibt. »Wir wussten nicht mehr weiter.« Marita schluckt. »Dann kam auf einmal dieses Angebot. Meine Schwester hat eine Mail bekommen. Von heute auf morgen schien unser Problem gelöst. Sie könnte mit einem Mal zwanzigtausend Euro bekommen.«

Bei Nennung dieser Summe schnappen Evangelina und ich gleichzeitig nach Luft.

»Ja, das ist viel Geld«, gibt Marita zu. »Das haben wir uns damals auch gedacht und uns darüber gewundert. Wir haben nachgeschlagen, ob so etwas üblich ist, dass man so viel Geld für die Teilnahme an Studien bekommt.«

»Ist es nicht«, rutscht es mir spontan raus, weil ich das von meiner Zeit als studentische Hilfskraft an der Uni sehr genau wusste. »Solche Methoden sind nicht normal. Ihr hättet skeptisch sein müssen. Du hättest dich niemals hierzu anmelden dürfen.« Jetzt habe ich sie doch unterbrochen.

»So skeptisch wie du?« Sie blickt mich herausfordernd an.

Ich will etwas sagen, da winkt sie ab.

»Jetzt bin ich natürlich auch schlauer. Wir alle. Damals wussten wir das aber noch nicht. Wir brauchten so dringend das Geld. Daher habe ich mich an Maritas Stelle angemeldet. Mit ihrem Namen. Weil sie ja angeschrieben wurde. Sie ist meine Zwillingsschwester, da sollte es doch keinen Unterschied machen.« Sie knetet mit den Händen den Saum ihres pinken Rocks, als wäre er Brotteig. Dann greift sie zu meinem Erstaunen an ihren Kopf und löst den Hut, der anscheinend mit zwei Klammern in ihren Haaren befestigt war.

»Diese Maskerade kann ich mir jetzt auch sparen«, stellt sie fest, während sie den pinken Hut mit den Federn auf die Treppenstufe unter sich drapiert, als wäre es eine Trophäe.

»Was hat der Hut damit zu tun?«, will Evangelina wissen.

268

»Wahrscheinlich hat ihre Schwester so bunte Sachen getragen und sie wollte die Fassade aufrechterhalten«, mutmaße ich mit skeptischem Blick auf ihre farbenfrohe Kleidung. Marita hat sich von Anfang an nicht wohl in dieser Rolle gefühlt, wie mir schien.

»Du hättest mich fast schon am Anreisetag entlarvt«, gibt Marita zu, zieht nun auch die lilafarbene Steppweste aus und faltet sie ordentlich zusammen.

»Als du mir am Steg gesagt hast, dass man sich nicht wie ein bunter Hund kleiden soll, wenn man nicht auffallen will. Aber meine Schwester Marita hat immer solche bunten Sachen getragen. Trägt solche Sachen immer noch«, verbessert sie sich schnell. »Da wollte ich den Schein wahren. Hab mich einfach beim Packen an ihrem Kleiderschrank bedient«, gibt sie zu und legt vorsichtig die akkurat zusammengefaltete, lilafarbene Steppweste auf der Stufe ab.

»Was war mit der Atemnot am ersten Abend?«, will ich wissen.

»Du meinst die Nussallergie?« Marita scheint mit jedem Wort erleichterter darüber zu sein, dass sie ihr Geheimnis jetzt teilen kann. »Ich bekenne mich schuldig.« Sie hebt die Hände, als wäre sie in eine Polizeikontrolle geraten. »Ich bin Renate Holzer, Zwillingsschwester von Marita Holzer, 72 Jahre, Nussallergie.«

»Das ist kein Verbrechen«, gebe ich zu. »Nur das

Verschleppen von Menschen«, werfe ich ihr vor.

»Und das Verstümmeln«, setzt Evangelina nach. »Das ist noch schlimmer, als irgendwo hingeschleppt zu werden. Denn ob ihr es glaubt oder nicht. Für manche Menschen ist der Körper das Kapital und manche Menschen können dann nicht mehr arbeiten, wenn sie verstümmelt –«

»Wieso denkt ihr, dass ich das war?«, unterbricht die Frau, die wir bis jetzt für Marita gehalten haben, die Influencerin, der die ganze Sache hier doch näherzugehen scheint, als sie zugeben wollte.

»Weil du die Einzige warst, die den Erdbeer-Daiquiri nicht getrunken hat. In den Cocktails am ersten Abend muss das Beruhigungsmittel gewesen sein. Sowohl in denen mit Alkohol als auch in denen ohne. Das haben wir festgestellt, nichts anderes haben wir alle gleichermaßen zu uns genommen«, erkläre ich.

»Nur du nicht, wie wir dank der lieben Isa, die das anscheinend verheimlicht hat, jetzt wissen«, wirft Evangelina ein und deutet mit der ausgestreckten Hand anklagend abwechselnd auf Marita und mich.

»Weil ich keine Erdbeeren mag«, erklärt Marita. »Ihr müsst mir glauben.« Die Rentnerin richtet sich auf und zieht sich mit einer Hand am Geländer hoch. »Mit den anderen Unfällen habe ich nichts zu tun. Ich habe nur diesen Aufenthalt hier gewonnen.« Das letzte Wort betont sie so stark, dass auch ich bezweifele, dass sie das wirklich gewonnen haben kann.

»Da muss etwas anderes hinter stecken«, äußere ich meine Zweifel.

Ein metallenes Scheppern ertönt, so, als wäre der Schürhaken am Kamin zum wiederholten Male heruntergefallen.

Die Haare wirr abstehend hetzt der Professor auf uns zu, Rouven neben sich im Schlepptau, der seinen Blick zu Boden richtet.

»Sie«, sage ich und halte anklagend meinen Zeigefinger auf Professor Hahrmacher gerichtet. »Sie müssen uns sagen, wie es sein kann, dass jemand so viel Geld dafür bekommt, an diesen Studien teilzunehmen.«

»Hier geht es doch nicht mit rechten Dingen zu«, unterstützt mich Evangelina. »Sodom und Gomorra«, ruft sie aus.

»Und Rouven«, setze ich nach. Beim Klang seines Namens zuckt dieser sichtlich zusammen. »Muss uns erklären, woher er wusste, dass Marita Krankenschwester ist.«

»Geglaubt hat, zu wissen«, verbessert diese mich.

Der Professor atmet schwer, eine Hand fährt sein Kinn auf und ab, mit der anderen hält er sich am Geländer fest. »Dafür ist jetzt keine Zeit«, keucht er aus und die nächsten Worte lassen mich aufhorchen.

»Jonas ist verschwunden.«

Hey du,

wenn zwei Leute das Gleiche tun, ist das noch lange nicht dasselbe. Kennst du diesen Spruch? Den hat meine Deutschlehrerin uns unwissenden Schülern früher eingetrichtert. Sie wollte, dass wir den Unterschied begreifen. Einen gewaltigen Unterschied. Ob es nun das Gleiche oder Dasselbe ist. Ich muss zugeben, ich bin auch drauf reingefallen. Mir war auch nicht klar, dass da nicht dieselbe Person auf der Insel gestrandet ist wie angemeldet. Sondern die gleiche, wenn man Zwillinge als gleich bezeichnen möchte.

Wie siehst du das?

Siehst du es überhaupt? Hast du verstanden, was passiert ist? Hast du eine Ahnung, was noch passieren wird?

Ich sehe dich.

Ich sehe, was du siehst.

Kapitel 22

»Jonas ist verschwunden«, wiederholt Evangelina hinter mir auf der Treppe die Nachricht des Professors. »Er ist weg. Schon wieder ist jemand weg.« Mit jedem Wort wird ihre Stimme lauter und vor allem schriller. »Ständig verschwinden hier Menschen. Das kann doch nicht normal sein. Ahhhh.« Jetzt ist es ein Schreien, was tief aus ihrem Inneren zu kommen scheint. Die Panik schwingt in jedem Ton mit und mir wird bewusst, wie nah sie an ihrer psychischen Belastungsgrenze steht. Ihre Angst bricht wie ein Tsunami über sie herein.

Ich bin schon an den unteren Stufen neben Marita angekommen und drehe mich dann zu Evangelina um.

»Und irgendwann. Ich sag es euch.« Evangelina zeigt auf uns. »Irgendwann wird es mich auch erwischen. Großartig, oder?« Während sie sich in Zynismus flüchtet, geht sie in die Hocke. Mit spitzen Fingern greift sie den pinken Federhut, den Marita noch vor ein paar Minuten dort abgelegt hat, und schiebt sich diesen in ihr Haar, das sie zu einem Dutt frisiert hatte. Die silbernen Klammern scheinen sich dort festzukrallen wie metallene Klauen.

»Wir müssen Jonas suchen«, interveniert der Professor.

»Mein lieber Herr Professor«, entgegnet sie ihm

kokett. »Ich werde niemanden mehr suchen.« Mit den Augen klimpernd legt sie aufreizend den Kopf zur Seite, wobei die Federn auf ihrem Kopf leicht wippen, während ich mich langsam auf sie zu bewege. »Denn dieses Drama in fünf Akten, mein lieber Herr Professor«, flötet sie mit lieblicher Stimme weiter, »findet von nun an ohne mich statt.« Langsam drapiert sie die Hand auf ihre Taille und wirft sich in Pose, wie ich es mittlerweile schon oft bei ihr beobachten durfte. Ihre große, schlanke Figur, eingepackt in schwarze Leggins und Oberteil lässt den pinken Hut und vor allem die Federn noch grotesker wirken.

»Und deine Show findet ohne mich statt. Das ertrag ich nicht länger. Wir müssen Jonas suchen, und zwar sofort.« Der Professor gibt sich sichtlich unbeeindruckt von Evangelinas Auftritt. »Rouven, hilf mir, Jonas zu finden«, befiehlt er.

»Wenn hier alle durchdrehen und keiner einen kühlen Kopf bewahrt, können wir einpacken.« Die Worte werden immer leiser und vermischen sich mit dumpfen Schritten, die sich von mir entfernen. Ich blicke den beiden nach und überlege, ob ich ihnen folgen soll, meine Gedanken werden dann aber wieder von Evangelinas Stimme unterbrochen.

»Ja, geht nur alle. Macht euch alle auf den Weg. Viele Wege führen nach Rom. Und wenn es so weiter geht, wird mein Weg dann wohl oder übel zu Ende sein.« Evangelina schnippt mit den Fingern. »Aus der Traum.« Sie zuckt mit den Schultern, als würde sie nicht über ihren Lebenstraum sprechen, sondern über eine völlig unbedeutende Kleinigkeit. Mit einer übertrieben grazilen Bewegung greift sie nach der lilafarbenen Steppweste, die Marita vorhin auf die Treppenstufe gelegt hatte, und schlüpft anmutig hinein. Ich starre sie an, weil ich einfach nicht anders kann. Das hier fühlt sich wie ein Unfall an, bei dem man nicht weggucken kann, ob man will oder nicht. Die Influencerin wirft mir noch einen Blick über die Schulter zu, dann stolziert sie langsam die Treppe hinauf, setzt einen Schritt vor den anderen, wobei sie ihre Hüfte langsam von links nach rechts wiegt.

»Das habe ich noch nie erlebt«, flüstert Marita neben mir.

Die Rentnerin ist also doch noch geblieben.

»Wir müssen jetzt überlegt handeln, Kleine. Ich bleibe bei dir«, fügt sie dicht neben mir hinzu.

Augenblicklich ist mir die Sachlage klar, obwohl ich keine Psychologin bin, aber hierbei kann es sich nur um einen ausgewachsenen Nervenzusammenbruch der Influencerin handeln, woraus auch immer der konkret ausgelöst wurde.

»Für mich steht viel mehr auf dem Spiel als für euch alle zusammen«, ruft Evangelina aus. Sie ist nun auf dem Plateau oben an der Treppe angekommen und streckt Marita und mir anklagend ihren Zeigefinger entgegen.

Meine Gedanken, die vorher noch bei Jonas waren, kreisen sich jetzt nur noch um Evangelina, während ich mich ihr vorsichtig weiter nähere. Wie das Modell setze ich langsam einen Fuß vor den anderen und erklimme Stufe für Stufe. Ich muss ihr helfen, so wie sie mir auch in etlichen Situationen hier auf der Insel geholfen hat. Jeder geht mit psychischem Stress anders um, kommt es mir wieder in den Sinn. Der Professor wird sich bestimmt um Jonas kümmern. Da ist irgendeine Verbindung zwischen den beiden, die ich mir nicht erklären kann. Die anderen können auch helfen, zu suchen. Wir sind hier so viele auf der Insel, ich bin nicht für alles und jeden verantwortlich. Für Evangelina, die mir hier auf der Insel immer ungefragt geholfen und ihre Tapferkeit bewiesen hat, fühle ich mich auf eine nicht erklärbare Weise verantwortlich.

»Evangelina, beruhige dich. Es ist alles nicht so schlimm, wie du vielleicht denkst«, versucht Marita die Influencerin zu besänftigen. Ihre tiefe Stimme dröhnt direkt hinter mir, die Rentnerin scheint uns beiden ebenfalls gefolgt zu sein.

»Nicht schlimm«, kommt es wie ein Echo aus Evangelinas Mund. »Nicht schlimm. Nicht schlimm.« Jetzt kichert sie hysterisch und verschluckt sich fast an jedem einzelnen Wort.

Mit einem Mal wird mir klar, dass das Evangelinas Lieblingsworte sind. Die, mit denen sie am Anfang hier scheinbar alles abgetan hat, was sie irgendwie belastete.

»Nicht schlimm. Nicht schlimm.« Ihre Stimme wird leiser, hört sich trotzdem noch so melodisch an wie immer.

Mit beiden Händen zieht sie nun die Steppweste an ihrem Hals zusammen und legt den Kopf schief, wobei der pinke Hut ebenfalls in Schieflage gerät, wegen der Klammern aber an ihrem Haupt sitzen bleibt.

»Das hier ist mein Traum. Dafür habe ich lange gearbeitet«, sagt sie mit lieblicher Stimme und lächelt süffisant ins Publikum, das aus Marita und mir besteht. Oder stellt sie sich dort unten in der Eingangshalle eine große Menschenmasse vor?

»Evangelina«, spreche ich sie direkt an, traue mich jetzt nicht mehr, mich zu bewegen, halte sie genau im Blick. Sie scheint die Aufmerksamkeit, die Marita und ich ihr zukommen lassen, auszukosten. Sie dreht sich ins Profil, hält die rechte Hand vor das Gesicht, so als würde sie den pinken Hut festhalten müssen. Dann legt sie einen Moonwalk hin, den ich so noch nicht gesehen habe. Geschmeidig bewegt sie die Füße, rollt den Fußballen gekonnt ab, hält den restlichen Körper gespannt, während sie abwechselnd singt und lacht.

»Evangelina«, wiederhole ich ihren Namen und versuche, ihr Singen zu übertönen. »Niemand nimmt dir deinen Traum weg«, versuche ich sie zu beruhigen und ernte einen schockierten Blick. Ihre dunklen

277

Augen sind genau auf mich gerichtet, ihr Gesicht, ihr Körper, scheinen wie eingefroren.

Zu spät geht mir auf, dass ich mit diesem Wort, mit der Nennung ihres Traumes irgendetwas in ihr getriggert habe, was in den letzten Tagen tief in ihre geschlummert haben muss. Nun kommt wieder Bewegung in ihre Mimik und Gestik. Sie dreht sich zum Inneren der Villa.

»Mein Traum«, kreischt sie und bewegt sich in Laufstegmanier den dunklen Gang entlang. Die geschlossenen Türen, die in die anderen Zimmer führen, scheint sie zu ignorieren.

»Isa, soll ich dir zeigen, wie viel Ahnung du von meinem Traum hast?!« Sie wirft mir einen fast schon gehässigen Blick über die Schulter zu, was die pinken Federn mal wieder dazu bringt, hin und her zu wippen. »So viel.« Sie bleibt stehen und wartet, bis ich zu ihr aufgeschlossen habe. »So viel weißt du von meinem Traum.« Sie streckt die rechte Hand leicht zur Seite und hält demonstrativ Daumen und Zeigefinger zusammen, als ob in die Lücke nur noch ein Blatt Papier passen würde. Dann dreht sich wieder um und läuft auf unser Zimmer zu.

»Erklär es mir«, versuche ich es erneut.

Sie schüttelt nur den Kopf und setzt ihren Laufsteggang über den Flur fort.

»Ihr habt keine Ahnung von mir. Ihr kennt mich nicht. Ihr alle nicht.« Ihre Hüfte wippt geschmeidig von links nach rechts, die Füße richtet sie anmutig voreinander aus wie auf einem Laufsteg. Ihr Körper ist gerade, gespannt wie eine Sehne.

Ich bin keine Ärztin, und selbst mit Emily habe ich noch nie über Nervenzusammenbrüche und wie man sie behandeln kann, gesprochen. Vielleicht muss ich es einfach geschehen lassen und für Evangelina da sein. Ich haste ihr hinterher, während mir das klar wird. Mit jedem Schritt wird mir bewusster, dass es mir ebenso erging.

Ich habe auch die Gefühle, die die Ereignisse und vor allem die Studien hier ausgelöst haben, unterdrückt. Habe sie eingeschlossen wie in einem Tresor. Bis sie sich vorhin auf dem Balkon ihren Weg hinaus gesucht haben.

Ich folge Evangelina, die immer noch wie ein Model, das sie nun mal ist, über den Gang stolziert und anscheinend dieses Ventil für sich braucht. Mein Brandmal an der Wade schmerzt zwar nicht mehr, aber die Mullbinde, die notwendig ist, schabt immer noch gegen meine Hose. Sie erinnert mich daran, dass ich hier zum Opfer wurde und vor allem daran, wovor Evangelina sich am meisten fürchten muss. Ihr Körper ist ihr Kapital. Ein Brandmal wäre eine Katastrophe für sie, könnte das Ende ihrer Karriere bedeuten.

Mit einem dumpfen Knall fällt die schwere Holztür in die Verankerung, gefolgt von einem Rumpeln und lautem Fluchen. Evangelina hat unser Zimmer erreicht. Ich folge ihr, drücke keuchend die Klinke herunter und halte dann kurz inne.

»Mach auf, Kleine«, flüstert Marita dicht hinter mir. Sie ist uns ebenfalls gefolgt.

»Ich habe so etwas noch nie gemacht. Bin keine Psychologin.«

»Chirurgin bist du auch nicht, trotzdem hast du gestern Simone gerettet«, spricht sie mir Mut zu. »Zum zweiten Mal.«

Wieder ist ein Rumpeln zu hören, dann ein Geräusch, als wäre sie irgendwo gegen gelaufen, gefolgt von einem »Mist«, das durch die geschlossene Tür dringt.

»Psychologin hin oder her, ich gehe da jetzt rein«, entscheide ich, öffne zaghaft die Tür und erstarre bei dem Anblick, der sich mir bietet.

Hey du,
das war mal eine Show, oder? Sieht man nicht
alle Tage, das kann ich dir sagen. Findest du,
dir wird hier genug geboten?
Ein Geheimnis nach dem anderen, das langsam
das Tageslicht erblickt? Ist es nicht genau das,
was du wolltest? Etwas erleben? Geheimnisse
aufdecken? Ein paar hast du schon entdeckt,
und es werden noch einige folgen, versprochen.
Mach dich bereit. Lehne dich zurück
und genieße die Vorführung. Es ist alles
angerichtet. Bald wirst du es erfahren. Bald
wirst du es sehen.
Ich sehe dich.
Ich sehe, was du siehst.

Kapitel 23

Die Taschen und Kisten, die Evangelina bei ihrem Einzug in unser gemeinsames Zimmer mitgebracht hat, sind nun wieder wild im Raum verteilt. Ich hatte mir Mühe gegeben, sie ordentlich aufeinanderzustapeln, damit wir uns wenigstens noch zwischen Bett, Tisch, Balkontür und Schrank bewegen können. Dieses Chaos vom Anfang unserer Reise hat sie nun komplett wieder hergestellt. Den Kopf tief in einer Tasche vergraben, zieht sie abwechselnd Pullover, Kleider und Röcke hervor, die in einem hohen Bogen durch die Luft fliegen und auf dem Teppichboden landen.

»Wo habe ich es denn nur?«, fragt sie mehr sich selbst als Marita und mich. Sie nimmt uns anscheinend nicht wahr, während sie einen knallroten Lacklederrock aus der Tasche befördert, ihn mit beiden Händen straffzieht und wohlwollend beäugt.

»Da ist ja das hammerheiße Teil. Endlich habe ich es gefunden. Selbst ein blindes Huhn findet mal ein Korn.« Während sie das sagt, lacht sie wieder, entledigt sich ihrer Schuhe und schlüpft samt schwarzer Leggins in den Rock.

»Sagt mal, sieht das scharf aus oder sieht das scharf aus?« Sie dreht sich zu Marita und mir um und zeigt sich erst von der einen, dann von der anderen Seite, wie vorhin auf ihrem selbst gewählten Laufsteg. Kokett wirft sie uns einen Blick von der Seite aus zu. Mit dem knallroten Rock, Maritas lilafarbene Steppweste und dem pinken Federhut auf dem Kopf sieht sie noch grotesker aus, als Marita es je konnte.

Mittlerweile weiß ich, dass die Rentnerin diese Maskerade nur vorgespielt hat, um den Schein zu wahren. Um auszusehen wie ihre Schwester, auch wenn wir anderen nichts von deren außergewöhnlichem Modegeschmack wissen konnten.

»Wenn ich schon verstümmelt werde, dann will ich wenigstens gut dabei aussehen«, holt Evangelina mich mit ihrer hysterischen Singsang-Tonlage aus meinen Gedanken.

»Wir müssen was tun, Kleine«, flüstert Marita mir zu. Wir stehen immer noch hintereinander am Zimmereingang.

»Evangelina«, wage ich noch mal einen Vorstoß. »Dir ist bisher nichts passiert. Niemand kann dir garantieren, dass das so bleibt, aber wir passen auf dich auf«, verspreche ich ihr und bezweifle im selben Moment, dass wir diese Zusage halten können. Ich bewege mich langsam auf das Bett zu, wähle bewusst die ihr gegenüberliegende Seite. Traue mich nicht, ihr noch näher zu kommen. Will es erst mal mit Worten versuchen. So machten es die Polizisten in den Filmen immer, bevor sich jemand vom Hochhaus stürzt. Auch wenn sie sich nicht umbringen will, aber dies ist eine ähnliche Situation. Sie hat offensichtlich eine Panikattacke.

»Wir werden ab jetzt zusammenbleiben«, schlage ich vor, auch wenn mir der Gedanke nicht behagt. Irgendjemand von uns auf der Insel muss für das alles hier verantwortlich sein.

Evangelina bewegt sich jetzt schnell von links nach rechts im Raum und trampelt auf ihren Kleidungsstücken herum. Sie dreht sich hin und her, scheint etwas zu suchen.

»Zusammenbleiben, Isa? Ja, das ist eine großartige Idee«, entgegnet sie ironisch. »Da ist sie ja.« Sie hat jetzt offenbar das Objekt ihrer Begierde gefunden und schnappt sich die Nagelschere, die sie vorhin auf den Tisch gelegt hatte.

»Denn wenn wir zusammenbleiben ...« Evangelina blickt nicht auf, sondern sucht weiter den Raum ab. »Dann hat es der Täter noch einfacher«, fährt sie ironisch fort. »Dann sind wir alle wie Vieh auf der Weide zusammengepfercht, und er braucht nur noch zuzustechen.« Sie drapiert einen Arm an ihre Hüpfte, mit der anderen Hand zeigt sie provokativ mit der Schere auf mich. Sie schüttelt irritiert den Kopf. »Nein, der braucht ja einen Brandstempel oder so etwas.« Sie legt die freie Hand ohne Schere nachdenklich ans Kinn. »Damit er uns brandmarken kann, der Täter«, fügt sie grübelnd hinzu.

»Oder die Täterin«, mischt sich Marita, die sich

einen Weg durch das Chaos gebahnt und auf dem gepolsterten Stuhl Platz genommen hat, ein. Auch sie muss das Gefühl haben, sich besser passiv zu verhalten. Wer weiß, ob Evangelina sich noch selbst verstümmeln will.

»Oder die Täterin«, wiederholt Evangelina und stolziert in ihrer Geste, die Nagelschere vor sich haltend, um das Bett herum auf mich zu und zieht das Daunenkissen an den Rand. Sie richtet es so akkurat aus, als wollte sie erneut eine Operation abhalten. Dann passiert etwas völlig Unerwartetes. Sie stellt sich breitbeinig vor das Bett, hebt beide Arme über den Kopf, die Nagelschere fest umklammert, die sie mit einer schnellen Bewegung auf das Kissen heruntersausen lässt. »Aaaah«, schreit sie nur ein paar Meter neben mir, während die Spitze das Kopfkissen durchbohrt und das Innenleben zaghaft zum Vorschein kommt. »Aaaahhh, das tut gut«, ruft sie aus, während sie Vorgang wiederholt. Immer wieder. Sie scheint kein Ende zu finden.

»Evangelina, beruhige dich. Vielleicht sollte es nur mich, Nico, Rouven und Simone treffen und du bleibst verschont. Wie Marita.« Ich deute mit dem Kinn auf die Rentnerin, die wie eine Zuschauerin auf dem Stuhl neben dem kleinen Tisch sitzt und ausnahmsweise mal kein Wort zu diesem Schauspiel sagt.

»Oder es hat ganz andere Gründe, dass wir hier –«

»O-der«, unterbricht Evangelina mich und

285

schnalzt mit der Zunge, während sie mit der Schere einen langen Schnitt durch das Kopfkissen pflügt, wobei weiße Federn herausquellen. Ich muss unwillkürlich an Lauras und meine Operation der pinken Stoffelefanten denken. Damals ist uns auch die weiße Watte förmlich entgegengeflossen, was uns so erschreckt hat, dass wir die Elefanten vor unseren Eltern versteckt haben.

»O-der«, wieder zieht Evangelina beide Silben auseinander. »Für diese Verstümmelung ist weder ein Teilnehmer noch eine Teilnehmerin von uns verantwortlich, sondern ...« Sie legt eine Kunstpause ein. »Sondern dieser Bernd, den wir alle gesehen haben.«

»Ich habe den nicht gesehen«, wirft Marita fast schon beleidigt ein. »Warum hängt ihr euch bloß an diesem Bernd so auf?«

»Weil er der Schlüssel ist«, entfährt es mir, weil sich diese Vermutung mittlerweile in meinen Gedanken verfestigt hat. Evangelina hört nicht auf, das Kopfkissen zu malträtieren, sie scheint das hier zu brauchen.

»Oder Dagobert. Der, dem das alles hier gehört. Der Investor, den niemand jemals gesehen hat, wie Jonas mir hoch und heilig versichert hat«, schlägt das Modell sarkastisch vor. Evangelina ist nun auf das Bett geklettert, kniet sich vor das Kissen und buddelt ihre Finger tief in die weichen Daunen, die sie vorsichtig herauspult.

»Bernd? Dagobert?« Mit beiden Händen voller Federn hält sie kurz inne. Dann reißt sie die geschminkten Augen auf, als hätte sie gerade die Erkenntnis ihres Lebens und lacht hysterisch.

»Soll ich euch was verraten? Das ist derselbe Mann.«

»Wer?«, frage ich und greife nach der Schere, die Evangelina auf dem weißen, zerknüllten Laken deponiert hat. Sicher ist sicher.

»Na dieser Dagobert und dieser Bernd, den Nico, du und ich in den Simulationen gesehen haben. Zuletzt in der Kirmes-Simulation. Erinnerst du dich nicht mehr, Isa?«

Dass das die gleiche Person sein könnte, habe ich auch schon vermutet. Nickend lasse ich die vorletzte VR-Simulation vor meinem geistigen Auge abspielen. Bernd hatte uns hinter der Kirmesbude Bälle gereicht. An diesem Abend vor zwei Jahren auf der Kirmes muss irgendetwas passiert sein, weswegen wir alle hier sind und an das sich niemand von uns im Detail erinnert. Es kann nur so sein.

»Bernd«, entfährt es mir. Mittlerweile ist so viel passiert, so viele Unfälle, so viele Verletzungen, dass Bernd und die Simulationen in den Hintergrund gerückt sind.

»Genau. Dagobert und Bernd sind nicht zwei verschiedene Leute«, nimmt Evangelina den Faden wieder auf, hält kurz inne und fügt dann verschwörerisch hinzu: »Es ist dieselbe Person.« Sie wirft die Federn, die

287

sich schon in ihren Händen getürmt haben, in hohem Bogen über ihren schlanken Körper.

»Dago-Bernd«, ruft sie unter lautem, hysterischem Lachen aus, greift abermals in das Kissen und wirft wieder Federn in die Luft, die wie weiche, dicke Schneeflocken auf sie herabrieseln. Das wiederholt sie so lange, bis ihr zierlicher Oberkörper über und über mit Federn überzogen ist und es so wirkt, als wäre sie eine Figur in einer Schneekugel. Völlig bizarr mit Maritas bunten Sachen und dem pinken Federhut.

»Dago-Bernd wird mich nicht kriegen«, ruft sie aus, während eine einzelne weiße Feder langsam, wie von Wind getragen, auf den pinken Hut schwebt und sich dort niederlässt. Ich stecke die Nagelschere in meine Hosentasche und setze mich langsam und auf jede Bewegung achtend auf die Matratze, die das mit einem lauten Knarzen quittiert.

Jetzt werden Evangelinas Bewegungen langsamer, ihre Stimme leiser. »Niemand«, sie kniet immer noch vor dem Kissen, ist mir so nahe, dass ich ihr Knie berühren kann, wenn ich mich traue. »Niemand macht mir meinen Traum kaputt. Das hier ist mehr für mich als für euch alle. Das hier ist mein Leben.« Sie lehnt ihren Oberkörper nach vorn und vergräbt ihren Kopf in den Federn, die jetzt überall auf der Matratze verstreut sind. So, als ob die Schneekugel zur Ruhe gekommen ist und sich der Schnee gelegt hat. Auch Evangelinas Aufregung scheint sich gelegt

288

zu haben. Sie ist jetzt ganz leise, ihr Körper hebt und senkt sich langsam. Ein Schluchzen, das ihren Mund verlässt, wird leicht vom Kissen verschluckt.

Ich kann trotzdem deutlich erkennen, dass sie weint, was mich erleichtert. Ich finde diesen Gedanken merkwürdig, aber wenigstens scheint ihr Anfall vorbei zu sein. Das muss ich mir merken. Nervenzusammenbrüche geschehen lassen. Abwarten. Person nicht berühren. Aber da sein. Einfach nur da sein und zuhören. Instinktiv haben Marita, die immer noch wie eine Statue auf dem Stuhl neben dem Tisch sitzt, und ich uns korrekt verhalten. Ich nicke der Rentnerin erleichtert zu, erst jetzt fällt mir wieder die Vase auf dem Tisch ins Auge, die die ganze Zeit dort gestanden hat. Die Vase, die mich seit unserer ersten gemeinsamen Nacht hier auf der Insel an eine Urne erinnert hat. Evangelinas Urne.

»Dein Traum ist noch nicht vorbei«, rede ich beruhigend auf sie ein. Eine einzelne weiße Feder schwebt vor meiner Nase im Raum hin und her, scheint sich nicht beeindrucken zu lassen und landet dann auf meinem ausgestreckten Finger. »Er endet hier nicht«, spreche ich Evangelina Mut zu. »Was auch immer passiert, ein Brandmal ist kein Grund, nicht mehr modeln zu können.« Ich reiche ihr vorsichtig die einzelne weiße Feder, die die Influencerin, in einem Meer aus Federn hockend, dankbar mit spitzen Fingern entgegennimmt, als wäre es eine Trophäe.

289

»Erzähl mir von deinem Traum«, bitte ich Evangelina, die sich jetzt zu ihrem Zeigefinger beugt, die Feder ausgiebig betrachtet, die Augen schließt und sie mit einem zaghaften Pusten durch die Luft schweben lässt. So wie ich das früher als Kind mit einer Wimper gemacht habe.

»Ich habe mir was gewünscht. Auch wenn ihr jetzt wahrscheinlich wisst, was es ist, verrate ich es nicht.« Sie sieht zu mir auf, ein zaghaftes Lächeln umspielt ihre Mundwinkel, was ich erleichtert wiedergebe. Ich bin froh, dass der Nervenzusammenbruch abebbt. Mittlerweile habe ich Evangelina lieb gewonnen und möchte nicht, dass es ihr schlecht geht.

»Mein ganzes Leben lang habe ich auf den Erfolg hingearbeitet. Wollte allen beweisen, dass ich es schaffen kann.« Sie seufzt und holt dann tief Luft, die sie mit den nächsten Worten entweichen lässt. »Ihr könnt es wahrscheinlich nicht verstehen, aber für mich steht hier so viel auf dem Spiel.« Evangelina steht nun direkt vor Marita, die nickend den Mund öffnet, als wolle sie so etwas erwidern wie: »Für mich auch, meine Liebe, meine Schwester ist krank, und das hier ist für uns der letzte Ausweg.« Ich erkenne das und werfe ihr einen eindringlichen Blick zu, den sie richtig zu deuten scheint, da sie langsam den Mund wieder schließt.

Ich beschließe, den Professor danach zu fragen, wenn wir Evangelina beruhigt haben. Dann werde ich ihn nach dem vermeintlichen Preisgeld für Marita fragen. Und nach Bernd.

Ein Scheppern lässt mich zusammenzucken. Ein weiteres Mal verfluche ich meine Schreckhaftigkeit.

»Mist, verdammter!« Laut fluchend bückt sich Evangelina und hebt die Vase auf, die vom Tisch gefallen ist, weil sie zu hektisch danach gegriffen hat. Das granitfarbene Gefäß, das hoffentlich keine Urne ist, ist offensichtlich unversehrt geblieben. Ist wohl doch robuster als anfangs gedacht.

Zaghaft streicht Evangelina mit den Fingern darüber, betrachtet den dunklen, undefinierbaren Gegenstand von allen Seiten ausgiebig. »Gott sei Dank ist nichts passiert. Da ist meine Familie drin«, stößt sie sichtlich erleichtert aus. Bei diesen Worten fängt mein Herz an zu rasen. Ein heißer Klumpen bildet sich in meinem Inneren, der bei jedem Atemzug meine Luftröhre hinaufzuwandern scheint.

Nachdenklich kommt Evangelina, die Vase in beiden Händen haltend, wieder auf mich zu. »Das Tanzen, das Modeln, die Werbeeinnahmen. Ich mache das nicht für mich. Halt mal kurz«, bittet sie mich mit leiser Stimme.

Ich nehme ihr die Vase entgegen, wobei mein Herz wieder wie wild gegen meinen Brustkorb schlägt. Die Bilder der Urne meiner Schwester schieben sich vor mein inneres Auge, während ich mit den Fingern über den kalten Granit streiche. Es bildet einen Kontrast

291

zu meiner erhitzten Haut. Angewidert strecke ich Evangelina die Vase entgegen und bin froh, dass sie sie mir wieder abnimmt. Das Modell ist nun ins Bett gekrabbelt und schenkt der Vase ein liebevolles Lächeln. Mir wird klar, dass derselbe Gegenstand bei uns beiden unterschiedliche Emotionen freisetzt. Mich erinnert er an meine Schwester, ihr scheint er Kraft zu geben. Da ist meine Familie drin.

Das hatte sie gerade gesagt.

»Was hat es damit auf sich?«, will Marita wissen. »Du willst uns wohl zum Narren halten. Deine Familie kann doch nicht da drin sein.« Sie deutet immer noch vom Stuhl aus auf die Urne in Evangelinas Händen.

»Für meine Familie mache ich das alles. Meine Eltern, meine Tante Mascha, sogar Liam. Sie alle haben immer an mich geglaubt.« Evangelina, die nun mit dem Rücken an der Wand in unserem Bett sitzt, klemmt die Vase zwischen ihre Knie und dreht am Verschluss.

»Wer ist Liam?«, will Marita wissen.

Evangelina schmunzelt, legt behutsam die metallene Kappe neben sich auf das Laken und greift in die Urne.

Der heiße Klumpen in meinem Magen macht sich wieder bemerkbar, mir wird so mulmig, dass ich die Augen schließen muss. Ich will das nicht sehen.

»Wer Liam ist?«, wiederholt Evangelina Maritas Frage, und ich höre Verwunderung in ihrer Stimme.

»Wenn dir der Name Liam-Gelina nichts sagt, sind wir anscheinend doch nicht so bekannt, wie wir geglaubt haben«, stellt sie fest.

»Nie gehört«, gibt Marita zu.

»Auch nicht Evange-Liam?«, will die Influencerin wissen.

Ein Rascheln lässt mich die Augen öffnen, sodass ich eine Holzpuppe erkennen kann, die Evangelina aus der Urne befördert.

»Darf ich vorstellen. Das ist Liam.« Sie zeigt auf die Puppe, die mich an die Matroschkas erinnert, die meine Eltern früher gesammelt und in der Wohnzimmervitrine ausgestellt haben. Eine männliche Matroschka mit dunklen, aufgemalten Haaren und einem schwarzen Anzug mit weißen Knöpfen. Evangelina schraubt die Liam-Puppe auf, fördert eine kleine Puppe zutage, die wie eine Frau aussieht und schraubt die männliche Puppe wieder zusammen. Dann bettet sie sie sanft neben sich auf die Daunenfedern, die auf dem Bettlaken liegen. Erleichtert lasse ich die Luft entweichen, die ich angehalten habe, ohne es zu merken. Gott sei Dank, in der Urne ist keine Asche. Beruhige dich wieder, Isa, rede ich in Gedanken auf mich ein.

»Liam Harper ist mein Agent, ich kenne ihn, seit ich nach Deutschland gekommen bin. Am Anfang hat sich niemand für uns interessiert. Erst als die ersten Aufträge kamen, die ersten Gewinne in Tanzshows,

Werbeeinnahmen. Als endlich der ersehnte Erfolg eintraf, haben sie sich auf uns gestürzt wie die Geier«, erklärt Evangelina, während sie eine weitere männliche Figur aus der Figur herausholt und alle nebeneinander auf dem Bett drapiert, sodass eine kleine Familie zu sehen ist. Das meinte sie damit, als sie sagte, ihre Familie sei da drin.

Die letzte kleine Puppe soll sie selbst darstellen, wie ich an den aufgemalten langen Haaren und den geschminkten Lippen erkennen kann.

»Die Presse hat damals ein riesiges Tamtam um Liam und mich gemacht. Als ob es nichts Wichtigeres gäbe als die Tänzerin und ihr Agent und ob wir nun ein Paar sind oder nicht.« Evangelina wischt mit der flachen Hand behutsam die weißen Federn vom Bettlaken und richtet jede Figur einzeln auf. Dabei achtet sie darauf, dass der Abstand zwischen Liam, ihrer Mutter, ihrem Vater und ihr selbst identisch ist.

»Ob ihr es glaubt oder nicht. Es ging mir nie darum, berühmt zu sein. Ich wollte tanzen, dafür bin ich nach Deutschland gekommen. Ganz allein.« Gedankenverloren streicht sie an jeder Figur vom Kopf bis zum Fuß entlang. »Ich habe alles gegeben für meinen Traum. Habe Deutsch gelernt, mich integriert, damit ich das ausleben konnte, was ich schon immer machen wollte. Was ich gut konnte. Tanzen. Meine Tante Mascha hat mir geholfen, und das, was tief in mir drin ist, nach außen gebracht.

Meine Liebe zur Musik, meine Liebe zum Tanzen. Es ging mir nie um diesen ganzen Presserummel.« Sie seufzt laut auf. »Im Gegenteil. Das Geld aus den Werbeeinnahmen habe ich nie für mich behalten, sondern meinen Eltern geschickt.« Sie greift nach den beiden mittleren Puppen, die offensichtlich ihren Vater und ihre Mutter darstellen sollen, und legt sie in ihre Handflächen.

»Den beiden«, sagt sie, während sie die Puppen auf ihren Händen balanciert und wie eine Waage hin und her wiegt, »habe ich alles zu verdanken. Sie haben nicht viel in ihrem Leben, und das Geld, was sie hatten, haben sie in meine Ausbildung investiert. Ich brauche wenig Geld für mich. Alles, was übrig bleibt, bekommen meine Eltern. Vor allem die Werbeeinnahmen. Das ist viel mehr, als man so glaubt.« Evangelina sieht zu uns auf, so als wollte sie eine Bestätigung von uns.

Ich nicke ihr zu. »Deshalb musstest du um jeden Preis senden«, schlussfolgere ich nachdenklich. »Am Abend, nachdem Rouven verschwand und ich dich beim Posten erwischt habe?«, fahre ich fort. »Als du noch Netz hattest?«

Nickend lehnt sich Evangelina zu mir, wobei mir eine ramponierte pinke Feder in der Nase kitzelt. Ich muss niesen und krame vergeblich in meiner Hose nach einem Taschentuch.

Marita kommt mit verwunderter Miene langsam

auf mich zu. Sie scheint ihre Gedanken sortieren zu müssen. Dann hält sie mir ein Taschentuch hin, was ich dankbar entgegennehme. Ich schniefe geräuschvoll hinein, die Augen geschlossen. Als ich sie wieder öffne, steht Marita dicht vor mir, die geschminkten Augenbrauen gefährlich nahe zusammengezogen, wie ich es mittlerweile schon häufiger gesehen habe. Die Lippen zu einem schmalen Strich zusammengekniffen.

»Ich fasse es nicht«, kommt es wütend aus ihrem Mund. »Ihr beide konntet senden und habt uns nichts gesagt?«

»Wegen der Werbepartner«, gibt Evangelina kleinlaut zu. »Weil ich sonst kein Geld hätte, das ich meinen Eltern schicken kann.« Sie deutet auf die Figuren auf der Bettdecke, die von weißen Federn umgeben sind und den Anschein erwecken, als würden sie dort schlafen. »Deswegen bin ich hier auf der Insel und deswegen waren mir die Studien so wichtig. Wegen der Werbepartner. Nicht wegen der Studien selbst. Ich habe Verträge, die ich einhalten muss, und dafür habe ich mich nun mal verpflichtet.«

»Das ist ja alles schön und gut«, wirft Marita ein und bewegt sich zur Tür hin. »Aber euch ist schon klar, dass ihr euch damit sehr verdächtigt macht, oder? Ihr konntet senden, als es noch nicht zu spät war und habt nichts gesagt.«

»Wir?«, rufe ich aus. »Ich verstehe nicht, was

du meinst. Sollen Evangelina und ich für die Verstümmelungen verantwortlich sein? Nur weil Evangelina hätte Hilfe holen können und sich aus guten Gründen dagegen entschieden hat? Damals ist Rouven verschwunden und wir wussten noch gar nichts von den Brandmalen«, verteidige ich mich lautstark vor Marita, die nur die Schultern hochzieht.

Mit einem Schwung geht die Tür auf und Marita taumelt laut fluchend gegen die Wand.

Nico stürmt herein. Sein Blick huscht von einem zum anderen, als versuche er den Zusammenhang unseres Gesprächs zu analysieren.

»Ihr konntet senden? Wann?«, will auch er wissen. »Ich habe das durch die Wand mitbekommen. Du bist nicht zu überhören, Isa«, fügt er erklärend hinzu und wiederholt seine Frage: »Wann konntet ihr senden?«

»Nur Evangelina konnte am ersten Abend senden, als Rouven weg war. Danach nicht mehr«, setze ich ihn ins Bild.

»Das ist kein Verbrechen«, stellt Evangelina fest. Mein Blick gleitet zu ihr, sie sieht wie ein gerupftes Huhn aus.

»Was machst du hier?«, frage ich Nico.

»Ich sollte die obere Etage nach Jonas absuchen. Hier ist er offenbar nicht. Dann gehe ich wieder runter. Der Professor wollte den Strand absuchen, Simone ruht sich noch aus und –«

»Jonas«, unterbreche ich Nicos Wortschwall und

297

fasse mir schuldbewusst an die Stirn. »Mist. Wir haben Jonas vergessen.« Hektisch greife ich nach meiner Regenjacke und schlüpfe schnell hinein.

»Wir waren mit uns selbst beschäftigt«, gibt Marita zu. »Mit mir, Isa und Evangelina. Sie hatte einen Nervenzusammenbruch. Hätten wir sie da allein lassen sollen?«, fragt sie Nico.

»Das machen wir immer noch nicht«, entscheide ich und ernte irritierte Blicke.

»Nico, du hast jetzt schon genug gesucht. Pass bitte für einen Moment auf Evangelina auf. Marita, wir zwei gehen Jonas suchen.« Keine Ahnung, woher das kommt, aber in diesem Moment weiß ich, was zu tun ist. Es tut gut, wieder die Kontrolle zu übernehmen und nicht nur zuzuschauen.

»Ich brauche keinen Aufpasser«, motzt Evangelina. Sie hat sich nun im Schneidersitz auf das Bett gesetzt und zupft sich nach und nach die Federn von ihren Kleidungsstücken.

»Du hattest einen Nervenzusammenbruch. Ruh dich aus. Bitte«, flehe ich sie an.

»Ich möchte jetzt nicht allein bleiben«, gibt sie zu.

Mein Blick sucht Nicos dunkle Augen. Ihm konnte ich hier immer vertrauen. Ich schaue ihn eindringlich an, lege die unausgesprochene Frage in diese Geste. Er nickt.

»Ich bleibe bei dir, Evangelina«, versichert er ihr.

Ich ziehe meine Regenjacke zu, greife nach Maritas

Hand und will sie aus dem Zimmer ziehen, da zucke ich zusammen.

Ein ohrenbetörender Krach breitet sich aus. Ein hohes sirrendes Geräusch, gefolgt von einem lauten Knall. Wie, als wenn jemand einen Feuerwerkskörper gezündet hat.

»Was ist das?«, will Nico wissen, geht auf das Fenster zu und zeigt auf den wolkenverhangenen Himmel, aus dem rote Funken sprühen.

»Ein Feuerwerk«, stelle ich fest und ziehe Marita mit mir mit. »Komm, lass uns sehen, wo das herkommt.«

Hey du,
stell dir vor, du bist in einem Raum, in
dem ununterbrochen Federn von der Decke
schweben. Federn, die von einem zarten
Windhauch, der durch das Fenster kommt,
aufgewirbelt werden und einen Tanz in
der Luft vollführen. Die weichen, weißen
Federn scheinen zu schweben und rieseln wie
Schneeflocken herab. Weich. Weiß. Unschuldig.
Das bist du nicht. Das ist niemand von euch.
Jeder hat ein Geheimnis, wie du langsam
erkennst.
Wann stellst du dich endlich deinem eigenen
Geheimnis. Deiner eigenen Schuld. Wann
kannst du es endlich sehen?
Ich sehe dich.
Ich sehe, was du siehst.

Kapitel 24

Kalter Wind fegt über uns hinweg und zerrt an unseren Körpern, während Marita und ich aus dem Haus stürmen und uns den Weg zum Strand bahnen. Feine Sandkörner, die zu uns geweht werden, mischen sich auf meiner Wange mit dem eisigen Regen, der uns mit jedem Schritt immer mehr ins Gesicht peitscht. Das Brandmal auf der Wade schmerzt, aber ich lasse es mir nicht anmerken, zumal ich weiß, dass es gut desinfiziert und eingepackt wurde. Ich presse die Zähne zusammen und ziehe die Kapuze noch tiefer in die Stirn. Den Kopf in den Nacken gelegt, richtet sich mein Blick in den Himmel. Kein Feuerwerk zu sehen. Nur dunkle, dichte Wolken. Und doch liegt dieser Geruch nach Verbranntem in der Luft, den ich von Silvester kenne. Nebelschwaden verziehen sich langsam, während wir weitergehen.

»Ich suche mal auf der anderen Seite, Kleine«, dröhnt Maritas Stimme über den prasselnden Regen hinweg.

»Meinst du nicht, wir sollten zusammenbleiben?«, werfe ich ein.

»Papperlapapp«, winkt sie ab. »Ich bin nicht aus Zucker, und wer auch immer mir ein Brandmal aufdrücken will«, sie zieht den Reißverschluss ihrer Regenjacke bis zum Anschlag hoch, »mit dem werde ich auch noch fertig«. Mit diesen Worten macht sie auf dem Absatz kehrt und stapft in die entgegengesetzte Richtung davon.

Vollkommen außer Atem erreiche ich endlich den Strand. Kam das Feuerwerk von hier? Vom Fenster in unserem Zimmer aus hatte es so ausgesehen, daher habe ich mich zielsicher hierhin gewagt. Die Felsformation, zwischen der ich bei meiner ersten Aktion mit Jonas nach Rouven gesucht habe, kommt näher. Es war der zweite Tag hier, und Rouvens Verschwinden kam einer Katastrophe gleich. Jetzt erscheint es mir wie ein weiterer Akt in einem Theater. Eine Szene in einem Stück, das genauso inszeniert, genauso gewollt zu sein scheint. Ich kämpfe mir meinen Weg durch Regen und Wind und sacke mit jedem Schritt in den nassen Sand, der mir noch mehr als vorhin ins Gesicht peitscht.

Es fühlt sich so an, als hätten wir uns alle irgendwie daran gewöhnt, dass Menschen verschwinden, die dann auf unerklärliche Weise mit einem Brandmal wieder auftauchen. Wir dürfen nicht abstumpfen. Wir müssen Jonas suchen. Noch ein paar Schritte, dann habe ich die meterhohen Felsen, die eine kleine Höhle umfassen, erreicht. Vorsichtig spähe ich hinein, wage einen weiteren Schritt.

»Isa«, hallt eine Männerstimme durch die kleine Höhle, die die Felsen bilden. Eine Hand streift meinen Ellbogen und hält ihn fest.

302

Ich zucke erschrocken zusammen und schreie laut auf. Dann reiße ich mich los und lege all meine Kraft in meine nächste Bewegung.

»Aaahhh«, entfährt es mir, während ich den schweren Körper von mir stoße. Mit dem Rücken an die kalte, nasse Felswand gedrückt, erkenne ich schwer atmend, wen ich vor mir habe.

»Isa, ich bin es nur«, versucht Professor Hahrmacher mich zu beruhigen. Er deutet meine Körpersprache richtig, macht einen Schritt zurück und zeigt mit ausgestreckten Armen durch die kleine Höhle. »Ich habe Jonas gesucht. Er ist nicht hier«, fasst er das Offensichtliche zusammen.

»Haben Sie das Feuerwerk gehört?«, will ich wissen. Ich hätte so viele Fragen stellen können, aber diese eine kommt mir über die Lippen.

»Welches Feuerwerk?«

»Der schrille Feuerwerkskörper von vorhin. Wie können Sie das nicht bemerkt haben?« Ich halte kurz inne und mir wird klar, dass man hier am Strand sehr viel hören kann. Ohrenbetäubende Außengeräusche, die wohl das Feuerwerk übertönt haben. Tosende Wellen, prasselnder Regen, Donnergrollen. Wie auf Kommando kracht ein besonders lautes Gewittergrollen über uns zusammen und entlädt sich in einem Blitz.

»Wir sollten reingehen, das Unwetter ist genau über uns.« Professor Hahrmacher deutet auf den

Strand. »Wir suchen im Schuppen nach Jonas weiter«, entscheidet er und macht eine Geste, die ich unter anderen Umständen als höflich bezeichnet hätte. »Nach dir.«

Wir stapfen durch den Regen, meine Gliedmaßen sind klamm, die Finger kalt, die Wunde brennt. Mir purzeln so viele Fragen im Kopf herum, ich weiß nicht, in welcher Reihenfolge ich sie stellen soll. Ringe mit mir. Ach, was solls. Mit einer muss ich ja den Anfang machen. Der Professor ist mir in der Küche schon mal vom Haken gegangen. Das wird mir dieses Mal nicht passieren.

»Wann ist das letzte Notsignal rausgegangen?«, will ich wissen.

»Welches Notsignal?« Professor Hahrmacher hält neben mir Schritt, kommt nicht aus der Puste, wie ich vermutet habe.

»Wir müssen doch irgendwie Hilfe rufen«, werfe ich ein. »Und jetzt kommen Sie mir nicht wieder mit »Es geht kein Signal raus.« Ich ahme seine herbe Stimme nach und spreche extra laut, um gegen die tosenden Wellen und den prasselnden Regen anzukommen.

»Ob du es hören willst oder nicht, Isabella.« Es ist das erste Mal, dass der Professor meinen Namen voll ausspricht. »Aber wir haben mit allen Geräten mehrfach versucht, das Festland zu erreichen. Aber bei dem Sturm geht das nicht. Uns bleiben noch zwei Tage, dann sollten die Studien sowieso fertig sein und wenn wir Glück haben, dann –«

»Zwei Tage?«, falle ich ihm ungläubig ins Wort. »Das ist zu lang. Das halten wir nicht aus. Niemand hier in der Gruppe.«

Wir nähern uns der Weggabelung, von der ich weiß, dass ein Weg zur Villa, ein anderer zum Schuppen führt, wo die Studien stattgefunden haben. Wo ich das erste Mal Bernd in Nahaufnahme gesehen habe.

»Was sind das für Studien?«, frage ich den Professor.

»Das hat Jonas dir doch erklärt. Er hat mich anschließend über euer Gespräch in Kenntnis gesetzt. Wir wollten Eyetracking-Studien zum Thema Wahrnehmung durchführen. Wir wollten testen, ob ihr Menschen, ob nackt oder angezogen, anders wahrnehmt als Avatare, nackt oder angezogen. Wir wollten wissen, –«

»Das meine ich nicht«, unterbreche ich ihn. »Wieso wird einer Teilnehmerin Geld angeboten, damit sie mitmacht?« Ich erhebe absichtlich meine Stimme und schreie fast, um das tosende Meeresrauschen und den prasselnden Regen zu übertönen. »Warum werden Menschen erpresst?« Ich sehe ihn aufmerksam an. »Noch einmal«, setze ich an. »Warum sind wir alle hier?«

Wir sind nun an der Weggabelung angekommen. Ich nicke in die Richtung, die zum Schuppen führt und setze mich wieder in Bewegung.

»Das weiß ich nicht«, gibt Professor Hahrmacher kleinlaut zu.

»Was hat dieser Mann mit all dem hier zu tun?«, stelle ich die nächste Frage, die ich unbedingt geklärt haben will. »Dieser Bernd. Ist er dafür verantwortlich, dass wir alle verschwinden und mit einem Brandmal wieder auftauchen?«

Mit jedem Schritt zieht der Verband auf meiner Haut immer mehr und lässt mich vor Schmerzen zusammenfahren.

»Ihr immer mit diesem Bernd. Von einem Bernd weiß ich nichts«, entfährt es dem Professor.

»Aha«, rufe ich aus und bleibe stehen. Er hatte sich verraten. »Von einem Bernd wissen Sie also nichts?« Ich recke herausfordernd mein Kinn zu ihm hoch, an dem die kalten Regentropfen perlen. »Von den eigentlichen Studien und von der Erpressung einer Teilnehmerin aber schon?«, provoziere ich ihn. Wir haben uns wieder in Bewegung gesetzt und halten auf den Schuppen zu. Über die Schmerzen, die das Brandmal an meinem Bein hinterlässt, setze ich mich hinweg. Wenn ich wütend bin, wenn ich mich in Rage rede, kann ich einfach nicht langsam laufen.

»Und was ist mit den Verschleppungen und Verstümmelungen von Menschen?«, setze ich nach. »Haben Sie damit etwa auch nichts zu tun?«

»Schluss jetzt«, unterbricht der Professor mich abrupt. Er will mich am Arm festhalten und erwischt wegen des Regens nur die Regenjacke, die ich ihm entziehe. »Also gut. Ich sag dir jetzt etwas, was niemand hier weiß. Noch nicht einmal Jonas.« Er geht neben mir und beugt seinen großen Körper in meine Richtung, damit ich ihn über den Krach der Wellen und des Regens hinweg hören kann.

»Ich bin gespannt«, entgegne ich, weil ich das Gefühl habe, dass mich hier nichts mehr schocken kann.

»Die Studien wollten wir wirklich durchführen und von Bernd weiß ich nichts.«

»Das ist nichts Neues.«

»Ja, Isa, verdammt. Es gibt Dinge, die man für die Menschen tut, die man liebt.« Er verlangsamt seinen Schritt. »Und die sich dann im Nachhinein als riesengroßer Fehler herausstellen.«

»Sie sprechen in Rätseln, Herr Professor.«

»Ich habe das hier alles nicht für mich getan. Du liegst mit vielem, was du vermutest, richtig, aber nicht mit allem.«

Wir gehen den schmalen Weg neben der Villa entlang, den Blick auf den Boden gerichtet, damit der Regen im Gesicht nicht so schmerzt. Wir haben noch ein paar Meter, bis wir beim Schuppen sind.

»Was weiß ich nicht? Was ist Ihr Geheimnis?«, will ich wissen. Sein lautes Seufzen klingt über den Regen hinweg.

»Ich kann dir nicht alles verraten. Dafür steht zu viel auf dem Spiel, Isa.«

»Was genau steht auf dem Spiel?«, hake ich nach.

Er holt einmal tief Luft. »Marita ist nicht die Einzige,

die mit Geld gefügig gemacht wurde«, gibt er zu und setzt nach. »Ich auch. Ich wurde erpresst. Ich hätte das alles niemals zulassen dürfen. Ich hätte nicht –«

Ein hohes Geräusch, gefolgt von einem lauten Knall unterbricht ihn und lässt mich zusammenzucken. Unwillkürlich richte ich meinen Blick in den mittlerweile halbdunklen und mit dunklen Wolken verhangenen Himmel. Rote Funken sprühen am Himmel und regnen im nachmittäglichen Gewitter auf uns herab. Dann ertönt wieder ein sirrendes Geräusch, gefolgt vom nächsten Böller. Es handelt sich tatsächlich um Feuerwerksraketen, die offenbar von der Rückseite des Schuppens abgeschossen werden. Ein Feuerwerk? Was hat das zu bedeuten?

»Komm schnell«, ruft der Professor über die Schulter hinweg, während er eilig vor mir wegrennt. Er wurde erpresst, hallt es in mir nach. Er macht das hier nicht freiwillig. Mist. Schon wieder ist er mir entkommen.

Ich renne ihm nach, bahne mir meinen Weg um die Scheune herum und stoße abrupt gegen den großen Körper des Professors, der direkt hinter der Kurve stehen geblieben ist.

»Was machst du hier? Bist du verrückt geworden?«, ruft er aus und geht dann auf die Person zu, die ich überall erwartet hätte, außer hier. Vor allem hätte ich diese Person in einem anderen Zustand erwartet. Nicht freudestrahlend eine Feuerwerksrakete nach der anderen in die Luft jagend.

Hey du,
die Wunderkerze in meiner Hand sprüht grelle Funken in tausend Richtungen. Ich kann nicht anders, ich muss immerzu auf die Flamme starren, so sehr fasziniert mich dieses Spiel des Feuers, auf ein Minimum zusammen geschrumpft. Ich kann die Magie des Feuers mit den Fingern berühren. Die goldgelben Feuerzungen tanzen auf und ab und bewegen sich in alle Richtungen. Unwillkürlich muss ich an Silvester denken. Daran, wie Feuerwerkskörper in die Luft gejagt werden und im Firmament ein buntes Farbenspiel auf mich herabregnet. So wie heute. Silvester ist für mich der Inbegriff eines Neuanfangs. Wir lassen das Alte hinter uns. Alte Sehnsüchte, alte Ängste, alte Schuldgefühle. Freuen uns auf etwas Neues, etwas Großartiges. Tust du das auch? Hast du endlich erkannt, worum es hier geht?
Kannst du es endlich sehen?
Ich sehe dich.
Ich sehe, was du siehst.

Kapitel 25

Er steht unter einem kleinen hölzernen Vordach der Scheune und hält eine Hand über das Feuerzeug, um die Flamme vor Wind und Regen zu schützen. Dann richtet er den nächsten Feuerwerkskörper so aus, dass weder der Professor noch ich davon getroffen werden können, wie er sich vorsichtig vergewissert.

»Seht mal, was ich gefunden habe. Ich musste so lange suchen, aber endlich habe ich unsere Lösung. Das ist unsere Rettung. Ihr könnt stolz auf mich sein, denn ich bin es auch«, ruft Jonas aus und grinst über das ganze Gesicht. Regentropfen schimmern auf seiner Wange, durch die seine Sommersprossen noch mehr zur Geltung kommen. Er legt das Feuerzeug auf dem Boden ab und reibt seine Hände zusammen, als könnte er seine Freude über seine Entdeckung nicht im Zaum halten. Er strahlt den Professor und mich an wie ein Kind, dass lange auf das Christkind gewartet hat und endlich die Geschenke auspacken darf. So unbekümmert, als würde ihn das alles hier, das Verschwinden und Verletzen von Menschen nichts weiter angehen. Für einen Moment scheint es dem Professor, der neben mir steht, die Sprache verschlagen zu haben. Durch einen Seitenblick auf ihn erkenne ich seine steinerne Miene, die nun auch Jonas zu verunsichern scheint.

Dieser räuspert sich und blickt wieder auf den Boden.

»Ich wollte euch erst mal nichts davon erzählen, deswegen habe ich mich davongeschlichen. Es war auch nur eine Vermutung. Ich musste sichergehen, dass auch wirklich –«

»Junge«, unterbricht der Professor ihn mit bebender Stimme. Das eine Wort lässt seine Wut erahnen. Und Sorge. Und Erleichterung. So viel Emotionen habe ich noch nie in einem Wort herausgehört. »Du kannst doch nicht einfach so verschwinden, Junge«, fährt er Jonas an und geht auf ihn zu. Der Stolz in seiner Miene hat sich nun vollständig verflüchtigt und ist einem ängstlichen Ausdruck gewichen.

»In dieser Situation«, der Professor schlägt ihm einmal gegen den Arm, »wo ununterbrochen Leute verschwinden, kannst du dich doch nicht einfach irgendwo verstecken.« Er holt Luft und krallt seine große, klobige Hand in Jonas' gelbe Regenjacke, die um seinen Arm herum Wellen wirft.

»Aber ... ich ... habe ... ich wollte nicht«, stottert Jonas und windet sich aus dem Griff des Professors. Er kommt mir nun wie ein kleiner Junge vor, der unartig war und sich vor der Strafe einer Autoritätsperson fürchtet.

»Was wolltest du?«, mische ich mich ein und rette mich unter das hölzerne Vordach, das den Regen etwas abhält, obwohl er immer noch deutlich zu hören ist. »Sag nicht, du wolltest helfen?«

311

»Doch«, gibt Jonas kleinlaut zu, während er sich langsam von uns wegbewegt, bis er gegen die Scheunenwand stößt. »Ich habe hier in der Scheune die Raketen gefunden. Keine Ahnung, wie alt die sind. Müssen wohl von der letzten Gruppe hier liegen gelassen worden sein. Es hat lange gedauert, ein Feuerzeug zu finden. Dafür musste ich alles absuchen. Ich dachte, es macht Sinn, die Raketen mal abzufeuern, damit uns vielleicht jemand sieht.« Er schluckt und betrachtet ausgiebig den Boden. »Vielleicht jemand auf einem Schiff«, setzt er leise nach.

»Der Ansatz war nicht verkehrt, Junge. Du hättest nur Bescheid sagen müssen. Wir haben uns Sorgen ge–«

»Ich wollte«, unterbricht Jonas ihn leise, »mich nicht schuldig fühlen.« Er blickt immer noch starr auf den Boden, als ob er sich nicht trauen würde, aufzublicken und sich unseren Fragen zu stellen.

Ich neige meinen Kopf, um seine nächsten Worte besser verstehen zu können.

»Die Vorwürfe, das alles würde wegen uns hier passieren«, er zeigt abwechselnd auf die Schuhe des Professors und auf seine, »haben mich belastet. Die anderen haben mir vorgeworfen, wenn es die Studien nicht gegeben hätte, wäre das alles hier nicht passiert. So ist es doch auch.« Er verlagert unruhig sein Gewicht auf das andere Bein und wischt sich die nassen Hände an der Jeans ab. »Ich bin schuldig«, gibt er zu, und mir wird schwindelig bei diesem Wort. »Schuldig, weil ich unbedingt diese Studien durchführen wollte. Weil ich darauf bestanden habe, weiterzumachen, als wir noch hätten Hilfe holen können. Weil mir die Studien wichtiger waren als Menschenleben. Deswegen bin ich schuldig. Weil ich das hier unbedingt wollte.«

Jetzt hebt er seinen Kopf und deutet mit dem Kinn in Richtung Villa. »Die Studien sind mein Ein und Alles. Das habe ich den anderen auch gesagt, das gebe ich gern zu, aber ich wollte doch nicht, dass Menschen verschwinden.« Mit einem Seufzen lässt er den Kopf gegen die Scheunenwand hinter sich sacken, schließt die Augen und fährt sich mit der Handfläche darüber. »Und tatenlos zusehen, wie einer nach dem anderen mit einem Brandmal wieder auftaucht, kann ich auch nicht. Ich musste etwas tun. Daher habe ich nach einer Lösung gesucht, wie wir Hilfe holen können. Ich wollte mich nützlich machen.« Er lässt die Hand locker herabfallen und blickt uns nun direkt an. Nein, nicht uns, sondern den Professor, wie mir klar wird. Er hat das alles dem Professor erzählt, seinem Chef, seinem Mentor, der anscheinend wichtiger für ihn ist, als ich zunächst geglaubt habe.

»Ich wollte«, Jonas' Worte sind nur noch ein Wispern, »dich nicht enttäuschen.«

Wie, als hätte der Professor auf ein Kommando gewartet, löst er sich aus seiner Starre, bewegt sich langsam auf Jonas zu und schließt ihn in die Arme, wobei er seine großen Pranken auf dessen Rücken presst.

Mir kommt es vor, als wäre ich hier nur ungebetene Zuschauerin. Als wäre ich wie ein ungeladener Gast in eine intime Szene geplatzt, die ich nicht sehen sollte. Die nicht für mich bestimmt ist. Heute habe ich endlich einen Einblick in die Gefühlswelt der beiden bekommen. Ich hatte von Anfang an den Verdacht, dass die beiden sich besser kennen, als sie vorgeben. Dadurch, dass der Professor sich solche Sorgen gemacht hat, scheidet er für mich als Verdächtiger erst mal aus, auch wenn er erpresst wurde. Dafür kann es auch andere Gründe geben. Und Jonas? Würde er so reagieren, wenn er für all das verantwortlich ist? Kann das gespielt sein? Auch wenn bei diesem Aufenthalt auf der Insel vieles eine Illusion war, manches ein Fiebertraum, aber das hier war Realität. Heute konnte ich direkt vier Leute ausschließen. Marita, die jemand anderes ist, als sie vorgab zu sein. Evangelina, die nur hier ist, um durch Werbeeinnahmen ihrer Familie zu helfen, und die beiden vor mir. Der Professor hat sich nun wieder von Jonas gelöst und streicht ihm über die Jacke. »Komm, Junge, wir gehen rein und geben den anderen Bescheid, dass alles in Ordnung ist.«

»Isabella, bist du hier?«, erklingt aus der Ferne Maritas bekannte, tiefe Stimme. »Isabella, du musst sofort in den Schuppen kommen.« Mit jedem Wort kann ich sie deutlicher hören. Ich gehe ihr entgegen, biege um die Ecke und halte auf die Rentnerin zu.

»Was ist passiert?«, will ich wissen.

»Komm her!« Sie krümmt und senkt abwechselt den Zeigefinger, so wie ich das beim Lied, das ich am ersten Abend mit Nico hier performt habe, auch gemacht habe. Komm he-her, komm nä-her. Es fühlt sich an, als wäre das in einem anderen Leben gewesen.

»Das musst du dir ansehen, Kleine.« Der Tonfall, in dem sie das sagt, lässt mich zusammenzucken. »Für dich ist eine Nachricht hinterlassen worden.«

»Aber wir haben doch keinen Empfang«, entfährt es mir.

»Deswegen musst du auch schnell reinkommen.« Sie greift mich an der Hand, und ihre kalten, nassen Finger verflechten sich mit meinen. Mit der anderen Hand drückt sie die Scheunentür auf und zerrt mich regelrecht in den Innenraum.

Hier ist es dunkler als draußen, schummriges Licht strahlt von einem Rechner in der Ecke und erleuchtet einen Teil der Scheune. Marita zeigt darauf. Die Tür fällt mit einem dumpfen Knall ins Schloss, was mich zusammenzucken lässt.

»Mir ist das unheimlich«, gebe ich zu, während ich den Raum nach etwas Ungewöhnlichem absuche. Die Schemen der Whiskeyfässer in der entgegengesetzten Ecke kann ich erahnen. Wir halten auf den Monitor zu.

»Du hast von einer Nachricht gesprochen. Woher weißt du, dass die für mich ist?«

Maritas Schritte sind nun etwas langsamer geworden. Sie bleibt abrupt vor dem Monitor stehen.

315

»Sieh selbst«, sagt sie und schiebt mir den Stuhl, auf dem ich bei den Studien hier in der Scheune schon gesessen habe, unter den Hintern. Mir ist unbehaglich zumute, weil Marita so ein Tamtam darum macht. Weil es nicht sein kann, dass ohne Netz jemand eine Nachricht schickt. Weil ich es komisch finde, dass sie weiß, dass die für mich sein soll. Ich zögere noch, blinzele sie an.

»Du musst schon die Maus bewegen, damit der Bildschirmschoner weggeht, das weiß sogar ich.«

Nachdem ich das getan habe, muss ich unwillkürlich nach Luft schnappen. Die Worte, die mir entgegenblinken, verschlagen mir die Sprache.

Hey du,

bist du eigentlich ein geduldiger Mensch?
Ich meine so richtig geduldig? Entspannt?
Gelassen? Wenn du zum Beispiel eine wichtige
Mail verschickst und auf Antwort wartest,
aktualisierst du dein Postfach dann alle paar
Minuten oder lehnst du dich ruhig zurück und
wartest?
Ich will ehrlich zu dir sein. Ich habe mich
für einen geduldigen Menschen gehalten. Bis
ich dich kennenlernte. Ich hatte erwartet,
dass du es schneller begreifst. Du hast mich
enttäuscht. Als wäre das noch nicht alles,
zwingst du mich jetzt dazu, Dinge zu tun, die
ich nicht tun wollte. Zwingst mich dazu, dir
Nachrichten zukommen zu lassen. Das ist die
einzige Lösung, damit du es endlich verstehst.
Damit du es endlich siehst.
Ich sehe dich.
Ich sehe, was du siehst.

Kapitel 26

Der Cursor blinkt in stetigem Tempo. So schnell wie mein Puls, der sich innerhalb von Sekunden beschleunigt.

Ich scrolle durch das Dokument und überfliege hektisch die Zeilen, wobei sich mein leicht geöffneter Mund bewegt und lautlos immer wieder einzelne Begriffe formt. Mit jedem Wort wird mir unwohler. Mit jedem Satz, den ich lese, werden meine Hände feuchter, die ich zwischendurch immer wieder an meiner Hose abwischen muss. Es nützt nichts, da sie auch nass ist. Mir wird schwindelig. Ein heißer Schwall aus Nervosität, gemischt mit Wut und Angst bahnt sich durch meinen Körper und sammelt sich in meinem Bauch, während ich alles lese, was ich lesen soll. Ich scrolle wieder nach oben, will mir Gewissheit verschaffen, dass dieser Brief, diese Textstellen wirklich an mich gerichtet sind. Mit zitternden Händen bewege ich die Maus und markiere zwei kursiv und fett geschriebenen Worte, die keinen Irrtum zulassen:

Für Isabella.

Mein ganzer Körper bebt, ich werfe einen unsicheren Blick über meine Schulter und erkenne Jonas und den Professor, die laut diskutierend in die Scheune kommen. Jonas zückt gerade eine Taschenlampe, die er bei seiner Suche nach dem Feuerzeug offenbar hier gefunden hat. Der grelle Strahl blendet mich, sodass ich meine Augen mit der Hand abschirme.

»Bleibt stehen«, rufe ich den beiden zu. »Genau da.« Immer noch geblendet, zeige auf die Stelle am Eingang, wo ich die beiden vermute. Langsam gewöhne ich mich an das Licht.

»Warum? Was ist passiert?« Jonas wagt tatsächlich noch einen weiteren Schritt, leuchtet mit der Taschenlampe durch die Scheune und bleibt bei meinem Anblick abrupt stehen.

Ich muss wirklich verwirrt auf ihn wirken.

»Macht, was sie sagt«, fordert Marita, die sich nun an meinem Stuhl aufgestützt hat.

»Ich kann das nicht glauben«, stoße ich aus.

»Ich auch nicht, Kleine. Lass uns das Ganze mal zusammen durchgehen. Vielleicht verstehen wir, was es zu bedeuten hat. Vielleicht sehen wir es.« Bei ihren Worten läuft mir ein heißer Schauer über den Körper. Ich habe Angst, noch mal alles durchzumachen, halte mit zitternden Fingern die Maus fest. Mir wird klar, dass Hadern nichts nützt, da muss ich jetzt durch.

»Mach schon, Kleine«, fordert Marita mich auf.

Ihre Anwesenheit gibt mir Mut. Ich kann das nicht aufschieben. Langsam und bedächtig scrolle ich den Text auf Anfang und lese mit der Rentnerin zusammen gewissenhaft die Nachrichten durch.

Hey du,

heute ist der erste Tag einer langen Reise. Einer Reise ins Ungewisse. Einer Reise mit neuen Eindrücken und Erkenntnissen. Du brichst zu neuen Ufern auf und willst etwas erleben. Es wird vieles anders sein als erwartet und du wirst unzählige Erfahrungen machen. Du wirst einige Dinge sehen, von denen du nicht glauben kannst, dass sie wirklich existieren. Dinge, bei denen du nie sicher bist, ob sie echt sind oder eine Illusion.

Es wird Menschen geben, die sehen, was du siehst.

Unbehaglich scrolle ich weiter und zeige mit dem Cursor auf besonders markante Stellen.

»Hier«, flüstere ich Marita zu, während ich nicht aufhören kann zu lesen.

Konzentriere dich auf alles. Halte deine Sinne wach. Es wird wichtig sein. Pass gut auf. Denn vieles, was du siehst, wird nicht echt sein. Nicht alles ist real. Nicht alles ist Illusion. Oder doch? Ich werde dir helfen, es zu verstehen. Werde dir helfen, es zu sehen. Ich sehe dich.

Ich sehe, was du siehst.

Eine Schweißperle bahnt sich ihren Weg meinen Rücken entlang. Meine Kleidung ist klamm, meine Jacke, meine Hose sind völlig durchnässt. Die Worte, die ich jetzt lese, bestätigen dieses Gefühl.

Hey du,

du erinnerst mich an einen nassen Waschlappen, wie du dastehst, tropfnass und zitternd. Einen Waschlappen, der dringend mal ausgewrungen werden muss. Der getrocknet werden muss, damit er wieder so funktioniert, wie er soll.

Tust du das? Funktionierst du?

Schau dich um. Achte auf alles. Jedes Detail kann wichtig sein. Jedes Detail IST wichtig.

Diese Nachrichten sind nicht willkürlich. Sie nehmen Bezug auf die Studien. Auf meine Ankunft hier auf der Insel. Auf alle Unfälle. Auf alle Ereignisse. Auf einfach alles.

Ich schlucke, will aufstehen, doch Marita hält mich ab.

»Das hier ist besonders gruselig«, gibt sie zu und liest laut aus einer Textstelle vor.

»Hey du, ein Kuss ist was Feines.«

Unwillkürlich fließen die Bilder von Nicos Kuss im Kaminzimmer auf mich ein, die ich nicht stoppen kann. Marita liest einfach weiter:

321

»Belebt die Sinne. Ruft Erinnerungen wach. Lässt dich zu etwas Besonderem werden. Du fühlst dich begehrenswert. Umworben. Geliebt. Wenn sanfte Lippen dich umgarnen und du Atem auf deiner Haut spürst, der nicht dein eigener ist, sich mit deinem vermischt, kehrt dieses Gefühl in deinen Körper zurück. Das Gefühl, etwas Besonderes zu sein. Das bist du. Etwas Besonderes. Darum habe ich –«

»Warte mal«, unterbreche ich Marita, weil mir alles zu viel wird. Ich muss permanent an den Kuss mit Nico denken. Dem Menschen, mit dem ich eine Geschichte teile, dem ich vertraue. Vertraut habe. Mein Atem wird hektischer, mein Mund trocken, ich schlucke energisch gegen die Tränen an, die sich ihren Weg an die Oberfläche bahnen und sich nicht mehr aufhalten lassen. Ich habe ihm vertraut.

»Darum habe ich das hier alles getan«, liest Marita weiter vor, während sich mein Körper vor Tränen schüttelt und ich vergeblich versuche, mich zu fangen und weiter auf den Monitor blinzle. Sie legt eine Hand sanft auf meine Schulter, lässt sie dort liegen und fährt unbeirrt fort »Habe all die Vorbereitungen getroffen, alles so inszeniert, damit du die Hinweise siehst. Damit du alles aufdecken und an die Oberfläche bringen kannst. Schicht für Schicht. Ich sehe dich. Ich sehe, was du siehst.«

Maritas tiefe, sonore Stimme hallt in mir nach. Ihre warme Hand auf meiner Schulter wiegt schwer, obwohl sie keinen Druck ausübt. Ich nehme sie bewusst und intensiv wahr.

Während ich die Zeilen auf dem Monitor zum wiederholten Mal lese, sickert in mir die Erkenntnis, dass ich es mir nicht eingebildet habe. Dass es jemand auf dieser Insel auf mich abgesehen hat. Dass das alles hier für mich inszeniert wird. Dass dieses perfide Spiel etwas mit meiner Vergangenheit zu tun hat, wie ich es schon von Anfang an vermutet habe. Nur, dass es hier nicht um Laura und meine Schuldgefühle ging, sondern um etwas anderes. Die Klarheit, mit der ich erkenne, worum es hier geht, überwältigt mich so, dass ich nur vier Worte herausbringe.

»Ich habe einen Stalker.«

Augenblicklich fällt eine Last von mir ab. Die Erkenntnis, dass ich jetzt endlich klarsehe, beruhigt mich. Ich fürchte mich nicht. Nicht mehr. Vielleicht sollte ich Angst bekommen, aber das ist nicht das übergeordnete Gefühl. Es ist keine Furcht, die von mir Besitz ergreift, sondern Mut und Zuversicht. Es ist leichter, gegen etwas zu kämpfen, wenn man weiß, dass es existiert und nicht nur ein Versuch meines Hirns ist, sich Unerklärliches zu erklären. Als hätte ich nur darauf gewartet, einen solchen Hinweis zu bekommen, verändert sich etwas tief in mir. Mit einem Mal entschleunigt sich mein Puls, beruhigt sich mein Atem wieder, weil ich es nun erkenne. Schlagartig weiß ich, was zu tun ist. Erstaunlicherweise kommt mir in diesem Augenblick die Antwort in den Sinn. Jetzt erkenne ich es. Ich sehe es.

Mein Körper scheint ein Eigenleben zu entwickeln, meine Beine drücken sich aus dem Stuhl, mein Rücken richtet sich auf, die Schultern ziehen sich straff nach hinten. Mir ist klar, dass ich mir jetzt keine Blöße geben darf. Nicht eingeschüchtert wirken darf. Die Person, die das geschrieben hat, will genau das. Will mich schwach sehen, verletzt, verwundbar. Das lasse ich nicht zu. Selbstbewusst setze ich mich in Bewegung. Wie in einem Tunnel fokussiere ich den Weg vor mir, halte mein Ziel im Blick. Die Geräusche um mich herum blende ich aus. Lasse die besorgte Marita und den sichtlich verdutzten Professor und den nicht minder irritierten Jonas in der Scheune stehen und gehe schnellen Schrittes auf die Villa zu. Der Regen hat nachgelassen, prasselt nicht mehr so stark wie vorhin noch, sondern bildet nur noch Sprühregen auf meiner Haut. Jetzt kann ich es doch nicht mehr aushalten und verfalle in einen Laufschritt, während ich auf das Herrenhaus zuhalte. Ich muss ihn finden. Muss ihn zur Rede stellen. Er kann mir sagen, was passiert ist und warum ich diesen Brief bekommen habe. Er ist der Schlüssel zu allem, da bin ich mir sicher.

Außer Atem stoße ich die massive Eichenholztür auf und suche die Räume im Erdgeschoss ab. Einen nach dem anderen. In der Küche ist niemand, im Esszimmer ebenfalls nicht. Dieses Haus ist ausgestorben. Die Stille, die mir aus jedem Zimmer geradezu entgegenbrüllt, ist kaum auszuhalten. Schnell eile ich ins Kaminzimmer, meine Schuhe quietschen und hinterlassen eine nasse Spur auf dem Boden. Auch wenn das sinnlos ist, bewege ich mich im Kaminzimmer auf und ab, scanne den Raum, suche nach Hinweisen und nach Kameras. Während ich mich zu schnell umdrehe, stößt mein Hintern gegen etwas Hartes. Ein metallenes Scheppern lässt mich zusammenfahren. Das Kaminbesteck, was hier so locker auf der Vorrichtung hängt, das so ziemlich jeder von uns es schon mal heruntergeschmissen hat, liegt nun vor mir auf dem Boden. Hektisch bücke ich mich danach, will es gerade wieder auf die Vorrichtung hängen, da fällt mir etwas auf. Nanu? Kann das sein? Meine eiskalten Finger krallen sich um den Schürhaken, der kein richtiger Schürhaken ist, wie mir jetzt bewusst wird, sondern ein Stempel. Ein Stempel mit einem Auge, das mich anstarrt.

Hey du,
ich muss mich erneut entschuldigen. Ich kann jetzt nicht, muss mich beeilen. Du hast etwas entdeckt, das du nicht entdecken solltest, weil du schneller bist, als ich vermutet habe. Schon wieder habe ich dich unterschätzt. Du bist auf dem richtigen Weg, deutest einiges richtig und einiges falsch. Ich bin froh, dass du endlich zu mir gefunden hast. Dass du es langsam begreifst. Es endlich siehst.
Ich sehe dich.
Ich sehe, was du siehst.

Kapitel 27

Ein Puzzleteil fällt in Sekundenschnelle wie von selbst an seinen Platz. Die Hinweise, die ich finden sollte, wie mir die Nachrichten zeigen, waren die ganze Zeit vor meiner Nase.

Siehst du es auch?

Das stand doch dort. Jetzt sehe ich es.

Nervös kralle ich meine Finger um die Eisenstange, die etwa so lang ist wie mein Ellbogen und halte sie schützend vor mich. Ich keuche auf, als mir meine nackte Haut auf dem Eisen bewusst wird. Meine Fingerabdrücke sind nun darauf, schießt es mir durch den Kopf. Jetzt mache ich mich auch verdächtig. Mit diesem Gedanken setze ich mich in Bewegung. Wer auch immer mich verdächtigen will, damit werde ich schon klarkommen.

Womit ich nicht klarkomme, ist die Erkenntnis, dass ich soeben die Tatwaffe entdeckt habe. Ich hechte die Treppe hoch und nehme zwei Stufen auf einmal. Dabei fahre ich mit den Fingern die metallenen Konturen auf dem Werkzeug nach, das ich zur Verteidigung mit mir genommen habe. Damit wurden wir also gebrandmarkt. Auf der Empore angekommen, atme ich einmal tief durch. Meine Fingerspitzen berühren das Auge auf dem Metall. Ein Auge. Damit wir es sehen. Damit ich es sehe. Das

327

stand in den Nachrichten. Ich sehe dich. Ich sehe, was du siehst.

Bei dieser Erinnerung zucke ich unwillkürlich zusammen, sammele meine Gedanken und bewege mich langsam durch den dunklen Flur, die neue Waffe immer noch schützend vor mir.

Mit einem Knarzen öffnet sich eine Tür, was mich zum Stehenbleiben veranlasst. Ich bin auf der Hut, strecke selbstbewusst das Kinn vor und warte erst mal ab. Die dunkle Gestalt schließt vorsichtig dir Tür, als wollte sie keine Geräusche machen und dreht sich seelenruhig zu mir um.

»Isa, endlich«, brummt Rouven zögerlich und deutet mit dem Kopf auf die hölzerne Zimmertür. »Hab nach Simone gesehen. Alles in Ordnung.«

Sein schüchterner Blick bleibt an dem Metall in meiner Hand hängen. Ich lasse den Brandmalstempel abrupt fallen, der dumpfe Ton des Aufpralls lässt mich kurz zusammenzucken.

»Alles in Ordnung?«, wiederhole ich seine Worte und gehe mit gestrafften Schultern und vorgestrecktem Kinn langsam auf den Jungen zu. Der Verdacht, der vorhin in der Scheune schon aufblitzte wie ein Feuerwerk an Silvester, verfestigt sich mit jedem Schritt, mit dem ich mich auf unser erstes Opfer zubewege, das nun buchstäblich mit dem Rücken zur Wand vor mir steht und mich ängstlich beäugt.

»Nichts ist in Ordnung.« Meine Stimme ist ruhiger

als gewünscht und als es meine Gemütslage es zulässt, was mich verwundert. Ich müsste jetzt toben, ausrasten, heulen. Doch seltsamerweise tue ich nichts davon, sondern bewahre Haltung.

»Rou-ven«, spreche ich betont langsam die zwei Silben aus. Ich habe ihn jetzt erreicht und stütze in einer flüssigen Bewegung die Arme rechts und links neben seinem Kopf ab. Schaue ihm direkt in die dunkeln Augen, die er nicht von meinen abwenden kann. Gut so.

»Du weißt mehr als wir alle hier«, werfe ich ihm vor. Der schüchterne Junge schnappt nach Luft.

»Du musst nicht antworten«, werfe ich ein. »Erst wenn ich dir eine Frage stelle.« Ich verringere den Abstand meiner Hände an seinem dunklen Haarschopf, hoffe, so bedrohlicher zu wirken. Ich muss es jetzt wissen. »Du wusstest, dass Marita Krankenschwester ist«, stelle ich fest, und seine Mimik bestätigt meinen Verdacht. »Du hast uns alle hier vorher gecheckt. Du hast uns alle ausspioniert. Nur hast du eins nicht gewusst.« Ich lege eine kurze Pause ein. »Marita und ihre Schwester haben dich getäuscht. Du wusstest nicht, dass Marita –«

»Simone wollte das wissen«, verteidigt er sich. Schlagartig wird mir mein Fehler bewusst. War es vielleicht doch nicht Rouven, sondern Simone? »Simone hat mich gebeten, etwas zu recherchieren«, gibt Rouven zu. Ich lockere meinen Griff und

329

weiche zurück, sodass ich seine Verunsicherung erkennen kann. Er schluckt hart, dann fährt er fort. »Sie musste doch wissen, ob jemand Allergien oder Nahrungsmittelunverträglichkeiten hat, damit nichts passiert. Keine Unfälle.« Zum ersten Mal bringt er einen längeren Satz heraus, wie mir jetzt auffällt. Er ist nervös und will sich verteidigen.

Nahrungsmittelunverträglichkeiten. Hätte nicht damit gerechnet, dass er solch ein Wort überhaupt kennt. Blöde Vorurteile.

»Keine Unfälle«, bemerke ich spöttisch. »Das hat ja super geklappt.« Meine Stimme trieft vor Sarkasmus.

»Wir konnten doch nicht wissen, dass Marita nicht Marita ist«, ruft er aus. »Jetzt weiß ich es, ich habe euch vorhin zugehört. Aber so etwas hätte Simone doch wissen müssen.«

Maritas Atemnot kommt mir in den Sinn. Wenn Simone von uns allen wusste, konnte sie jedoch nicht für die Atemnot verantwortlich sein. Sie hat Marita für ihre Schwester gehalten.

»Noch etwas«, setze ich an und schleudere meine Vermutung auf ihn wie einen Peitschenhieb. »Du bist Hacker.«

Er reißt die Augen auf und schnappt nach Luft. Ich lasse ihn noch nicht antworten.

»Du hast alles im Vorfeld über uns herausgefunden. Über uns alle hier.« Ich habe Rouven nicht deswegen gesucht, sondern weil ich vermutet habe, dass er mehr

330

über uns alle weiß. »Sag schon, Rouven, du warst es doch. Du hast uns beobachtet, hast Daten gesammelt.« Ich komme ihm jetzt näher, kann seinen Atem auf meiner Haut spüren. »Du weißt alles über uns.«

Mit einem Mal verändert sich seine Miene. Angst weicht aus seinen Augen und hinterlässt eine andere Gefühlsregung, die ich in Sekundenschnelle seinem Gesicht ablesen kann.

Stolz.

Er kann sich ein Lächeln nicht verkneifen. Es ist immer noch zaghaft, aber erkennbar.

»Unfassbar«, entfährt es mir. »Du spionierst uns alle aus und dann bist du auch noch stolz drauf?« Ich schüttle den Kopf, in dem ein winziger Gedanke mit jedem Atemzug immer größer wird und langsam Gestalt annimmt. Er ist ein Hacker, der nach Anerkennung lechzt. Das muss ich ausnutzen. Ich muss es jetzt wissen.

»Rouven, ich weiß, dass du es weißt.«

Sein Lächeln wird stärker.

»Du musst mir etwas sagen.« Verschwörerisch suche ich seinen Blick und stelle die nächste Frage langsam und mit Bedacht. »Wer ist mein Stalker?«

»Was?«

Ich führe meine Hände an der Wand näher an seinen Kopf, sodass mich seine Haare an den Fingern kitzeln.

»Du weißt genau, was ich meine. Jemand hat es

331

auf mich abgesehen. Jemand hat mir Nachrichten hinterlassen. Ich sehe, was du siehst. Sagt dir das nichts?«

»Doch«, gibt er kleinlaut zu und zieht die Schultern hoch.

Erleichtert löse ich meinen Griff und bewege mich von ihm weg, halte seinem Blick jedoch weiterhin stand. »Hat er mich gesucht und ist mir hier auf die Insel gefolgt? Macht er wegen mir hier mit?«

»Wer?«, fragt Rouven.

»Nico«, entgegne ich aufgebracht. »Um den geht es hier doch.« Ich wühle in meiner Hosentasche und suche mein Handy. Will nachsehen, ob er mein Follower auf Social Media ist, aber das Handy ist nicht hier, und da ich keinen Empfang habe, würde das auch nichts nützen. Außerdem habe ich in der Vergangenheit oft geprüft, ob mir ein gewisser Nico folgt. Das wüsste ich doch. Immerhin habe ich Tage damit verbracht, auf mein Handy zu starren und auf eine Nachricht oder Freundschaftsanfrage zu warten.

»Mist«, entfährt es mir. Dann kommt mir ein Gedanke. »Du weißt doch so viel, hast alles über uns recherchiert, Rouven. Keine Ahnung, wo du die Infos herhast, aber du bist anscheinend gut.« Da ist sein Lächeln wieder. Er will gelobt werden. Ich bin auf dem richtigen Weg.

»Hast du auch unsere Social-Media-Kanäle gecheckt?«

»Selbstverständlich«, gibt er überheblich zu.

»Ist Nico mein Follower?«, frage ich und halte während seiner nächsten Worte den Atem an.

»Ocin_87 ist sein Username.« Rouven senkt die Schultern, so, als wäre eine Last von ihm gefallen.

»Ocin«, lasse ich den Namen auf der Zunge nachspüren. »Nico rückwärts geschrieben«, sinniere ich.

»Er folgt dir überall«, bestätigt Rouven.

Wie von der Tarantel gestochen drehe ich mich von ihm weg und laufe den Gang entlang. Verdammt. Ich habe es die ganze Zeit geahnt. Wieso ist mir das nicht eher aufgefallen? Wahrscheinlich hatte Nico kein Bild von sich, sondern nur ein Symbol hinterlegt, und ich habe nicht darauf geachtet. Wie konnte mir das passieren? Wenn ich zu Hause bin, muss ich unbedingt meine Einstellungen überprüfen und alles auf privat stellen.

»Und falls du noch etwas wissen möchtest«, vernehme ich Rouvens Stimme, die mit der Zeit immer fester und selbstbewusster geworden ist, dicht hinter mir. »Er folgt euch beiden bei Social Media.«

»Uns beiden?«

»Evangelina und dir.«

Meine Gedanken überschlagen sich, mein Herz rast. Ich habe sie mit ihm allein gelassen. Vehement setze ich schnellen Schrittes meinen Gang fort, während die Schuldgefühle zum wiederholten Mal auf dieser Insel auf mich einstürzen. Ich habe sie nicht beschützt, obwohl ich es ihr versprochen habe. Meine

Schritte hallen dumpf über den Flur. Ich konnte es nicht wissen, habe Nico vertraut.

»Evangelina, ich muss mit dir reden.« Mit zitternden Händen öffne ich unsere Zimmertür, hinter der ich unseren gemeinsamen Stalker und das Model vermute. Mit dem Anblick, der sich mir jetzt bietet, habe ich nicht gerechnet.

Hey du,
das Werkzeug liegt schwer in deiner Hand,
die metallenen Konturen drücken sich in deine
Haut. Oder soll ich lieber »brandmarken«
sagen? Ich applaudiere dir. Du hast das
Werkzeug gefunden. Es war notwendig. Du
sollst etwas Bleibendes davontragen. Etwas,
das dich erinnert. Noch siehst du nicht alles,
aber du bist auf einem guten Weg.
Ich sehe dich.
Ich sehe, was du siehst.

Kapitel 28

Durch das geöffnete Fenster weht mir eisiger Wind entgegen. Ich fröstle und kann den Blick nicht von den Federn abwenden, die zu Tausenden durch das Zimmer wehen. Wieder habe ich das Gefühl, ich stehe in einer Schneekugel.

Ich schließe das Fenster und schaue unter dem Bett nach, obwohl mir das verrückt vorkommt, aber ich muss mir Gewissheit verschaffen. Unter dem Bett finde ich nicht Evangelina, sondern etwas anderes zieht meine Aufmerksamkeit auf sich. Mit spitzen Fingern taste ich vorsichtig nach der pinken Feder, die sich anscheinend von Maritas Hut gelöst hat.

Von dem Kleidungsstück, das Evangelina sich vorhin aufgesetzt hat.

Entschlossen stapfe ich auf die Tür zu, stoße sie auf und nehme Rouven, Marita, Jonas und den Professor nur am Rande wahr, die mir gefolgt sind.

»Was ist los, Kleine?«, will die besorgte Rentner wissen. »Weißt du jetzt, wer es ist?«

»Und ob, aber ich muss das allein klären«, gebe ich den vieren zu verstehen. »Rouven«, ich zeige auf den dunkel gekleideten Jungen. »Erzähl den anderen, was du mir gerade gebeichtet hast. Und Sie«, jetzt richte ich mich an den Professor, »suchen Evangelina, während ich Nico zur Rede stelle.«

336

Mit diesen Worten öffne ich Nicos Zimmertür, schließe sie mit einem lauten Schlag und lehne mit dem Rücken dagegen, während mein Herz wie wild pocht.

Meine Bekanntschaft von früher sitzt im Schneidersitz, mit Shorts und Hoodie bekleidet auf dem Bett und hält einen aufgeklappten Laptop auf dem Schoß.

Das laute Türknallen hat ihn aufgeschreckt.

»Isa, da bist du ja. Ich muss dir was zeigen. Ich habe Nachrichten bekommen«, redet Nico drauflos, lässt den Laptop auf die Matratze fallen und steht vom Bett auf.

»Bleib, wo du bist«, fordere ich ihn auf.

Er zuckt sichtlich zusammen, setzt sich vorsichtig auf die Bettkante und hält mich dabei im Blick.

»Wo ist sie?«, will ich mit zusammengekniffenen Augen wissen.

Meinen Gesichtsausdruck deutet er völlig falsch.

»Isa, was ist mit dir los?«, sein Tonfall ist jetzt ruhig, seine Stimme samtig wie eh und je. Wie ich es kenne.

»Isa, ich bin auch aufgebracht. Ich weiß jetzt, was passiert ist.« Er deutet wieder auf den Laptop. »Es hat mit Bernd zu tun, es ist so, wie wir vermut-«

»Lenk nicht ab«, zische ich. Meinen Rücken drücke ich gegen die harte Holztür, das gibt mir Sicherheit. »Du bist wegen mir hier auf der Insel. Gib es doch zu«, verlange ich von ihm und kann nicht verhindern, dass ich jetzt doch ungehaltener werde, als ich wollte.

337

Ich werde ihm nicht die Oberhand überlassen. Selbstbewusst löse ich meinen Rücken von der Tür, richte meinen Körper gerade auf und konfrontiere ihn mit meinem Verdacht. »Du kannst ruhig zugeben, dass du mein Stalker bist.«

Es tut gut, diese unübersehbare Tatsache endlich auszusprechen.

Sein Kopf schnellt zu mir, wie ein Pfeil, der von einem Bogen abgeschossen wurde. Seine dunklen Augen zucken irritiert zwischen meinen hin und her. Er öffnet den Mund, aus dem kein einziger Ton erklingt.

Die Stille, die sich nun ausbreitet, ist unerträglich.

»Sag schon, bist du wegen mir hier?«, wiederhole ich meine Frage, die Nico nicht sofort beantwortet. Er senkt seinen Blick, räuspert sich. Die nächsten Worte kommen langsam und leise aus seinem Mund.

»Ich bin wegen dir hier, Isabella. Habe nie einen Hehl daraus gemacht.«

»Wusste ich es doch.« Die Antwort beruhigt mich nicht im Geringsten, doch das soll er nicht wissen.

»Aber ich bin nicht dein Stalker, Isabella, lass es mich erklären.« Er klettert über sein Bett und stellt sich gegen die Wand am anderen Ende des Zimmers. So, als wollte er so viel Abstand wie möglich zwischen uns bringen. Er geht langsam in die Knie und hält mich dabei ihm Blick, als hätte er Angst, ich könnte verschwinden. Dann zieht er seinen Rucksack zu sich heran und wühlt darin. Die Packung Mintplättchen, die er herausfischt, wirft er mir so zu, dass sie direkt vor meinen Füßen auf dem Boden landen.

Ich schnaube.

»Das ist es, was ich meine«, werfe ich ihm vor.

»Wir hatten nur einen Abend miteinander, nur eine Nacht, und du kennst mich zu gut. Kennst meine Ängste, weißt, was mich beruhigt. Wenn du glaubst, du kannst mich mit Mintplättchen bestechen, hast du dich geschnitten!«

»Isa, ich will dich nicht bestechen, sondern beruhigen.«

Er beugt sich vorsichtig nach vorn und angelt nach dem immer noch aufgeklappten Laptop. »Du hattest damals diesen Post auf Social Media, dass du dich für die Eyetracking-Studien angemeldet hast. Mit so einem Bild von einer Insel und vom Meer und einem Auge, erinnerst du dich?«

Ich nicke bedächtig und verfluche mich selbst. Warum habe ich das überhaupt gemacht? Warum habe ich das nicht privat gehalten?

»Das zwischen uns beiden ...« Nico blickt verlegen auf den Boden. So, als wäre ihm sein Geständnis unangenehm. »Das ist zwar schon zwei Jahre her, aber es war alles noch ungeklärt. Ich wollte dich nicht einfach so anschreiben, sondern dich persönlich treffen und meine zweite Chance nutzen.« Er umklammert mit beiden Händen den Laptop, dann hebt er den Kopf und sieht mir direkt in die Augen. »Ich wollte dich wiedersehen. Soll das ein Verbrechen sein?«

»Das nicht.« Unbewusst habe ich mich wieder an die Tür gelehnt, presse nun auch die Handflächen dagegen. Das harte Holz gibt mir Halt. »Die Nachrichten auf dem Monitor in der Scheune, die Unfälle, die –«

»Welche Nachrichten?«, fällt er mir ins Wort.

»Hey du, kleine beschwipste Erdbeere. Kommt dir das bekannt vor?« Das ist das Erste, was mir einfällt.

Er schüttelt irritiert den Kopf, während ich mit den Augen das Zimmer scanne.

»Du musst überall Kameras versteckt haben. Die Briefe bezogen sich auf die Ereignisse, die hier auf der Insel passiert sind. Auch die, bei denen du nicht dabei warst.«

»Ich habe hier nichts mit Kameras verwanzt und auch keine Briefe geschrieben.«

»Und für die Entführungen und die Brandmale willst du natürlich auch nicht verantwortlich sein, ist klar«, entgegne ich ironisch.

»Bin ich nicht, Isabella. Deine Vorwürfe sind völlig aus der Luft gegriffen.« Er kratzt sich am Nacken. »Aber in zwei Punkten hast du recht.«

Ich horche auf.

»Ich bin dein Follower auf Social Media und ich habe deine Idee zu den Studien verfolgt.« Er schluckt. »Weil ich dich wiedersehen wollte. Und die

340

Nachrichten.« Unsicher macht er zwei Schritte nach vorn, legt den Laptop auf den Boden und entfernt sich wieder von mir. Ihm scheint klar zu sein, dass ich seine Nähe gerade nicht ertragen kann.

Ich starre auf den Monitor, dessen grelles Licht mir entgegen leuchtet. Erkenne die kursiv geschriebenen Absätze, die mir gefährlich bekannt vorkommen, weil sie alle mit »Hey, du« anfangen. Ein Schauder läuft mir über den Rücken.

Ich greife das Gerät und scrolle an den Anfang des Dokuments, an dem in fetter Schrift »für Nico« geschrieben steht.

Mein Mund ist trocken. Ich schlucke dagegen an, während ich die Zeilen überfliege und weiter scrolle. Er hat auch Nachrichten bekommen? Ist das vielleicht fake? Gehört das zu seinem Plan?

»Isa«, seine Stimme ist jetzt tief und rauchig. »Lass uns dem nachgehen. Du hast anscheinend auch Nachrichten bekommen, die nicht von mir sind. Wir haben kein Netz, also muss jemand diese händisch aufgespielt haben. Über einen Stick oder so. Vielleicht ist es der Täter.«

Prüfend mustere ich ihn und rufe mir seine Reaktion von vorhin ins Gedächtnis. Er war froh, mich zu sehen, wollte mir die Nachrichten präsentieren, die er bekommen hat.

»Evangelina, du und ich waren vor zwei Jahren auf der Kirmes«, fährt er fort. »Wir haben diesen Mann gesehen.«

»Bernd.«

»Wir müssen mit Evangelina sprechen und sie fragen, ob sie auch –«

»Mist«, rufe ich aus. »Evangelina.«

Bei der Erwähnung ihres Namens plagt mich ein schlechtes Gewissen. Ich wollte die Influencerin suchen und von Nico wissen, wo sie ist. Jetzt habe ich mich wieder von ihm ablenken lassen.

»Vorhin war sie noch da«, beteuert Nico. »Sie hat mich aufgefordert, zu gehen, weil sie ihre Ruhe haben wollte. Der Ausraster und die Angst vor einem Brandmal haben sie zu sehr aufgewühlt. Ich wollte ihr den Freiraum lassen und hab sie –«

»Du hast sie alleingelassen«, führe ich seinen Satz weiter.

»Und jetzt ist sie verschwunden, und du willst mir weismachen, dass du nichts mit allem hier zu tun hast und du auch Nachrichten bekommen hast.« Ich drehe mich um und öffne die Tür, bereit zu gehen, halte jedoch die Klinke noch in der Hand.

»Ich werde sie suchen, Nico.«

Er zuckt beim Klang seines Namens kurz zusammen.

»Wenn es stimmt, was du sagst, und wir beide Nachrichten bekommen haben, weil wir an dem Abend auf der Kirmes waren, muss sie die auch bekommen haben«, füge ich hinzu.

Er nickt langsam.

»Nach allem, was passiert ist, kann ich dir nicht

342

mehr trauen. Du hättest sagen müssen, dass du mein Follower bist und dass ich der wahre Grund bin, warum du hier bist.«

Mit diesen Worten verlasse ich sein Zimmer.

»Vielleicht gibt es noch einen anderen Grund, warum ich hier sein soll«, ruft er mir hinterher. »Das finde ich heraus, Isa.«

Im Flur nehme ich aufgeregte Stimmen wahr. Eine heftige Diskussion ist entfacht. Ich kann deutlich den tiefen Ton des Professors heraushören und auch Marita, die alle über ihr wahres Ich ins Bild setzt.

Mir ist das jetzt alles egal, ich will weg von dieser Insel. Wollte das schon die ganze Zeit. Die Stimmen werden leiser, während ich in Evangelinas und mein Zimmer gehe. Gedankenverloren greife ich eine Tasche, die mir nicht gehört, reiße die Schranktür auf und zucke zusammen.

Zwei Augen starren mich an. Zwei Augen, die mich genau sehen können, wie mir bewusst wird. Zwei Augen, die kein Brandmal sind, sondern sich bewegen. Es sind keine Menschenaugen, sondern die Sehorgane eines Tieres, die von links nach rechts zucken und mich ins Visier nehmen.

Erschrocken schreie ich auf. Lasse meine Gefühle raus, schreie vor Angst. Grau-grüne Schuppen und spitze Zähne lassen mehr als einen Umriss erkennen. Mir wird klar: Vor mir lauert ein Krokodil.

Hey du,
ich bin früher gern in den Zoo gegangen.
Jeden Sonntagmorgen hat es mich dorthin
gezogen. Mich hat fasziniert, den Tieren beim
Wachsen zuzuschauen. Mitzuerleben, wie
sie die ersten Schritte in dieser Welt gehen.
Krokodile haben mich nie interessiert. Es
waren die Giraffen, die ich ständig mit einem
nahen Angehörigen besucht habe. Was war es
bei dir? Wen wolltest du immer beobachten?
Ich sehe dich.
Ich sehe, was du siehst.

Kapitel 29

»Wieso schreist du so, Isa?«, dringt ein osteuropäischer Akzent dumpf an mein Ohr. Instinktiv gehe ich dem nach, öffne die zweite Kleiderschranktür und erschrecke mich einmal mehr. Dieses Mal schreie ich nicht. Dieses Mal kauert kein Krokodil im Schrank, sondern die mir bekannte Influencerin. Ihre Haut ist aschfahl, die dunklen Haare stehen ihr wirr vom Kopf ab, ihr Lippenstift ist verschmiert und sie hat die Augen geschlossen.

»Evangelina, du lebst«, entfährt es mir erleichtert.

»Nicht so laut«, murmelt sie und dreht sich mit mürrischem Gesichtsausdruck zur Seite.

Ich streiche ihr sanft über den Arm.

»Evangelina, nicht erschrecken, ich fühle jetzt deinen Puls.«

Vorsichtig drehe ich sie zu mir und halte meine kalten Finger an ihre überhitzte Haut am Hals.

»Dein Puls ist in Ordnung. Lass dich mal sehen. Hat er dir etwas angetan? Hast du ein Brandmal?«

Dieses Wort macht etwas mit dem schlanken Modell vor mir.

Sie sortiert ihre Gliedmaßen und kriecht dann langsam aus dem Kleiderschrank. »Ich habe keine Erinnerung mehr, was passiert ist, aber ich bin so müde.«

»Wer auch immer es war, hat dir sicher wieder Beruhigungsmittel gegeben. Lass mal deine Wade sehen.«

Sie zieht die Leggins hoch und zeigt mir ihre unverwundete Haut. »Wer auch immer es war«, wiederholt sie meine Worte. »Hat mich verschont.« Sie atmet erleichtert auf.

»Oder ist einfach nicht zur Vollendung gekommen.«

Mir fällt wieder ein, dass ich das Werkzeug, das Brandeisen, vorhin im Flur fallengelassen habe, weil sich die Ereignisse mal wieder überschlugen.

»Ist mir echt egal, warum ich nicht verstümmelt wurde«, gibt Evangelina zu. »Ich bin froh, dass ich noch mal drum herumgekommen bin.«

Sie drückt mich fest an sich. Ich spüre ihren heißen Körper und kann ihr süßliches Parfüm riechen.

»Isa?« fragt sie zaghaft. »Lass uns abhauen.«

»Das wollte ich auch, aber ...« Ein Blick aus dem Fenster lässt mich innehalten. »Es ist dunkel und wir haben immer noch kein Signal. Du musst dich jetzt ausruhen. Lass uns morgen die Koffer packen.«

Sie steht auf, wankt zur Tür und dreht den Schlüssel einmal im Schloss um. »Ich vertraue dir, Isa. Aber niemandem sonst hier.« Sie deutet auf das ramponierte Bett und die Federn. »Lass uns heute Nacht zusammenbleiben.«

»Vorher musst du mir zwei Fragen beantworten. Erstens muss ich wissen, ob du auch Nachrichten bekommen hast und zweitens –«

»Habe ich«, unterbricht sie mich. »So komische Nachrichten, die wie Briefe geschrieben sind. Mir ist das so unheimlich, das muss ich dir gleich mal zeigen. Aber was war das Zweite, Isa?«

»Zweitens«, wage ich einen neuen Versuch, »will ich wissen, ob das mal wieder eine Illusion war oder ob du wirklich ein Krokodil im Kleiderschrank hast.«

Für einen Moment ist ihre Miene ausdruckslos, dann zieht sie verwirrt die Brauen zusammen.

»Was für ein Krokodil? Das kann doch nur wieder eine Täuschung sein.« Sie schlägt sich abrupt mit der Hand gegen die Stirn. »Nein, ich weiß, wen du meinst.«

Sie drückt mich erneut an sich und dreht sich dann zum Kleiderschrank.

»Fridolin.« Sie klatscht erfreut in die Hände. »Du hast Fridolin gefunden.«

Sie wirft mir einen strahlenden Blick über die Schulter zu, während sie nach der durchsichtigen Box greift, in der das Krokodil hockt.

»Darf ich vorstellen, das ist Fridolin.« Sie präsentiert stolz die Box. »Mascha hat mich gebeten, auf ihren Waran aufzupassen, weil sie selbst zur Kur musste, und ich hatte ihr das versprochen. Er war weg und ich habe die ganze Zeit nach ihm gesucht. Fridolin, endlich«, ruft sie begeistert aus.

Fridolin. Es war doch kein Stofftier und auch kein Krokodil, geht mir jetzt auf. Und Evangelina keine arrogante Kuh, sondern eine verantwortungsbewusste

347

Frau, die sich um ihre Familie kümmert.

»Jetzt, wo das geklärt ist«, ich greife einen Pulli aus dem Kleiderschrank, »musst du mir deine Briefe zeigen.« Den Pulli lasse ich sicherheitshalber schon mal in die Tasche gleiten, damit wir morgen schnell aufbrechen können. Wie auch immer das gehen wird, aber es muss gehen. Ich will hier weg.

Wir liegen im Bett, Evangelinas warmer Körper dicht neben mir. Evangelina hat mir alles gezeigt. So wie Nico und ich hat sie auch Briefe bekommen, die alle mit »Hey, du« anfingen und sich auf unseren Aufenthalt hier auf der Insel bezogen.

Wir kamen zu dem Schluss, dass wir beobachtet werden mussten und haben das Zimmer nach Kameras abgesucht. Vergeblich.

Die Versuche von Simone, Rouven, dem Professor, Jonas, Nico und Marita, durch die Tür mit uns Kontakt aufzunehmen, haben wir abgewehrt.

»Ich weiß nicht, wem ich noch trauen kann«, hatte Evangelina geflüstert, nachdem der Professor vehement gegen unsere Tür geklopft und uns gebeten hat, rauszukommen.

Wir hatten den anderen mitgeteilt, dass wir bis morgen hier drin blieben und dann, wenn es hell ist, wieder abreisen wollten.

»Glaubst du, Rouven war es?«, will Evangelina wissen und reißt mich damit aus meinen Gedanken.

Ich liege auf dem Rücken. Das Stuhlkissen dient mir als Kopfkissen, die Federn haben wir beseitigt.

»Möglich«, sinniere ich, während ich den Blick an die Zimmerdecke richte. Diffuses Mondlicht erhellt den Raum. »Rouven wusste alles über uns. Er ist ein Hacker.«

»Oder Jonas, dem habe ich von Anfang an nicht getraut.«

»Irgendwas ist zwischen ihm und dem Professor.« Ich kann ein Gähnen nicht mehr unterdrücken, drehe mich zur Seite und kuschle mich in die Decke.

»Lass uns das morgen besprechen«, murmelt Evangelina. Ihr Atem wird flacher. Das Prasseln des Regens an die Fensterscheibe lullt mich ein.

Zwei Augen sind auf mich gerichtet. Bernds braune Augen.

Ich vernehme leise Leierkastenmusik, der Clown vom Abend vor zwei Jahren tanzt vor mir auf dem rotbraun gemusterten Kopfsteinpflaster. Die rhythmische Musik wird lauter, während bunte Kirmesbuden und Karussells scheinbar auf mich zukommen. Hinter einer Bude entdecke ich Bernd und drehe mich erschrocken um. Moment mal, war Bernd nicht vorhin hinter mir oder zumindest seine Augen?

Träume ich?

»Isabella, siehst du mich nicht?«, fragt Bernd.

»Wieso willst du es nicht sehen?« Er dreht sich hinter seinen Kirmesstand und reicht mir einen Ball.

Ich greife danach, doch kann ihn nicht fassen. Wie bei der Kirmesillusion vor ein paar Tagen entgleitet mir der Ball, entgleitet mir Bernd, driftet von mir weg. Ich blinzle.

Im nächsten Moment liegt Bernd blutend auf dem Boden, die Gliedmaßen von sich gestreckt. So, wie er am ersten Tag hier auf der Insel auf der Treppe gelegen hat. Doch das hier ist nicht die Villa, ist nicht die Treppe.

Ich drehe meinen Kopf, als wollte ich das Gefühl der Schuld abschütteln, das wieder von mir Besitz ergreift.

Ein rotes Logo leuchtet mir entgegen. Das war eine Bank. Wieder strömen die Bilder des Kirmesabends mit Nico auf mich ein. Wir waren an einer Bankfiliale vorbeigekommen, hatten diese kurz gestreift. Mir wird heiß. Eine Schweißperle rinnt meine Wirbelsäule entlang. Das Logo wird jetzt deutlicher, ich kann die Konturen erkenne. Mit einem Schlag erkenne ich es. Er hatte dort gelegen. Bernd war an dem Kirmesabend dort.

Wir haben ihn ignoriert, haben ihm nicht geholfen.

»Ich sehe dich«, rufe ich laut aus. »Bernd, ich sehe es jetzt.«

Mit einem Ruck bin ich hellwach und sitze kerzengerade im Bett. Mein Shirt klebt mir schweißnass am Oberkörper, ich streiche mir eine nasse Haarsträhne hinters Ohr und meine Finger stoßen auf etwas Hartes.

»Isabella.« Evangelinas Stimme ist mir jetzt ganz nah, sie fährt mir mit der Hand über die erhitze Haut. »Ich sehe dich. Ich sehe, was du siehst«, flüstert sie.

Erschrocken drehe ich mich nach ihr um.

Sie liegt im Bett, die Hand nach mir gegriffen, eine VR-Brille auf dem Kopf. »Das hat Bernd zu mir gesagt, Isa«, wispert sie. »Ich sehe dich. Ich sehe, was du siehst.«

Mir wird schlecht, Hitze breitet sich in mir aus. Mit einem Mal wird mir klar, dass das kein Traum war, sondern ebenfalls eine Illusion. Durch die Müdigkeit ist mir der schwere Gegenstand auf meinem Kopf nicht aufgefallen. Ich lege die VR-Brille auf den Nachttisch. Mein Blick schweift durch den Raum und bleibt an der verschlossenen Tür hängen. Irgendjemand muss hier heute Nacht reingekommen sein, uns mal wieder betäubt haben und die Brillen aufgezogen haben.

»Evangelina?«

Das Model rappelt sich im Bett auf und dreht sichtlich irritiert die VR-Brille in ihrer Hand.

»Wenn du uns die Brillen nicht aufgesetzt hast –«

»Oder du, Isa«, wirft sie ein.

Ich schüttle den Kopf.

»Vorwürfe helfen uns jetzt nicht, Evangelina. Frag mich nicht, warum, aber ich vertraue dir.« Ich bewege mich langsam auf die Fensterfront zu. Es ist mittlerweile früher Morgen. Vereinzelte Sonnenstrahlen haben sich einen Weg durch die Wolkendecke gesucht und tauchen das Meer in milchiges Licht.

»Isa«, unterbricht Evangelina die Stille. »Glaubst du, das war Bernd?«

»Ich weiß es nicht«, gebe ich zu. »Aber was ich mittlerweile mit Sicherheit weiß, ist, dass das Ganze kein Traum, sondern eine Illusion war und dass ich Bernd mal gesehen habe. Ihn gibt es wirklich.« Ich lege nachdenklich einen Finger an die Lippe. »Die Nachrichten sind nicht willkürlich«, überlege ich weiter. »Bernd will uns etwas sagen. Oder jemand anderes.«

»Allerdings.« Evangelina deutet auf ihren Laptop, auf dem wir vor dem Schlafengehen ihre Nachrichten analysiert haben.

Eine neue Nachricht wurde anscheinend in der Nacht händisch hinzugefügt. So, wie ich in Nicos Zimmer bereits vermutet habe.

»Kommt«, lese ich laut vor. Mein Puls rast. »Wenn ihr Antworten wollt, kommt zu den Klippen, dann werdet ihr endlich alles sehen.«

Hey du,
erinnerst du dich endlich?
An die Kirmes?
An die Leierkastenmusik?
An Bernd?
Du warst so lange auf dem Holzweg. Hast
geglaubt, dass deine Schwester der Grund ist,
warum du hier bist. Weil du dich nur auf dich
und deine vermeintliche Schuld konzentriert
hast. Aber deine Schuld ist größer, als du
denkst.
Ich sehe dich.
Ich sehe, was du siehst.

Kapitel 30

Tag 7

Der Wind ist wärmer geworden, hat jedoch an Kraft nicht eingebüßt. Meine Haare lösen sich aus meinem Dutt und peitschen mir bei jedem Schritt ins Gesicht. Ich ziehe mir die Kapuze meiner Regenjacke mit einer Hand herunter, obwohl es aufgehört hat zu regnen. Mit der anderen Hand umfasse ich Evangelinas warme Finger.

Wir hatten lange überlegt, wie wir vorgehen sollten. Ob nur eine von uns gehen sollte und die andere im Hintergrund das Ganze beobachtete. Das wäre mir persönlich lieber gewesen. Evangelina hat mich schließlich davon überzeugt, dass wir beide Schuld auf uns geladen haben und wir uns Bernd, Dagobert oder wer auch immer für all das hier verantwortlich ist, stellen sollten. Außerdem wären wir zu zweit stärker und könnten uns so besser zur Wehr setzen. Sicherheitshalber hatten wir noch mal versucht, ein Notsignal abzusetzen, aber vergebens. Kein Empfang.

Also stapfen wir beide auf das Areal oberhalb der Klippen zu. Kämpfen uns durch den Wind, Hand in Hand, mit einem mulmigen Gefühl im Bauch, aber fest entschlossen, uns unseren Fehlern der Vergangenheit zu stellen.

Wir haben das Plateau erreicht, Kies knirscht unter unseren Füßen. Unwillkürlich muss ich an die Hochhaus-Simulation denken, die wir hier oben absolviert haben. Die einzige, in der Bernd nicht aufgetaucht ist, wie mir jetzt klar wird.

Es ist die Virtual Reality, die mir am besten gefallen hat. Wenn die echte Realität mich nicht eingeholt hätte und ich nicht Simone hinterhergesprungen wäre, hätte diese Erfahrung eine positive werden können.

Hätte. Wäre. Können. Das Leben ist aber keine Illusion.

Ich lasse meinen Blick über das Meer schweifen, es ist durch den Wind immer noch aufgewühlt. So früh am Morgen war ich noch nicht hier. Wieder flutet ein Bild meine Erinnerung.

Laura. Das Meer. Der Sonnenaufgang. Genau diese Stimmung ist es, die mich an sie erinnert. Ich blinzle und drücke unwillkürlich Evangelinas Hand. Wir haben uns beide während des Gangs hierher nicht losgelassen.

»Bereit?«, frage ich sie und ernte ein Nicken. Langsam und zögerlich, aber ich kann es erkennen.

»Evangelina. Isabella!«, erklingt auf einmal eine laute Stimme hinter uns, die uns beide zusammenzucken lässt. Dieses Mal bin ich nicht die Einzige, die sich erschrocken hat.

»Wusste ich's doch, dass ihr für all das verantwortlich seid«, fährt die vertraute Stimme fort.

Langsam löse ich mich von Evangelina und drehe mich um.

Zornige Augen, umgeben von Sommersprossen, funkeln mich an.

»Jonas«, entfährt es mir. »Warst du das mit den Nachrichten? Hast du deswegen die Eyetracking-Studien durchgeführt, weil wir das sehen sollten? Warst du das mit den Brillen letzte Nacht?«, frage ich aufgebracht.

Er kommt auf mich zu und verschränkt die Arme vor der Brust. »Lass mich aus dem Spiel, Isabella. Ich habe damit nichts zu tun. Ich weiß noch nicht einmal, von welcher Brille du sprichst. Und von eurem komischen Bernd habe ich auch noch nie gehört.«

»Schau mal, da kommen noch mehr«, mischt Evangelina sich ein und deutet mit dem Kinn auf vier Gestalten, die von verschiedenen Richtungen auf uns zuhalten.

»Wahrscheinlich haben die alle eine Einladung bekommen«, schlussfolgere ich.

»Wollten wissen, was passiert ist«, ergänzt Evangelina.

»Du hast von Anfang an darauf bestanden, dass wir alle hierbleiben, Jonas«, werfe ich ihm vor. »Auch als wir noch Hilfe hätte rufen können, wollten du und der Professor unbedingt die Studien weiterführen.«

»Weil die Studien für mich wichtig sind. Wichtig waren«, verbessert er sich schnell und fügt mit grimmiger

Miene hinzu: »Die können wir jetzt eh vergessen.«

Ich nicke. Auch ohne eine Zeit als Hilfskraft am Lehrstuhl verbracht zu haben, weiß ich, dass er recht hat. Das ist mir schon seit ein paar Tagen klar.

»Die Insel, Dagobert, das alte Herrenhaus ...« Nun mache ich einen Schritt auf Jonas zu. »Das fandest du doch auch so toll hier auf der Insel. Du wolltest hierbleiben, unbedingt, wolltest das –«

»Weil mich das an jemanden erinnert«, unterbricht er mich hektisch. Seine Worte lassen mich aufhorchen.

»An wen?«, fragt Evangelina.

Jonas starrt sie eine Weile an, scheint zu überlegen, ob er antworten soll.

»An meine Mutter«, gibt er dann schüchtern zu. »Sie lebt nicht mehr.«

»Das weiß ich doch«, entfährt es mir etwas zu barsch, daher füge ich schnell ein »Das tut mir leid« hinzu.

»Was hat deine Mutter mit der Insel zu tun?«, fragt Evangelina.

Eine merkwürdige Ahnung macht sich in mir breit.

»Sie hat das hier geliebt.« Jonas deutet auf die Villa, die in weiter Ferne thront. »Diese alten Herrenhäuser, das Kaminzimmer, der Stuck an der Decke, die massive Treppe.« Jetzt ist sein Blick fast verträumt auf das Meer gerichtet.

»Sie hat immer diese historischen Romane gelesen. Diese kitschigen Romane, die in alten Herrenhäusern

357

spielten. Sie hat mir davon erzählt, als ich klein war.« Das Gefühl in mir drin wird größer, wächst zu etwas Greifbarem an. Auf einmal macht es Klick, und mir wird einiges klar.

»Sie hat die Romane nicht gelesen«, stelle ich fest und ernte überraschte Blicke von Jonas und Evangelina.

»Woher weißt du das, Isa?«, fragt Jonas.

Weil der Professor dein Vater ist.

»Es war nur eine Vermutung«, lüge ich.

Schritte hinter mir lassen mich aufhorchen.

»War es nicht.« Die tiefe Stimme des Professors lässt mich zusammenfahren.

Ich lasse mich dieses Mal nicht ablenken, sondern packe Evangelina und nicke dem Professor zu.

»Sie waren es. Sie haben sich erpressen lassen«, werfe ich ihm vor.

Auf einmal sehe ich alles ganz klar. Die Puzzleteile fügen sich zu einem Bild zusammen. Es fehlen noch ein paar, aber die Randstücke sind deutlich zu erkennen. Ich stelle dem Professor die Frage, die ich ihm schon gestern hätte stellen sollen. »Warum wollten Sie nicht, dass wir es wissen?«

»Isabella, wovon redest du?« Die Stimme des Professors ist brüchig.

»Sagen Sie es ihm endlich.« Ich deute mit dem Kinn auf Jonas, dessen Blick fragend zwischen uns beiden hin und her springt.

»Oder soll ich ihn darüber aufklären, dass Sie –«

»Nein«, unterbricht er mich und dreht sich zu Jonas um. »Ich hätte mir gewünscht, dass du es anders erfährst, aber ich ... Ich habe deine Mutter sehr geliebt.« Er kommt ins Stocken. Jonas sagt nichts, starrt ihn nur an. Ich kann es in seinem Hirn förmlich rattern hören.

»Wir durften nicht zusammen sein«, erklärt der Professor.

Jonas' Miene verändert sich sekündlich. Ich kann jetzt weniger Fassungslosigkeit und mehr Wut darin erkennen.

»Jonas, hör mir zu. Es stimmt, da war ein tiefes Band zwischen Sabine und mir. Wir waren nur zur falschen Zeit am falschen Ort, sonst hätte das zwischen uns etwas Großes sein können.« Er räuspert sich. »Es war etwas Großes, etwas Einzigartiges«, korrigiert er sich. »Es war Liebe.«

Jonas schnaubt geräuschvoll aus, und ein raues, ironisches »Ist klar« entfährt ihm.

»Sabine war eine Studentin von mir. Als sie mir damals mitteilte, dass sie schwanger war, war das erst mal ein großer Schock.«

»Für dich?«, entgegnet Jonas verärgert und fügt ein weiteres ironisches »Ist klar« hinzu.

»Ich habe ihr zugesichert, für sie und dich immer da zu sein und euch zu unterstützen, aber es durfte niemand erfahren. Es sollte nur zu eurem Besten sein, zu deinem Besten. Du bist mein Sohn, ich wollte dich immer unterstützen, so gut ich ko–«

»Bullshit«, ruft Jonas aus. »Wenn du mein Vater wärst, hätte Mama mir davon erzählt.« Er setzt sich wütend in Bewegung.

»Das wäre zu gefährlich gewesen«, erklärt der Professor. »Dann hätte ich meinen Ruf als Professor verloren und ich hätte euch nicht mehr finanziell unterstützen können. Glaub mir, für dich hab ich das alles gemacht.«

»Bullshit«, wiederholt Jonas.

»Denkst du, es war Zufall, dass du bei mir am Lehrstuhl gearbeitet hast?« Der Professor will sich ihm nähern, doch Jonas lässt das nicht zu.

»Verfluchter Zufall«, schreit er. »Ich will davon nichts wissen. Ich habe an die Studien geglaubt. Glaube immer noch an die Wissenschaft. Habe gedacht, dass es darum ging. Das war mein Ziel.« Er dreht sich weg und will davonschreiten, dann bleibt er stehen.

»Übrigens, noch zwei Sachen.« Er hält einen Finger in die Höhe. »Erstens: Wenn es stimmt, was Isa sagt, und du hierfür verantwortlich bist. Wenn du dich hast erpressen lassen, kannst du deinen Ruf und alles, was an Prestige damit zusammenhängt, jetzt eh an den Nagel hängen. Und zweitens.« Er hält nun Zeige- und Mittelfinger in die Luft wie ein Victoryzeichen. »Zweitens heißt es nicht Studentin, sondern Studierende.«

Mit diesen Worten zieht er den Zeigefinger zurück, sodass er seinem Professor den Mittelfinger zeigt. Wut und Enttäuschung sind klar aus seiner Miene, aus seiner ganzen Körpersprache abzulesen. Er dreht sich weg und rennt davon.

Der Professor will ihm folgen.

»Moment.« Evangelina hält ihn auf. »Sie bleiben hier, bis wir alle Antworten haben. Also: Sie wurden erpresst. Von wem?«

»Ich kann jetzt nicht hierbleiben und euch alles erklären.«

»Oh, doch«, mische ich mich ein.

Erst jetzt bemerke ich, dass die anderen verbliebenen Teilnehmer bis auf Marita auch hier sind. Nico hat sich in einer Ecke auf dem Plateau verkrochen und lehnt sich gegen einen Felsen. Sein Blick zuckt unsicher zu mir herüber. Rouven in seinen dunklen Klamotten hat sich neben Simone gestellt. Sie stehen näher am Rand der Klippen als wir anderen.

Wie ein angeklagter steht der Professor in unserer Mitte und dreht sich einmal um die eigene Achse.

»Dagobert«, rufe ich aus und erkenne, dass er sichtlich zusammenzuckt. Das war es. Er war es.

»Bernd ist Dagobert.« Meine Stimme ist jetzt laut, sie muss immerhin das tosende Meeresrauschen überklingen. »Bernd hat das alles hier finanziert«, schlussfolgere ich.

»Er wollte, dass wir es alle sehen.« Ich deute mit

Mittel und Zeigefinger auf meine Augen und drehe meine Hand von mir zu ihm. Hin und her, hin und her.

»Damit wir alle unsere Schuld erkennen«, gibt Nico zu.

Wie ist er so schnell neben mich gekommen?

»Wir sind schuld«, gibt Evangelina neben mir zu.

Auf einmal wird mir klar, dass wir drei nun aufgereiht wie auf einer Perlenkette vor den anderen stehen. Vor dem Professor, Rouven und Simone.

»Wir waren an dem Abend da und haben nicht auf Bernd geachtet«, schreie ich über das laute Tosen hinweg. »Wir sollten bestraft werden«, schlussfolgere ich. »Genau die Situation, in der Bernd war, sollten wir am eigenen Leib erfahren. Schutzlos ausgeliefert. Ohne Hilfe. Mit Herzinfarkt und durch einen Sturz entstandene Wunde am Kopf, die blutete.

Er war es, der in der Sparkassenfiliale lag, und wir sollten uns so fühlen, nicht wahr?«

Lauter Applaus dringt in mein Ohr. Drei Mal klatschen Hände langsam aufeinander und ziehen meine Aufmerksamkeit auf sich. Es ist nicht das Klatschen, das mich irritiert, sondern die Person, die es tut.

»Bravo«, ruft Simone und geht einen Schritt auf den Professor zu, immer noch am Rand der Klippe.

»Geh da weg, Simone«, ermahne ich sie, doch sie ignoriert mich.

»Bravo, kleine Eisprinzessin, du hast es endlich erkannt.«

Sie schlängelt sich an Rouven vorbei.

»Wieso hat das so lange gedauert? Nicht mehr lange, und euer Aufenthalt hier wäre vorbei gewesen. Da musste ich schon zu Tricks greifen, damit ihr es endlich seht. Habt ihr meine Briefe bekommen?«, fragt sie scheinheilig mit lieblicher Stimme.

»Du?«, entfährt es mir, und das ungute Gefühl in meinem Körper verfestigt sich. Mir wird heiß, obwohl wir draußen an den Klippen stehen. Diese Hitze kommt tief aus meinem Inneren. »Du hast es getan«, spreche ich zum ersten Mal meinen Vorwurf laut aus. Ein weiteres Puzzleteil setzt sich an die richtige Stelle. »Du hast das alles inszeniert.«

»Nicht allein.« Simone deutet auf den Professor und Rouven neben sich.

Ich drücke beide Hände gleichzeitig und ernte einen warmen Gegendruck von Nico und Evangelina, die dicht neben mir stehen. Sie sind ebenfalls Opfer, wie mir klar wird. Täter und Opfer zugleich.

»Wer ist Bernd?«, will ich endlich wissen. Diese Frage habe ich verschiedenen Leuten hier schon gestellt. Jetzt werde ich hoffentlich eine Antwort bekommen. Von der richtigen Person.

»Bernd war mein Bruder«, beginnt Simone. »Er ist an dem Abend gestorben, an dem ihr ihm nicht geholfen habt.« Sie wartet kurz ab, damit wir die Information verarbeiten können.

»Wegen euch ist er tot. Ihr habt ihn in der Bankfiliale

liegen gelassen.« Es ist mehr als eine Anklage. In ihren Augen funkelt noch etwas anderes. Es ist Trauer, Wut, Rache.

Evangelina regt sich neben mir, setzt zu einer Erklärung an. »Wir waren an dem Abend alle auf der Kirmes. An dem Abend, wo der Clown den Luftballon verloren hat und die Leierkastenmusik gespielt hat. Wir sind schuld«, gibt sie zu.

»Deswegen seid ihr hier«, erklärt Simone weiter. »Weil ihr alle in der Situation sein solltet, in der ihr Bernd allein gelassen habt. Ihr solltet euch ebenso hilflos fühlen.« Sie macht eine kurze Pause. »Deswegen wurdet ihr entführt und –«

»Gebrandmarkt«, falle ich ihr ins Wort. »Das Auge. Was hatte das mit Bernd zu tun?«

»Ihr habt ihn gesehen und nichts gemacht. Und ich habe euch gesehen.« Simone richtet ihre Zeige- und Mittelfinger auf ihre Augen, dann auf unsere. So, wie ich es vorhin gemacht habe. »Die Aufnahmen aus der Filiale waren deutlich. Ihr wart da, habt Bernd gesehen und ...« Ihre Stimme droht zu versagen. »Ihr habt ihn liegengelassen.«

»Ich sehe, was du siehst«, entfährt es Nico neben mir.

»Und sagt nicht, dass das nicht hervorragend zu den Eyetracking-Studien gepasst hat«, verkündet Simone mit dem Anflug eines Lächelns auf dem Gesicht. Es ist kein fröhliches Lächeln, sondern ein grimmiges, rachsüchtiges.

Ich kann es nicht fassen.

»Genug«, mischt sich nun der Professor ein.

»Wieso, Ludger?« Simones Stimme klingt jetzt scheinheilig und arrogant. Sie hat sich anscheinend wieder gefangen. »Die drei können die Wahrheit erfahren, sollen es endlich sehen.«

»Du hast ihn erpresst, Simone, damit er uns hier auf die Insel zu den Studien einlädt.« Meine Stimme ist zittrig, ich kann das alles noch nicht richtig verarbeiten.

»Ludger Hahrmacher und ich kennen uns schon lange, daher wusste ich von Jonas.« Simones grimmiges Lächeln wird augenblicklich zu einer hässlichen Fratze. »Von seinem kleinen Geheimnis.«

»Du hattest also einen Komplizen. Ist ja auch klar. Wie hättest du mich sonst wegschleppen sollen?«, schlussfolgere ich.

»Oder mich«, fügt Nico hinzu.

»Wenn ihr es genau nehmt, hatte ich zwei Komplizen.« Simone deutet auf Rouven, der beschämt auf den Boden schaut. »Der liebe Rouven hier hat mir ein bisschen geholfen, alles über euch herauszufinden. Er hat mir freundlicherweise auch die Aufnahmen der Bankfiliale zur Verfügung gestellt. Damit ich euch finde und hierhin locken kann.«

»Marita«, entfährt es mir. »War sie an dem Abend auch auf der Kirmes?«

Rouven hebt seinen Kopf und schüttelt ihn dann

leicht. Ich kann ein schlechtes Gewissen in seinem Blick erkennen. »Das war mein Fehler.« Mehr kommt ihm nicht über die Lippen.

»Ach was«, sagt Simone. »Du konntest nicht wissen, dass sie eine Zwillingsschwester hat, die an dem Abend auf der Kirmes war und die Bernd nicht geholfen hat. Woher sollten wir auch ahnen, dass sie sich einfach als ihre Schwester ausgibt und hier auf die Insel kommt? Wenigstens habe ich das noch frühzeitig herausgefunden, und so hat Marita oder besser gesagt Renate kein Brandmal bekommen. Evangelina sollte auch eines erhalten, aber Nico hat zu lange auf sie aufgepasst und du hast dann den Schürhaken gefunden, Isabella.« Ihre Stimme ist jetzt weiter weg.

Ich kann nicht glauben, was ich da höre. Wir sollten bestraft werden. Wir vier. Nico, Evangelina, die echte Marita und ich.

»Etwas passt nicht«, ruft Evangelina aus, und ich weiß in diesem Augenblick, was sie meint.

»Warum hatte Rouven ein Brandmal?«, frage ich.

Simone schüttelt mit dem Kopf und lacht. »Ja, da musste ich improvisieren. Er sollte ja nicht auffallen, der kleine Hacker hier.« Sie lacht wieder. »Es war so einfach, ihn zu engagieren. Er wollte mir unbedingt beweisen, was er alles draufhat, und war so stolz.« Sie macht einen Schritt zurück. »Aber für das Brandmal, das ich ihm am ersten Abend zugefügt habe, damit es einfach passt und ihr euch später nicht wundert, hat er sich gerächt. Wenn ich das geahnt hätte, hätte ich nicht bei der Klippenillusion mitgemacht. Wollte, dass ihr keinen Verdacht schöpft. Aber die Illusion zu hacken, war wohl nicht so schwer.«

Jetzt ist es Rouven, der stolz lächelt. »Das war ein Kinderspiel«, prahlt er. »Ich musste nur die blaue Markierung in der Hochhaus-Illusion hacken und rausnehmen, so hast du nicht gesehen, wo die Grenze ist und bist gestürzt.« Rouven muss wirklich sehr stolz sein, denn so viel auf einmal hat er bis jetzt noch nicht gesprochen.

»Da habe ich dich unterschätzt, kleiner Hacker«, gibt Simone zu.

Wie ein Film ziehen die Bilder der vergangenen Tage an mir vorbei. All die Hinweise, die ich hätte verstehen können, all die Irrungen werden jetzt klarer. Eine große, bauschige Wolke wird vom Wind über das Meer getrieben und gibt die Sonne frei, die mich augenblicklich wärmt.

So, als würde sich ein Schleier heben und ich würde endlich alles im richtigen Licht sehen.

»Dagobert«, ist das Letzte, was ich noch klären will, bevor ich hier weglaufe. Meinen Fluchtweg habe ich schon im Blick. »Du bist die Investorin«, stelle ich fest.

»Du hast Marita, die du heute nicht hierhin auf die Klippen eingeladen hast, weil sie unschuldig ist, das viele Geld bezahlt und dafür gesorgt, dass wir alle hier hinkommen.«

367

»Du bist Dagobert«, wiederholt Evangelina und schlägt sich die Hand vor die Stirn.

»Wieso sind wir da nicht draufgekommen?«

Simone klatscht wieder in die Hände, diesmal langsam und nur zweimal. »Fast richtig. Ich bin nicht Dagobert, sondern habe von meinem Bruder geerbt. Also ist es irgendwie schon richtig, dass Bernd Dagobert ist. Wie auch immer.« Simone räuspert sich. »Es wäre sein Wunsch gewesen, dass diejenigen, die ihm nicht geholfen haben, die gleiche Situation erleben. Da bin ich mir sicher.« Rachelust blitzt aus ihren Augen.

»Simone.« Der Professor macht einen Schritt auf sie zu und packt sie am Arm, will sie von der Klippe wegziehen. Die zierliche Frau, die wir alle unterschätzt haben, lässt das nicht zu und macht sich los.

Dabei kommt sie ins Straucheln.

Ich löse meine Hände von Evangelina und Nico und bewege mich auf die beiden zu. Ich habe ein Déjà-vu-Erlebnis.

Mit lautem Fluchen stößt Simone den Professor von sich weg.

Die nächsten Momente nehme ich wie in Zeitlupe wahr.

Simones Körper schwankt, sie versucht, sich am Professor festzuhalten, ihre Hand rutscht an seiner klammen Jacke ab. Sie rudert mit den Armen und verliert das Gleichgewicht.

Dann kippt sie um und stürzt mit einem lauten Schrei von den Klippen. Mein Puls jagt in die Höhe. Ich rufe ihr hinterher, während wir gemeinsam auf den Abgrund zu rennen.

Ich wage einen Blick hinunter und wende mich erschrocken ab.

Sie ist dieses Mal nicht ins Meer gestürzt, weil sie an einer anderen Stelle der Klippen stand. Ihr Körper liegt blutüberströmt an einem Felsvorsprung, einige Meter unter uns, die Gliedmaßen unnatürlich verdreht. Ich wende mich angewidert ab und halte mir instinktiv den Ellbogen vor die Nase und Augen.

»Da kommt nur ein Helikopter hin. Wir müssen Hilfe holen«, rufe ich der Gruppe über das Meeresrauschen hinweg zu.

»Morgen«, sagt der Professor nur.

»Wie meinen Sie das?«, will ich wissen.

»Simone hat dafür gesorgt, dass die vom Festland denken, das wäre ein Experiment. Was auch immer passiert, sie wussten, dass sie nicht kommen sollen.«

Ich schnappe nach Luft und spüre Salz auf meinen Lippen. Hatte sie die Rettungsstelle etwa auch erpresst?

»Auf das Unwetter konnte sie sich nicht verlassen, das war nur Zufall. Sie hatte an alles gedacht.« Die Worte des Professors sind fast lobend.

»Auch die VR-Brillen waren ihre Idee«, erklärt er weiter. »Um euch Bernd und eure Schuld vor Augen

369

zu führen. Und die VR-Brillen auf der Hinfahrt waren dazu da, dass wir alle nicht wissen, wo wir sind. Ich weiß es übrigens auch nicht.«

»Sie«, setzte ich an und suche nach Worten. »Sie haben alles von Anfang an gewusst und da mitgespielt?«

»Willst du mich jetzt verhaften?«, fragt er mich mit ruhiger Stimme, und ich erkenne Resignation darin.

»Ich werde mich stellen und komme eh ins Gefängnis, aber eins muss ich noch klären.« Er dreht sich um und spricht die nächsten Worte ruhig aus: »Ich muss mich um meinen Jungen kümmern.« Dann lässt er uns auf dem Plateau zurück.

Epilog

Tag 7

Wir stehen am Ufer auf dem morschen Holzsteg. Sonnenstrahlen wärmen meine Haut. Es ist das erste Mal seit Tagen, dass die Sonne richtig scheint. Der Wind weht immer noch, lässt Evangelinas Haare fliegen. Sie greift sie mit einer Hand, die andere Hand legt sie an die Stirn und schirmt die Sonne ab. Sie blinzelt mir zu. Ihr Handy hat sie nicht in der Hand. Ich muss schmunzeln bei dem Gedanken, dass nicht nur ich mich verändert habe. Ich lasse meinen Blick über das Meer schweifen und erkenne ein Boot. Ein Boot, mit Menschen gefüllt, die zu einer Insel fahren.

Ich erinnere mich an unsere Ankunft hier und an die Erwartungen, die ich hatte. Ich hatte spannende Studien erwartet. Hatte mit Überraschungen gerechnet, auch wenn das an sich schon ein irrsinniger Gedanke ist, aber so war es. Ich wollte Ablenkung, wollte mal etwas anderes sehen und mich inspirieren lassen. Womit ich nicht gerechnet habe, ist, dass Personen verschwinden. Damit hat niemand gerechnet. Auch nicht damit, dass eine einzelne Person einen perfiden Plan schmiedet und sich an allen rächt, die vor Jahren einen Fehler gemacht haben. Ich schüttele den Kopf.

371

Das Boot kommt näher, es schaukelt auf den Wellen hin und her. Ich schaue auf den Horizont hinaus und spüre eine warme Hand, die meine greift. Nicos Hand. Ich würde sie immer wieder erkennen, dafür brauche ich mich nicht umzudrehen.

Wir haben uns ausgesprochen, nachdem wir gestern wieder ins Haus gekommen sind. Alle Geheimnisse sind nun ans Tageslicht gekommen. Nico hat mir glaubhaft versichert, dass er mich nie gestalkt hat, sondern einfach nur mit mir reden wollte. Er wollte mich wiedersehen, nachdem das an dem Abend vor zwei Jahren so merkwürdig zwischen uns auseinandergegangen ist und wollte mich nicht plump über Social Media kontaktieren. Er hat mich vermisst. Ich ihn auch, wie ich mir eingestehen muss. Der Geruch von Zedernholz mischt sich mit der salzigen Meeresluft. Ich drücke Nicos warme Hand, schaue weiter auf den Ozean hinaus. Heute Mittag ist schon ein Helikopter gekommen und hat Simones toten Körper geborgen. Wir sollten demnächst abgeholt werden.

Weil das Boot näher kommt, höre ich einen Bass wummern. Die Melodie kann ich noch nicht verstehen. Ich sehe Leute, die Hüte aufhaben und mit den Armen wedeln. Es wird Zeit für uns. Für jeden von uns.

Ich hatte die Ablenkung, die ich gesucht hatte. Habe Fragen beantwortet und viel über mich selbst gelernt.

Ich spüre Nicos Daumen auf meinem Handrücken, der langsame Kreise zieht. Ich schließe die Augen und lächle. Nicht alle Fragen sind gestellt, nicht alle Antworten gegeben. Das braucht Zeit. Wir werden die Antworten finden. Wenigstens eine Antwort konnte ich mir selbst in den letzten Tagen geben. Ich werde nicht in der Wissenschaft bleiben. Werde nichts mehr mit Studien zu tun haben. Wenn wir wieder Festland unter den Füßen haben, werde ich Emily mal fragen, welche Möglichkeiten es in der Krankenpflege so gibt. Ich habe gemerkt, dass ich über mich hinausgewachsen bin und anderen geholfen habe. Auch wenn ich Bernd genauso wenig retten konnte wie Laura, möchte ich trotzdem Verantwortung zeigen und anderen Menschen helfen.

»Hey, mach die Augen auf«, reißt mich Nico aus meinen Gedanken und drückt meine Hand fest. »Das ist doch Wahnsinn, das kann nicht sein.«

Ich sehe ein Piratenschiff mit wehender Totenkopfflagge. Die gleiche Flagge wie bei der VR-Illusion bei meiner Ankunft. Das gleiche Holzschiff, die gleichen Whiskeyfässer. Menschen mit Piratenhüten. Die Melodie zu Fluch der Karibik durchströmt meine Gehörgänge. Das kann nicht sein, denke ich, presse feste die Augen zusammen und höre eine mir vertraute Stimme. »Du denkst, du bist endlich am Ziel, aber das bist du nicht. Du denkst, du hast alle Antworten auf deine Fragen erhalten, aber das hast du nicht. Du weißt nicht, was Realität ist und was nicht. Das wirst du niemals wissen. Nicht, bis du ...«

»Nein!«, schreie ich, schüttle den Kopf und rudere mit den Armen. »Nein. Nicht schon wieder!«

Eine warme Hand fasst meinen Arm und hält mich fest.

»Schhh«, macht Nico und streicht mir sanft über den Rücken.

»Atme, Isa, es ist vorbei.« Er atmet mit mir zusammen langsam ein und aus. Ein und aus. Ein und aus.

»Das ist der Schock«, stellt er fest.

Meine Fantasie hat mir einen Streich gespielt. Das Piratenschiff gab es nicht, hat es nie gegeben. Nico hat es nicht gesehen. Das erkenne ich an seiner Mimik und daran, dass er den Sanitätern, die mit Rettungsbooten gekommen sind, per Handzeichen zu verstehen gibt, dass sie herkommen sollen. Uns hat das alles hier mitgenommen und wird als Echo in uns widerhallen, bis wir alles verarbeitet haben.

»Wenn wir zu Hause sind, werde ich mich zur Therapie anmelden«, sagt Nico.

»Auch wegen ...« Er schluckt. Ich merke, dass es ihm immer noch schwerfällt, darüber zu reden. Mir ebenfalls. Die Sache hier hat alles wieder aufgewühlt. Bei ihm und vor allem auch bei mir. Die Schuldgefühle wegen Laura waren nie weg, sie waren nur unterdrückt.

374

»Eine Therapie ist eine gute Idee, auch für mich«, stimme ich zu. »Aber erst mal möchte ich nach Hause.«

Stellungnahme

Diese Geschichte ist von realen Ereignissen inspiriert.

Da mein Entschluss, einen Thriller über virtuelle Realitäten und Eyetracking-Studien zu schreiben, schon früh feststand, habe ich mich kurzerhand zu Recherchezwecken als Teilnehmerin an Eyetracking-Studien an der Universität Duisburg-Essen angemeldet.

Die Erfahrungen als Teilnehmerin der Studie habe ich aus meiner Erinnerung wiedergegeben. Jeder Gedanke und jede Schlussfolgerung der Protagonisten zu den Studien ist reine Fiktion. Dies betrifft auch die grundsätzliche Beschreibung von wissenschaftlichen Studien in diesem Buch.

Alle Personen, Institutionen und Ereignisse, auch die Örtlichkeiten, sind erfunden und jede Ähnlichkeit mit lebenden oder verstorbenen Personen, realen Institutionen, Orten und Ereignisse zufällig.

Für die Szenen der virtuellen Realitäten habe ich intensiv recherchiert und alle Simulationen selbst erlebt. Auch hier habe ich das, was ich gesehen habe, aus meiner Erinnerung wiedergegeben.

Wer sich für die Inspirationsquelle der Eyetracking-Studie interessiert, kann sich gerne hier über die wissenschaftliche Studie und die Ergebnisse informieren, die in der Realität stattgefunden hat.

Szczuka, J. M., Szymczyk, N., Mühl, L., Fuss, J, & Hartmann, T. (2023). Artificial roughness: Viewing pattern towards computer-generated and human rough sexualized stimuli [Poster presentation]. The 13th Conference of the Media Psychology Division of the German Psychological Society, Luxemburg. https://www.uni-due.de/sozialpsychologie/szczuka

Danksagung

»Ich sehe, was du siehst« ist das Motto dieses Thrillers. So, wie ich euch auf Isabellas Reise mitgenommen habe, nehme ich euch jetzt mit auf die Reise der Entstehung dieses Buchs.

Nachdem ich ein Romanseminar im Sommer 2023 belegt habe, spielte sich der Film zu Eyetracking permanent vor meinem geistigen Auge ab. Ich konnte alles sehen. Die Figuren, die Orte, die Beweggründe, die Geheimnisse, einfach alles. Das habe ich meiner Kursleiterin Elke so geschrieben und sie meinte nur: Schreibe es so, dass dieser Film bei deinen Leserinnen und Lesern auch zu sehen und vor allem mitzufühlen ist. Trau dich was.

Vielen lieben Dank an Elke und die Teilnehmerinnen und Teilnehmer des Romanseminars.

Ihr habt mir die Augen in vielen Dingen geöffnet und mir sehr bei der Planung des Buches und der Figurenentwicklung geholfen.

Meinen Testleserinnen und Testlesern gebührt ein besonderer Dank. Ihr habt mich sowohl während des Schreibprozesses als auch teilweise bei medizinischen Fragen unterstützt und mir geduldig meine Rückfragen beantwortet. Dafür danke ich euch: Anke, Anne, Cara, Dominique, Lina, Lukas, Sarah und Vanessa (in alphabetischer Reihenfolge).

Wie hilfreich und unverzichtbar ein Lektorat ist, sollen alle wissen und sehen.

Danke dir, liebe Lauren für deine großartige Arbeit.

Vielen Dank an Florin von 100Covers4you für das tolle Cover, das ein Eyecatcher ist und zu meinem Text wie Faust aufs Auge passt.

Ein riesengroßes Dankeschön geht an die Bloggerinnen und Blogger. Ihr gebt meinem Buch die Möglichkeit, von vielen Menschen gesehen und vor allem gelesen zu werden.

Als ich das erste Mal vom Blutmond Verlag gehört habe, war mir sofort klar:
Die Verlegerin Lauren meint mit ihrem Manuskriptaufruf genau Isabella und ihre Geschichte.
Sie wurde gerufen und hat sich ohne Umschweife, neugierig wie sie ist, auf die lange Reise begeben. Eine Reise ins Ungewisse. Eine Reise mit neuen Eindrücken und Erkenntnissen.
Zum Glück hat sich diese Reise, anders als im Buch, als die goldrichtige herausgestellt. Isabella und ich sind sehr glücklich darüber, Teil des Blutmond Covens geworden zu sein.

Von Herzen tausend Dank an Lauren vom Blutmond Verlag. Für die Unterstützung in allen Fragen zum Buch und auch abseits des Textes. Für dein Knowhow, das du mit uns Autorinnen und Autoren teilst. Dafür, dass du jederzeit für uns alle mit Rat und Tat zur Seite stehst. Dafür, dass du dich mit viel Engagement dafür eingesetzt hast, dass nicht nur ich meine Geschichte vor Augen habe, sondern viele Leserinnen und Leser auch.

Vielen lieben Dank an meine Leserinnen und Leser, die mit Isabella die Reise angetreten sind und meinen

Wunsch vom Anfang meiner Reise mit Eyetracking erfüllt haben.

Ihr seht nun, was ich gesehen habe.

Das macht mich sehr glücklich.

Julia Nachtigall veröffentlichte im März 2024 ihren Debütroman und konnte bereits einige Kurzgeschichten in verschiedenen Anthologien in den Händen halten. Sie arbeitet als Sekretärin an der Universität Duisburg Essen eng mit Professor:innen und Wissenschaftler:innen zusammen. Sie war selbst Teilnehmerin von Eyetracking-Studien an der Universität, was ihr als Inspiration für ihren Thriller diente. Als Vielleserin hat sie eine Liebe zu Thrillern entwickelt und sich gefragt, wie sie selbst reagieren würde, wenn sie unter falschem Vorwand auf eine Insel gelockt und Spielball einer Intrige würde.
Julia Nachtigall freut sich über den Austausch mit ihren Leser:innen
https://www.instagram.com/julia_nachtigall_autorin/
https://julia-nachtigall.hpage.com/